实用专利丛书

JIXIE ZHUANLI
SHIWU ZHINAN(DI ER BAN)

机械专利实务指南(第2版)

仇蕾安 刘 芳 著

北京理工大学出版社
BEIJING INSTITUTE OF TECHNOLOGY PRESS

版权专有　侵权必究

图书在版编目（CIP）数据

机械专利实务指南/仇蕾安,刘芳著. —2版. --北京：北京理工大学出版社，2022.1
　　ISBN 978-7-5763-0914-0

Ⅰ.①机… Ⅱ.①仇… ②刘… Ⅲ.①机械-专利申请-中国-指南 Ⅳ.①G306.3-62

中国版本图书馆CIP数据核字（2022）第012662号

出版发行 / 北京理工大学出版社有限责任公司
社　　址 / 北京市海淀区中关村南大街5号
邮　　编 / 100081
电　　话 / (010)68914775(总编室)
　　　　　 (010)82562903(教材售后服务热线)
　　　　　 (010)68944723(其他图书服务热线)
网　　址 / http://www.bitpress.com.cn
经　　销 / 全国各地新华书店
印　　刷 / 保定市中画美凯印刷有限公司
开　　本 / 710毫米×1000毫米　1/16
印　　张 / 13.25　　　　　　　　　　　　　责任编辑 / 徐　宁
字　　数 / 224千字　　　　　　　　　　　　文案编辑 / 徐　宁
版　　次 / 2022年1月第2版　2022年1月第1次印刷　责任校对 / 刘亚男
定　　价 / 56.00元　　　　　　　　　　　　责任印制 / 李志强

图书出现印装质量问题,请拨打售后服务热线,本社负责调换

前 言

知识产权是关于人类在社会实践中创造智力劳动成果的专有权利。各种智力创造例如发明、文学和艺术作品，还有在商业中使用的标志、名称、图像以及外观设计，都可被认为是某一个人或组织所拥有的知识产权。专利权作为知识产权的一个重要组成部分，是发明创造人或其权利受让人对特定的发明创造在一定期限内依法享有的独占实施权。专利权的保护客体包括发明、实用新型和外观设计；其中发明是指对产品、方法或者其改进所提出的新的技术方案，即发明包括产品发明和方法发明两大类。产品发明是关于新产品或新物质的发明，方法发明是指为解决某特定技术问题而采用的手段和步骤的发明。

一般来说，发明创造涉及机构、装置或广义上具有结构的产品（包括电子产品）均属于机械类专利。为使读者对机械类专利实务有更为深刻的认识，本书针对机械领域专利，结合丰富的案例资料，从相关重要法条解释、申请文件的撰写与修改、审查意见通知书的答复等方面做了详细阐述。

本书重点包括机械专利的撰写以及机械专利审查意见的答复，其中在机械专利的撰写部分，通过10个典型的机械类专利案例，结合相关法条详细介绍了专利申请文件撰写时的注意事项以及如何才能撰写一份清楚完整的说明书，内容详实，案例生动。在机械专利审查意见的答复部分，通过8个案例介绍了专利申请文件审查过程中常遇到的问题，包括不清楚、公开不充分以及创造性问题，同时结合相应法条介绍了在遇到该类问题时如何才能进行有效的答复。

本书的出版得到北京理工大学研究生教育培养综合改革项目的资助。

希望本书的推出对有意了解并进入专利代理行业的学生有所帮助。由于时间仓促，水平有限，本书中的观点和内容难免存在偏颇或不足之处，希望读者批评指正，提出宝贵的意见和建议。

目 录

第1章　知识产权及相关概念 ································ 1

  1.1　知识产权的概念和特征 ································ 1

  1.2　知识产权法的概念、地位和基本原则 ·················· 2

  1.3　知识产权的种类 ····································· 3

  1.4　专利权在知识产权中的地位及专利制度 ················ 8

  1.5　专利权的保护客体及专利权授予条件 ·················· 9

  1.6　专利相关的权利和义务 ······························ 11

第2章　机械专利撰写 ·· 12

  2.1　案例1　低噪声微面汽车后驱动桥 ···················· 12

    2.1.1　技术交底书 ···································· 12

    2.1.2　说明书模板 ···································· 14

    2.1.3　专利文件申请稿 ································ 16

    2.1.4　解析 ·· 18

  2.2　案例2　一种化工管网检修的机器平台 ················ 20

    2.2.1　技术交底书 ···································· 20

    2.2.2　专利文件申请稿 ································ 26

    2.2.3　解析 ·· 39

  2.3　实例3　微流控芯片空间实验装置抗振动防冲击赋形包 ···· 42

    2.3.1　技术交底书 ···································· 42

    2.3.2　专利文件申请稿 ································ 43

    2.3.3　解析 ·· 46

  2.4　案例4　一种无后坐力空化清洗喷嘴 ·················· 48

  2.4.1 技术交底书 ·· 48
  2.4.2 专利文件申请稿 ·· 51
  2.4.3 解析 ··· 56
2.5 案例5 手持设备终端外形设计 ··· 57
  2.5.1 技术交底书 ·· 57
  2.5.2 中间文件 ··· 59
  2.5.3 专利文件申请稿 ·· 62
  2.5.4 解析 ··· 67
2.6 案例6 一种四连杆机构锁紧的铰链 ···································· 70
  2.6.1 技术交底书 ·· 70
  2.6.2 专利文件申请稿 ·· 76
  2.6.3 解析 ··· 79
2.7 案例7 一种无间隙连杆式机构的高精度微动转台 ················ 82
  2.7.1 技术交底书 ·· 82
  2.7.2 专利文件申请稿 ·· 87
  2.7.3 解析 ··· 92
2.8 案例8 一种适用于小子样情形的权重确定方法 ····················· 94
  2.8.1 技术交底书 ·· 94
  2.8.2 专利文件申请稿 ··· 103
  2.8.3 解析 ·· 111
2.9 案例9 一种液压凿岩机的凿岩控制系统 ···························· 113
  2.9.1 技术交底书 ··· 113
  2.9.2 专利文件申请稿 ··· 115
  2.9.3 解析 ·· 122
2.10 实例10 拥有主被动模式的上肢康复训练系统 ················· 125
  2.10.1 技术交底书 ·· 125
  2.10.2 专利文件申请稿 ·· 133
  2.10.3 解析 ··· 143

第3章 机械专利答复审查意见 ·· 146

3.1 一种真空或压力标准装置之间量值比对的方法 ················ 147

	3.1.1	案例简介	147
	3.1.2	审查意见	149
	3.1.3	审查意见答复	149
	3.1.4	解析	150
3.2	一种汽车用双锥轮无级变速器		151
	3.2.1	案例简介	151
	3.2.2	审查意见	153
	3.2.3	审查意见答复	154
	3.2.4	解析	154
3.3	一种小型连续式 CO_2 激光器		155
	3.3.1	案例简介	155
	3.3.2	审查意见	157
	3.3.3	审查意见答复	158
	3.3.4	解析	158
3.4	一种零飞弧灭弧装置		159
	3.4.1	案例简介	159
	3.4.2	审查意见	165
	3.4.3	审查意见答复	170
	3.4.4	解析	173
3.5	一种翻炒锅		175
	3.5.1	案例简介	175
	3.5.2	第一次审查意见	176
	3.5.3	第一次审查意见答复	177
	3.5.4	第二次审查意见	179
	3.5.5	第二次审查意见答复	181
	3.5.6	解析	183
3.6	一种高低温真空校准装置及方法		184
	3.6.1	案例简介	184
	3.6.2	审查意见	187
	3.6.3	审查意见答复	189
	3.6.4	解析	192

3.7 一体式多媒体多面交互展示柜 ································ 193
3.7.1 案例简介 ······································ 193
3.7.2 审查意见 ······································ 194
3.7.3 审查意见答复 ·································· 195
3.7.4 解析 ·· 197
3.8 用于制造固体火箭发动机装药的复合熔芯 ·············· 197
3.8.1 案例简介 ······································ 197
3.8.2 审查意见 ······································ 199
3.8.3 审查意见答复 ·································· 200

参考文献 ·· 202

第1章

知识产权及相关概念

1.1 知识产权的概念和特征

知识产权是指"权利人对其所创作的智力劳动成果所享有的专有权利"。各种智力创造例如发明、文学和艺术作品,以及在商业中使用的标志、名称、图像以及外观设计,都可认为是某一个人或组织所拥有的知识产权。知识产权是关于人类在社会实践中创造智力劳动成果的专有权利。

关于知识产权的特征,学术界有不同的表述,一般有以下4个特征。

1. 知识产权客体的可复制性

知识产权的可复制性,即工业再现性,是指知识产权保护的客体可以被固定在有形物上,并可以重复再现和重复利用的特性。也就是说,通过对知识产权的利用,将其客体和其本身体现在某种产品、作品及其复制品或者其他物品等物质性载体上。知识产权客体的可复制性是知识产权被视为一种财产权的基本原因之一。

2. 知识产权的专有性

知识产权的专有性,也称为独占性、排他性或垄断性。主要表现在以下3个方面。

(1) 权利人对其知识产权的依法独占性。权利人依法可以独占其知识产权,是知识产权专有性的充分体现。

(2) 知识产权使用的授权性。在权利有效期内,未经知识产权所有人许可，在规定的区域内，其他任何人或单位不得使用此项权利，否则构成侵权。

（3）知识产权授予的专有性。对于一项智力成果，国家所授予的某一类型的知识产权应当是唯一的，以确保一项知识产权权利主体具有唯一性。

知识产权的专有性直接来源于法律的规定或者国家的授权，这是知识产权的专有性和不同于物权和人身权专有性的地方。知识产权专有性的核心在于对知识产权生产和利用的支配，这种对知识产权的控制支配同对有形财产的控制支配具有实质上的区别。

3. 知识产权的地域性

知识产权的地域性是指依据一国法律所获得的知识产权，仅在该国领域内有效，而在其他国家原则上并不发生效力。知识产权的地域性主要来源于国家主权原则，即一国授予的知识产权只能在该国范围内受到保护。

4. 知识产权时间上的有限性

知识产权时间上的有限性是世界各国为了促进科学文化发展、鼓励智力成果公开所普遍采用的原则。根据各类知识产权的性质、特征以及本国实际情况，各国法律对著作权、专利权、商标权和其他知识产权都规定了相应的保护期限。我国发明专利权的保护期限为20年，实用新型和外观设计专利的保护期限为10年。根据知识产权的时间性要求，在法定的保护期限内权利有效，超过了保护期限则权利终止。

1.2 知识产权法的概念、地位和基本原则

随着科技的发展，为了更好保护产权人的权益，知识产权制度应运而生并不断完善。知识产权法有狭义和广义之分，狭义的知识产权法是指调整与知识产权有关的社会关系的法律、法规。我国已颁布并实施的知识产权法主要有《中华人民共和国著作权法》（简称《著作权法》）《中华人民共和国专利法》（简称《专利法》）和《中华人民共和国商标法》（简称《商标法》）。广义的知识产权法是调整因智力成果而产生的财产关系和人身关系的法律规范的总和。我国除了狭义的知识产权法之外还包括《计算机软件保护条例》《中华人民共和国反不正当竞争法》（简称《反不正当竞争法》）《植物新品种保护条例》等。总的来说，在我国的法律体系中，知识产权法属于民商法律部门，是民法的重要组成部分。知识产

权法的调整手段和适用原则大都是民法的手段和原则。

知识产权法的基本原则如下。

（1）鼓励和保护智力创造活动的原则。

知识产权法明确规定，保护智力成果创造者的人身权利和财产权利、确立智力成果创造者的权利主体地位、对侵犯创造者权益的侵权行为人予以法律制裁；并且强化了对著作权、专利权等知识产权的保护。

（2）促进智力成果推广应用的原则。

知识产权法确立智力成果的有偿使用和转让，鼓励智力成果的创造者推广应用其成果；确立保护智力成果传播者权益的制度；规定智力成果的合理使用和强制使用，禁止权利滥用。

（3）遵守国家法律和社会公德的原则。

（4）国内法与我国参加的国际条约和协定相一致的原则。

1.3 知识产权的种类

知识产权包括版权（著作权）及相关权利（指邻接权）、商标权、专利权、地理标志权、商业秘密（含技术秘密）权、植物新品种保护权、域名权、集成电路布图设计权、商号权、商品化权等。知识产权的类型不固定，而是随着科技的发展、社会的进步不断进行增加或调整。

1. 版权（著作权）及相关权利（指邻接权）

版权（著作权）理论上称为文学艺术产权，保护的是文学、艺术和科学领域内具有独创性并能以有形形式复制的智力成果。邻接权是与著作权有关的权利，保护的是出版者、表演者、录音录像制作者、广播电台和电视台在作品传播活动中所付出的创造性劳动。著作权是基于文学、艺术、自然科学、社会科学、工程技术等作品依法产生的权利。

1709年，英国议会通过了以保护作者权利为目的的《安娜女王法》，该法承认作者本人是著作权产生的源泉，承认了作者的财产权。《安娜女王法》在世界上首次承认作者是著作权保护的主体，确立了近代意义的著作权思想，后来就把《安娜女王法》作为历史上第一部著作权法。

《著作权法》所称的作品，包括下列形式创作的文学、艺术和自然科学、社会科学、工程技术等作品：文字作品；口述作品；音乐、戏剧、曲艺、舞蹈、杂技艺术作品；美术、建筑作品；摄影作品；电影作品和以类似摄制电影的方法创作的作品；工程设计图、产品设计图、地图、示意图等图形作品和模型作品；计算机软件以及法律、行政法规规定的其他作品。

不适用《著作权法》保护的对象包括：法律、法规、国家机关的决议、决定、命令和其他具有立法、行政、司法性质的文件及其官方正式译文；时事新闻；历法、通用的数表、通用的表格、公式。

2. 商标权

商标是指自然人、法人或其他组织在商品或服务上使用，由文字、图形、字母、数字、三维标志、颜色组合等要素或其组合构成，用于区别商品或服务来源的标志。经国家核准注册的商标为注册商标。商标是不同经营者使用的、符合一定条件的、区分彼此商品或者服务的标志。商标权是商标所有人对其商标所享有的权利。

《商标法》规定：申请注册的商标，应当有显著特征，便于识别，并不得与他人在先取得的合法权利相冲突。商标注册人有权标明"注册商标"或者注册标记。

下列标志不得作为商标使用：①同中华人民共和国的国家名称、国旗、国徽、军旗、勋章相同或者近似的，以及同中央国家机关所在地特定地点的名称或者标志性建筑物的名称、图形相同的；②同外国的国家名称、国旗、国徽、军旗相同或者近似的，但该国政府同意的除外；③同政府间国际组织的名称、旗帜、徽记相同或者近似的，但经该组织同意或者不易误导公众的除外；④与表明实施控制、予以保证的官方标志、检验印记相同或者近似的，但经授权的除外；⑤同"红十字""红新月"的名称、标志相同或者近似的；⑥带有民族歧视性的；⑦夸大宣传并带有欺骗性的；⑧有害于社会主义道德风尚或者有其他不良影响的。县级以上行政区划的地名或者公众知晓的外国地名，不得作为商标。但是，地名具有其他含义或者作为集体商标、证明商标组成部分的除外；已经注册的使用地名的商标继续有效。

下列标志不得作为商标注册：①仅有本商品的通用名称、图形、型号的；②仅仅直接表示商品的质量、主要原料、功能、用途、重量、数量及其他特点的；③缺乏显著特征的。前款所列标志经过使用取得显著特征并便于识别的，可以作为商标注册。

一般来讲，驰名商标是指在市场上具有较高声誉并为社会公众所熟知的商标。相对于一般商标，驰名商标的保护不以商标注册为条件，且驰名商标的保护范围从同类保护扩大到跨类保护。

3. 专利权

专利权（Patent Right），简称"专利"，是发明创造人或其权利受让人对特定的发明创造在一定期限内依法享有的独占实施权。我国于1984年公布《专利法》，1985年公布《专利法实施细则》，对有关事项作了具体规定。

专利权的客体，也称专利法保护的对象，是依法应授予专利权的发明创造。根据《专利法》第二条的规定，《专利法》的客体包括发明、实用新型和外观设计3种。关于专利权在1.4节中详细介绍。

4. 地理标志权

我们所讲的地理标志是《商标法》中的术语，指的是某商品来源于某地区，该商品的特定质量、信誉或其他特征，主要由该地区的自然因素或人文因素所决定的标志。

地理标志权是指特定地域范围内某些同类商品的经营者，对其产地名称所享有的专有性权利。它具有以下特征：①蕴含巨大商业价值；②标明商品或服务的真实来源地；③不是单纯的地理概念，而是表明商品特有的品质，并和特定地区的自然因素或人文因素有极密切的联系；④不归属于某一特定企业或个人单独享有，而是属于某特定产地所有生产同类产品的、或者提供类似服务的企业或个人。

5. 商业秘密权

商业秘密是指不为公众所知悉、能给权利人带来经济利益、具有实用性并经权利人采取保密措施的技术信息和经营信息。关于商业秘密，在《关于禁止侵犯商业秘密行为的若干规定》（1998年修正）中有更详细的解释：不为公众所知悉，是指该信息是不能从公开渠道直接获取的；能为权利人带来经济利益、具有实用性，是指该信息具有确定的可应用性，能为权利人带来现实的或者潜在的经济利益或者竞争优势；权利人采取保密措施，包括订立保密协议，建立保密制度及采取其他合理的保密措施；技术信息和经营信息，包括设计、程序、产品配方、制作工艺、制作方法、管理诀窍、客户名单、货源情报、产销策略、招投标中的标底及标书内容等信息；权利人，是指依法对商业秘密享有所有权或者使用权的公民、法人或者其他组织。

商业秘密主要有秘密性、价值型和保密性等特征。

6. 植物新品种保护权

《专利法》（2008）第二十五条规定，植物品种不属于专利法保护对象，但对是生产方法则可以授予专利权。为了保护植物新品种权，国务院制定了《植物新品种保护条例》，并于1999年4月加入《国际植物新品种保护公约》。

根据《植物新品种保护条例》（2013）的规定，植物新品种是指经过人工培育的或者对发现的野生植物加以开发，具备新颖性、特异性、一致性和稳定性并有适当命名的植物品种。植物新品种分为农业植物新品种和林业植物新品种。

培育植物新品种对国民经济的健康发展和社会稳定具有极为重要的意义，但培育植物新品种是一个相当复杂的过程，需要投入时间、资金和精力，而培育出来的植物新品种却易于被人繁殖。因此，如果国家没有相应的法律制度保证培育者因其先前的投资获得合理回报，就无法鼓励人民培育更多优良品种，也就无法满足社会发展和人民生活的需要。

植物新品种保护也称为"植物育种者权利"，同专利、商标、著作权一样，是知识产权保护的一种形式。完成育种的单位或者个人对其授权品种享有排他的独占权。任何单位或者个人未经品种权所有人许可，不得以商业为目的生产或者销售该授权品种的繁殖材料，不得以商业为目的将该授权品种的繁殖材料重复使用于生产另一品种的繁殖材料。

7. 域名权

域名也称为网址，是连接到互联网上计算机的数字化地址，代表着入网申请者的身份，是互联网中用于解决地址对应问题的一种方法。现代活动已十分依赖于互联网，争夺网上的空间市场已经成为具有现代意识实业家的商战战略。域名作为一种在互联网上的地址名称，在互联网蓬勃发展的今天，已成为代表一个单位形象的标志。

域名权是指域名持有人对其注册的域名依法享有的专有权，包括使用权、禁止权、转让权、许可使用权等几项具体权利。权利人对之享有使用、收益并排除他人干涉的权利。

（1）域名是无形资产。域名作为企业在网络中的唯一具有识别性的标志，具有显著的区别功能，从某种程度上说它代表了一个企业的形象、信誉、商品及服务质量等，与域名持有者的商业声誉和其他名誉、荣誉等紧密相连，其商业价值不仅仅在于域名本身，更重要的是域名包含了持有者丰富的文化底蕴，具有巨大的无形价值。

（2）域名具有专有性。域名作为域名持有者在网上的标志符号，其在全球范围都是唯一的，不可能存在两个完全相同的域名。也正是域名注册系统的这一技术特点决定了域名具有无可争议的专有性，只有权利人（域名持有者）可以在网络中使用该域名，除此之外，任何人均不得使用，也无法使用。

（3）域名具有时间性。域名需要定期年检，否则便会被撤销。《中国互联网络域名注册实施细则》第十九条规定：域名注册后每年都要进行年检（类似于商标的续展），自年检日起30天内完成年检及交费的，视为有效域名；30天内未完成年检及交费的，暂停域名地运行；60天内未完成年检及交费的，撤销该域名。可见域名也不是无时间限制的权利。

（4）域名具有地域性。域名的地域性表现为在网络中的"地域性"，而不像其他传统的知识产权类型的现实世界中的地域性。

中国互联网络信息中心（CNNIC）是中国负责管理和运行中国顶级CN域名的机构，2002年CNNIC制定了《中国互联网信息中心域名争议解决办法》和《中国互联网络信息中心域名争议解决办法程序规则》，为互联网络域名的注册或者使用而引发的争议的裁决提供了法律依据。

8. 集成电路布图设计权

根据《集成电路布图设计保护条例》（2001）第二条规定，集成电路布图设计是指集成电路中至少有一个有源元件的两个以上元件和部分或者全部互连线路的三维配置，或者为制造集成电路而准备的上述三维配置。布图设计需要投入相当的资金和人力，而其仿造却比较容易，且成本低、耗时短。因此，为了保护开发者的积极性，保护微电子技术行业的发展，有必要对其进行法律保护。

集成电路布图设计权是权利持有人对其布图设计进行复制和商业利用的专有权利。布图设计权的主体是指依法能够取得布图设计专有权的人，通常称为专有权人或权利持有人。布图设计专有权的取得方式通常有以下3种：登记制；有限的使用取得与登记制相结合的方式；自然取得制。关于布图设计权的保护期，各国法律一般都规定为10年。根据《关于集成电路的知识产权条约》的要求，布图设计权的保护期至少为8年。《知识产权协议》所规定的保护期则为10年。我国《集成电路布图设计保护条例》第十二条规定，布图设计专有权的保护期为10年，自布图设计登记申请之日或者在世界任何地方首次投入商业利用之日起计算，以较前日期为准。但是，无论是否登记或者投入商业利用，布图设计自创作完成之日起15年后，不再受该条例保护。

9. 商号权

商号也称为企业名称、厂商名称，是指法人或者其他组织进行民商事活动时用于标识自己并区别于他人的标记。商号是生产经营者的营业标志，体现其商业信誉和服务质量，是企业重要的无形资产。

商号与商标作为企业的无形资产，都是企业从事经营活动中使用的标识，都有一定的识别功能和经济价值。但是，两者也存在一下去区别：附着载体不同，商号附着在生产经营者上，商标附着在商品上；一个生产经营者只有一个商号，却可以使用多个商标；商号的构成要素主要为文字，而商标则可以由文字、图形、字母、三维标志和颜色等或者其组合构成。

商号权又称为商事名称权，是指企业对自己使用行货注册的商号已发享有的专有权，包括商号使用权以及商号专用权。我国商号权的取得采取登记生效主义。根据《企业名称登记管理规定》（2012）第三条规定，企业名称在企业申请登记时，由企业名称的登记主管机关核定。企业名称经核准登记注册后方可使用，在规定的范围内享有专用权。

10. 商品化权

随着经济全球化的发展和形象商品化使用的日益广泛，商品化权问题提到了国际立法界定的层面。1993年11月，世界知识产权组织（WIPO）国际局公布的角色商品化权研究报告，将角色商品化权定义为：为了满足特定顾客的需求，使顾客基于与角色的亲和力而购进这类商品或要求这类服务，通过虚构角色的创造者自然人以及一个或多个合法的第3人在不同的商品或服务上加工或次要利用该角色的实质人格特征。

1.4 专利权在知识产权中的地位及专利制度

专利权是知识产权的重要组成部分，在知识产权中，只有专利存在技术上的审核，专利是一个企业的有利竞争手段。对于企业的发展，其核心在于对技术的开发研究，对技术开发研究的核心点主要体现在专利上，所以企业的科技发展应以专利为导向。

专利制度是随着商品生产发展而产生、发展起来的一种管理专利技术的法律制度。专利法则是用来管理专利制度的一部法律，专利法明文规定了授予专利权的条件、专利申请的审查和批准、专利的有偿许可转让等。

专利制度具有垄断性和公开性。专利的垄断，表面看受益者是专利权人，而更深层意义的受益者是国家。随着全球高科技的迅猛发展，一个国家发达与否与这个国家的高科技发展水平息息相关，国家的发达与否可以用高科技水平来衡量，因此每个国家都在追求高科技的发展。对发明创造者授予专利权，可以鼓励其积极投入到发明创造的研究开发中去，鼓励公民法人积极完成对高科技产品的开发，积极研究自主知识产权。公开性是指专利法虽然赋予专利权人对技术实施中财产利益的垄断权，但是又明确规定了申请人（专利权人）必须将自己的技术方案公开。

1.5　专利权的保护客体及专利权授予条件

1. 专利权的保护客体

专利权的客体，也称为专利法保护的对象，是依法应授予专利权的发明创造。根据《专利法》第二条的规定，专利法的客体包括发明、实用新型和外观设计3种。

其中，发明是指对产品、方法或者其改进所提出的新的技术方案。发明必须是一种技术方案，是发明人将自然规律在特定技术领域进行运用和结合的结果，而不是自然规律本身，因而科学发现不属于发明范畴。未采用技术手段解决技术问题，以获得符合自然规律的技术效果的方案，不属于专利法规定的保护客体。根据专利审查制度的规定，发明分为产品发明和方法发明两种类型，既可以是原创性的发明，也可以是改进性的发明。产品发明是关于新产品或新物质的发明；方法发明是指为解决某特定技术问题而采用的手段和步骤的发明。

实用新型是指对产品的形状、构造或者其结合所提出的适于实用的新的技术方案。实用新型专利只保护产品。该产品应当是经过工业方法制造的、占据一定空间的实体。一切有关方法（包括产品的用途）以及未经人工制造的自然存在的物品均不属于实用新型专利的保护客体。

外观设计又称为工业产品外观设计，是指对产品的形状、图案或者其结合以及色彩与形状、图案相结合所作出的富有美感并适于工业上应用的新设计。外观设计的载体必须是产品。

2. 不授予专利权的情形

《专利法》第五条和第二十五条规定了不授予专利权的情形。

《专利法》第五条规定：对违反法律、社会公德或者妨害公共利益的发明创造，不授予专利权。其中法律是指由全国人民代表大会或者全国人民代表大会常务委员会依照立法程序制定和颁布的法律，不包括行政法规和规章。社会公德是指公众普遍认为是正当的、并被接受的伦理道德观念和行为准则。妨害社会公共利益，是指发明创造的实施或使用会给公众或社会造成危害，或者会使国家和社会的正常秩序受到影响。

《专利法》第五条规定：对违反法律、行政法规的规定获取或者利用遗传资源，并依赖该遗传资源完成的发明创造，不授予专利权。《专利法》

所称遗传资源，是指取自人体、动物、植物或者微生物等含有遗传功能单位并具有实际或者潜在价值的材料；《专利法》所称依赖该遗传资源完成的发明创造，是指利用了遗传资源的遗传功能完成的发明创造。

《专利法》第二十五条规定了不授予专利权的客体：科学发现、智力活动的规则和方法、疾病的诊断和治疗方法、动物和植物品种、用原子核变换方法获得的物质、对平面印刷品的图案、色彩或者二者的结合作出的主要起标识作用的设计。

其中，科学发现指自然界中客观存在的物质、现象、变化过程及其特性和规律的揭示。智力活动是指人的思维运动，它源于人的思维，经过推理、分析和判断产生出抽象的结果，或者必须经过人的思维运动作为媒介，间接地作用于自然产生结果。智力活动的规则和方法是指导人们进行思维、表述、判断和记忆的规则和方法。由于其没有采用技术手段或利用自然规律，也未解决技术问题和产生技术效果，因而不构成技术方案。疾病的诊断和治疗方法是指以有生命的人体或者动物体为直接的实施对象，进行识别、确定或消除病因或病灶的过程。动物和植物品种是通过《专利法》以外的其他法律法规保护，如植物新品种可以通过《植物新品种保护条例》给予保护，而微生物和微生物方法可以获得专利保护。原子核变换方法以及用该方法获得的物质关系到国家的经济、国防、科研和公共生活的重大利益，不宜为单位或私人垄断，因此不能被授予专利权。

3. 授予专利权的条件

《专利法》第二十二条规定：授予专利权的发明和实用新型，应当具备新颖性、创造性和实用性。

（1）新颖性。是指该发明或者实用新型不属于现有技术；也没有任何单位或者个人就同样的发明或者实用新型在申请日以前向国务院专利行政部门提出过申请，并记载在申请日以后公布的专利申请文件或公告的专利文件中。

（2）创造性。是指与现有技术相比，该发明具有突出的实质性特点和显著的进步，该实用新型具有实质性特点和进步。

（3）实用性。是指该发明或者实用新型能够制造或者实用，并且能够产生积极的效果。

上述现有技术是指申请日以前在国内外为公众所知的技术，包括在申请日（有优先权的，指优先权日）以前在国内外出版物上公开发表、在国内外公开使用或者以其他方式为公众所知的技术。处于保密状态的技术内容不属于现有技术。所谓保密状态，不仅包括受保密规定或者协议约束的情形，还包括社会观念或者商业习惯上被认为应当承担保密义务的情形。

《专利法》第二十三条规定：授予专利权的外观设计，应当不属于现有设计，也没有任何单位或者个人就同样的外观设计在申请日以前向国务院专利行政部门提出过申请，并记载在申请日以后公布的专利申请文件或公告的专利文件中。

授予专利权的外观设计与现有设计或者现有设计特征的组合相比，应当具有明显的区别。

授予专利权的外观设计不得与他人在申请日以前已经获得的合法权利相冲突。

1.6 专利相关的权利和义务

《专利法》第四十二条规定：发明专利权的期限为20年，实用新型专利权和外观专利权的期限是10年，均自申请日起计算。

专利权人有权决定实施其发明创造的单位或个人；专利权人可以通过订立协议的方式将其专利许可他人实施，或将其专利权卖给他人；当专利权受到侵害时，专利权人可以向人民法院起诉，也可以请求管理专利的部门处理；专利权人有在其专利产品或该产品的包装上标明专利标记和专利号的权利；在专利保护期满前，专利权人有权放弃其专利权。但是，一旦专利保护期满，该发明创造可以被任何人以生产经营为目的实施，原专利权人不再享有独占权。

专利权人不仅依法享有各项权利，还应依法履行相应的义务。专利权人的主要义务包括：保证专利内容充分公开的义务，专利权人应当在说明书中把专利的内容按专利法的要求详细、清楚地加以阐明，保证所属技术领域的技术人员能够实施；在专利权获准前有缴纳专利申请费的义务；在授予专利权的有限期限内，专利权人有按期缴纳年费的义务；实施其专利的义务，该实施包括专利权人以生产经营为目的自己实施或许可他人实施。

第2章 机械专利撰写

一般来说,发明创造涉及机构、装置或广义上具有结构的产品(包括电子产品)均属于机械类专利。机械类专利在撰写时,应详细说明本发明的机构或装置中与发明目的关联的组成部分,说明各组成部分的必要形状及相互之间的连接关系。例如,机械产品中各组成部分之间的位置关系、连接关系、配合关系、相互作用关系等;电子产品中各组成部分之间的连接关系、被作用的工作电流或信号的走向等。必要时,还应在申请文件中说明发明创造的作用原理以及使用方法。

本章通过10个典型的案例详细介绍专利申请文件的撰写要求及其注意事项,通过比对申请文件的技术交底书与申请稿,指出在撰写申请稿时的法律依据及撰写思路。

2.1 案例1 低噪声微面汽车后驱动桥

2.1.1 技术交底书

低噪声微面汽车后驱动桥

背景技术

现有市场上销售的微面汽车后驱动桥普遍都存在振动大、噪声高,并影响车内乘坐舒适性的情况,究其原因主要在于汽车生产厂商设计微面汽车后驱动桥时没有掌握先进的结构动态设计理念。利用中国专利网对低噪声微面汽车后驱动桥的查新检索,未发现任何专利;利用中国学知网对低噪声微面汽车后驱动桥的查新检索,也未发现任何利用结构动力学修改技术来降低微面汽车后驱动桥噪声的相关论文。

发明内容

实用新型专利主要解决微面汽车后驱动桥振动噪声过大、影响汽车噪声、振动与声振粗糙度(NVH)的问题。为解决该技术问题,本专利采用的技术方案为:根据微面汽车实车道路振动噪声试验结果和后驱动桥台架振动噪声信号分析,结合后桥结构的有限元振动计算分析、后桥结构的试验模态分析、后桥结构的动力学修改分析、灵敏度分析,对后桥结构进行了修改。具体做法是在后驱动桥桥壳上焊接7块金属块,它们的具体位置(从驱动桥正面看,且以最左端面中心为坐标原点)为:后桥主减速器壳体上方两个(分别距离原点711 mm、648 mm;质量分别为300 g、220 g)、主减速器壳体背部右侧3个(分别距离原点541 mm、543 mm、523 mm;质量分别为200 g、200 g、200 g)、主减速器壳体正面左侧一个(距离原点531 mm,质量为220 g)、后驱动桥左侧减震器支架上方一个(距离原点225 mm,质量为220 g)。在后桥壳体上焊接了以上7块金属块后,改变了后驱动桥结构的模态参数,降低了后桥振动辐射噪声(图1)。

采用本专利改进的低噪声微面后驱动桥的效果为:振动加速度降低30%以上,振动速度减低13%、噪声减低2 dBA以上,达到国内先进水平。

附图说明

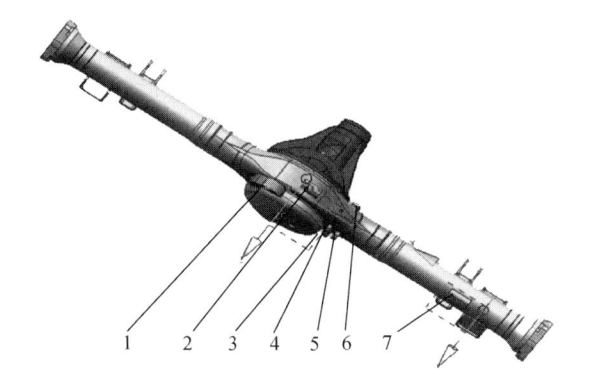

图1 低噪声微面汽车后驱动桥

2.1.2　说明书模板

一种_____的装置/系统/产品

（说明：不能超过25个字，不得出现人名、地名、具体型号名）

技术领域

本发明属于_____技术领域，涉及一种的_____装置/系统。

背景技术

（1）介绍本发明所涉及技术领域的概况，应用在什么地方。

（2）介绍该技术领域中，现有的方案是如何的。现有的方案：找一个或多个与本发明最接近的现有方案，具体描述。可引述现有专利文献、文章、论文、教科书等。

（3）分析（2）中提及的现有技术存在什么样的不足，即本发明所要解决的技术问题。

例如，可以按照下面的格式分（1）（2）（3）描述缺陷：

（1）_____；
（2）_____；
（3）_____。

发明内容

本发明的目的是克服已有技术的缺陷，为了解决_____问题，提出一种_____的装置/系统。

本发明装置/系统是通过下述技术方案实现的。

一种_____的装置/系统，包括以下内容：

（1）装置/系统由几部分组成；
（2）各个组成部分间的连接关系是怎样的；
（3）各个组成部分是干什么用的；
（4）这样形成的装置/系统其运行过程是怎样的。

在描述过程中，公知常识部分可以简单写，但要保持清楚、完整；发明点部分要详细描述。

有益效果

说明：这部分结合发明点，详细分析本发明为什么能够解决前面提到的技术问题。要结合方案分析，切忌空谈效果。让代理人明白技术—效果之间的关系。

例如：与背景技术中的（1）（2）（3）缺陷对应，也分段落和层次描述有益效果，重要的放在前面。

(1) _____；
(2) _____；
(3) _____。

附图说明

说明如下：

将图和图的说明放在此处；

结构图请给标准的六视图（至少一幅）、剖视图，此外还可以增加三维图以便理解；

请在附图中将用到的零部件标注序号（称为附图标记），以便区分图中各个部件的名称；

图 1 为_____图；

图 2 为_____图。

具体实施方式

说明如下：

至少给出一种具体的实施方式，使同行不需要进一步研究或实验就能重复本发明。

下面结合附图对本发明的优选实施方式做详细说明。

一种_____的装置/系统，包括以下内容：

(1) _____；
(2) _____；
(3) _____。（这里的（1）（2）（3）是前面提到的附图标记）。

其中，(1) _____，用于_____；（对于机械结构不需要对每个零部件进行描述，只需要对形状特殊、空间位置关系特殊的零部件进行描述）

(2) _____，用于_____；
(3) _____，用于_____；
　　　⋮

上述组成部件间的连接关系为_____。

本装置/系统的具体工作过程如下（要求在描述中用到上述所有出现过的组成部件）：

2.1.3 专利文件申请稿

低噪声微型汽车后驱动桥

技术领域

本实用新型涉及一种微型汽车后驱动桥，尤其涉及一种低噪声微型汽车后驱动桥，属于车辆工程技术领域。

背景技术

汽车后驱动桥是微型汽车的关键部件之一，其内部装有主减速器、差速器和半轴、轴承等运动元件，因此它的工作可靠性是保证车辆动力性和行驶性以及燃油经济性的关键。后驱动桥在工作过程中随着传动轴动力和运动的输入、主减速器齿轮的啮合传动，包括主减速器齿轮、支承轴承、半轴、差速齿轮、车桥等在零部件，不仅要发生正常的摩擦磨损，而且要产生振动和噪声。目前，市场上销售的微型汽车后驱动桥普遍都存在振动大、噪声高，并影响车内乘坐舒适性的情况，究其原因主要在于汽车生产厂商设计微型汽车后驱动桥时没有掌握和采用先进的结构动态设计理念，因此也不能从结构设计上减小后驱动桥的振动噪声。目前，尚未发现任何利用结构动力学修改技术来降低微型汽车后驱动桥噪声的相关文献记载。

发明内容

本实用新型提供一种低噪声微型汽车后驱动桥，通过在后驱动桥桥壳上的7个位置对应焊接七块金属块，改变了后驱动桥结构的模态参数，从而降低了后桥振动辐射噪声。

本实用新型的技术方案是：在后驱动桥桥壳表面上7个焊接点分别焊接7块金属块，以后驱动桥最左端面中心为坐标原点（0，0，0），7块金属块的具体位置分别是：后桥主减速器壳体上方两个焊接点分别是第一焊接点和第二焊接点，第一焊接点距离原点559 mm，坐标为（550 mm，90 mm，44 mm），第二焊接点距离原点658 mm，坐标为（648 mm，116 mm，4 mm）；主减速器壳体背部右侧三个焊接点分别是第三焊接点、第四焊接点和第五焊接点，第三焊接点距离原点738 mm，坐标为（736 mm，-19 mm，52 mm），第四焊接点距离原点738 mm，坐标为（736 mm，19 mm，52 mm），第五焊接点距离原点758 mm，坐标为（756 mm，2 mm，52 mm）；主减速器壳体正面左侧一个焊接点是第六焊接点，第六焊接点距离原点753 mm，坐标为（751 mm，25 mm，-41 mm）；后驱动桥左侧减震器支架上方一个焊接点是第七焊接点，第七焊接点距离原点1 055 mm，坐标为（1 054 mm，35 mm，24 mm）。在后桥壳体上焊接了以上7块金属块后，改变了后驱动桥结构的模态参数，降低了后桥振动辐射噪声。

有益效果

采用本实用新型的低噪声微型后驱动桥使振动加速度降低 30% 以上,振动速度减低 13%、噪声减低 2dB 以上,达到国内先进水平。

附图说明

图 2 是本实用新型微面汽车后驱动桥焊接金属块位置的示意图。

图中:1—第一焊接点;2—第二焊接点;3—第三焊接点;4—第四焊接点;5—第五焊接点;6—第六焊接点;7—第七焊接点。

具体实施方式

下面结合附图对本实用新型做进一步详细说明。

如图 2 所示,本实用新型低噪声微型汽车后驱动桥包括后驱动桥桥壳和 7 块金属块,在后驱动桥桥壳表面上确定的 7 个焊接点上分别焊接 7 块金属块,以后驱动桥最左端面中心为坐标原点 (0, 0, 0),7 块金属块的具体焊接位置分别是:后桥主减速器壳体上方两个焊接点分别是第一焊接点 1 和第二焊接点 2,第一焊接点 1 距离原点 559 mm,坐标为 (550 mm,90 mm,44 mm),第二焊接点 2 距离原点 658 mm,坐标为 (648 mm,116 mm,4 mm),焊接的金属块质量分别为 300 g、220 g;主减速器壳体背部右侧 3 个焊接点分别是第三焊接点 3、第四焊接点 4 和第五焊接点 5,第三焊接点 3 距离原点 738 mm,坐标为 (736 mm,-19 mm,52 mm),第四焊接点 4 距离原点 738 mm,坐标为 (736 mm,19 mm,52 mm),第五焊接点 5 距离原点 758 mm,坐标为 (756 mm,2 mm,52 mm),焊接的金属块质量均为 200 g;主减速器壳体正面左侧一个焊接点是第六焊接点 6,第六焊接点 6 距离原点 753 mm,坐标为 (751 mm,25 mm,-41 mm),焊接的金属块质量为 220 g;后驱动桥左侧减震器支架上方一个焊接点是第七焊接点 7,第七焊接点 7 距离原点 1055 mm,坐标为 (1 054 mm,35 mm,24 mm),焊接的金属块质量为 220 g。在后桥壳体上焊接了以上 7 块金属块后,改变了后驱动桥结构的模态参数,降低了后桥振动辐射噪声。

说明书附图

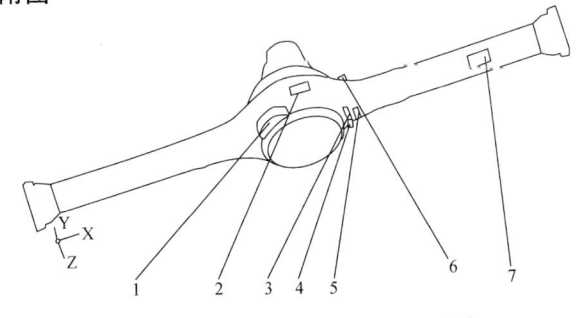

图 2 微型汽车后驱动桥焊接金属块位置

2.1.4 解析

专利技术交底书是由申请人（或发明人）撰写，向专利代理人提供的便于其理解发明内容的技术材料，完整的专利技术交底书有利于申请人与专利代理人之间的沟通。专利技术交底书的要求包括：①应当清楚、完整地写明发明或者实用新型的内容；②使所属技术领域的普通技术人员能够根据此内容实施发明创造；③使所属技术领域的普通技术人员相信本发明确实可以解决现有技术不能解决的问题。专利技术交底书的内容包括：①发明创造的名称；②所属技术领域；③背景技术描述：据申请人所知，已有技术有何优缺点，对其存在的问题或不足客观地进行评述；④发明创造的目的或任务，说明所要解决的技术问题；⑤清楚完整地叙述发明创造的技术方案；对于机械产品的发明创造应详细说明每一个结构零部件的形状、构造、部件之间的连接关系、空间位置关系、工作原理等；对于方法发明，应描述操作步骤、工艺参数等；⑥与现有技术相比，本发明所具有的优点和效果；⑦附图：实用新型必须提供附图，附图中零件可以标注编号，不需尺寸和参数标注；⑧最佳实施示例：对于产品的发明创造应描述产品构成、电路构成或者化学成分，各部分之间的相互关系，工作过程、操作步骤等；对于方法发明应写明步骤、参数、工艺条件等，可提供多个实施例。

专利代理人在收到专利技术交底书后，需要与申请人沟通，共同完成专利申请文件的撰写，专利申请文件要求写得周密细致，既要使发明创造的技术特征得到最大程度的保护，又不至于侵犯他人的权利，或者保护公知的技术特征，从而使申请人的发明创造能够得到充分有效的法律保护。

在收到一份专利技术交底书后，首先应明确该发明创造是发明还是实用新型。发明是指对产品、方法或者其改进所提出的新的技术方案；实用新型是指对产品的形状、构造或者其结合所提出的适于实用的新的技术方案。发明与实用新型的区别在于，实用新型只限于具有一定形状的产品，不能是方法，也不能是没有固定形状的产品；而且实用新型的创造性要求低于发明。

本申请是一项实用新型专利申请，要保护的产品是"低噪声微型汽车后驱动桥"。实用新型是指对产品的形状、构造或者其结合所提出的适于实用的新的技术方案。其中，产品的形状是指产品所具有的、可以从外部观察到的确定的空间形状；产品的构造是指产品的各个组成部分之间的安排、组织和相互关系。技术方案是指对要解决的技术问题所采取的利用了自然规律的技术手段的集合，技术手段通过由技术特征来体现。

《专利法实施细则》第十七条规定了专利申请文件的撰写顺序和方式。

发明或者实用新型的说明书包括：①技术领域，写明要求保护的技术方案所属的技术领域；②背景技术，写明对发明或者实用新型的理解、检索、审查有用的背景技术；有可能的，并引证反映这些背景技术的文件；③发明内容，写明发明或者实用新型所要解决的技术问题以及解决其技术问题所采用的技术方案，并对照现有技术写明发明或者实用新型的有益效果；④附图说明，说明书有附图的，对各幅附图作简略说明；⑤具体实施方式，详细写明申请人认为实现发明或者实用新型的优选方式；必要时，举例说明；有附图的，对照附图。同时，实用新型专利申请说明书应当有表示要求保护的产品的形状、构造或者其结合的附图。

具体到本申请，首先在形式上，技术交底书中缺少技术领域和具体实施方式，同时在说明书的文字部分不得有插图，这些插图只能作为说明书的附图。在《专利审查指南》第一部分第二章2.3节对实用新型专利申请的说明书附图格式进行了详细规定，其中包括：附图不得使用工程蓝图、照片；附图的线条应当均匀清晰等。技术交底书中的附图不符合要求，应当采用线条均匀清晰的线条图。

说明书应当对实用新型作出清楚、完整的说明，以所属技术领域的技术人员能够实现为准。所属技术领域的技术人员能够实现，是指所属技术领域的技术人员按照说明书记载的内容，能够实现该实用新型的技术方案，解决其技术问题，并且产生预期的技术效果。依据技术交底书中记载的内容，该申请要解决的是现有微型汽车后驱动桥振动噪声过大、影响车内乘坐舒适性。为解决该技术问题所采用的技术方案为：在后驱动桥桥壳上焊接7个金属块，以改变后驱动桥结构的模态参数，降低后桥振动辐射噪声；同时交底书中给出了7个金属块的位置。但是，在交底书中在对7块金属块的位置进行描述时：首先给出了一个坐标原点；然后只分别给出了每个金属块与坐标原点之间的距离。对于本领域技术人员而言，仅依据这些参数无法唯一确定每个金属块在后驱动桥桥壳上的具体位置，而7个金属块的焊接位置是解决上述技术问题必不缺的技术特征，仅依据这些参数本领域技术人员不能实现该实用新型的技术方案，解决其技术问题。因此，在专利文件申请稿的发明内容中，不仅给出了坐标原点，每个金属块焊接点与坐标原点之间的距离；还给出了每个金属块焊接点的坐标，具体包括："在后驱动桥桥壳表面上7个焊接点分别焊接7块金属块，以后驱动桥最左端面中心为坐标原点（0，0，0），7块金属块的具体位置分别是：后桥主减速器壳体上方两个焊接点分别是第一焊接点和第二焊接点，第一焊接点距离原点 559 mm，坐标为（550 mm，90 mm，44 mm），第二焊接点距离原点 658 mm，坐标为（648 mm，116 mm，4 mm）；主减速器壳体背部右侧三个焊接点分别是第三焊接点、第四焊接点和第五焊接点，第三焊接点距离原点 738 mm，坐标为（736 mm，-19 mm，52 mm），第四焊接点距离原点 738 mm，坐标为（736 mm，19 mm，52 mm），第五焊接点距离原点 758 mm，坐标为（756 mm，2 mm，52 mm）；主减速器壳体正面左侧一个焊接点是第六焊接点，第六焊接点距离原点 753 mm，坐标为（751 mm，25 mm，-41 mm）；后驱动桥左侧减震器支架上方一个焊接点是第七焊接点，第七焊接点距离原点 1 055 mm，坐标为（1 054 mm，35 mm，24 mm）。"依据这些技术特征本领域技术人员能够唯一确定每个金属块焊接点的位置，从而实现该实用新型的技术方案。

在技术交底书中还给出了每个金属块的重量，通过该对技术方案的理解可知，在确定了每个金属块的位置后，即可解决上述技术问题，产生预期的技术效果；而具体每个金属块的重量可作为一种优选的方式记载在说明书的具体实施方式中。

2.2　案例 2　一种化工管网检修的机器平台

2.2.1　技术交底书

一种化工管网检修的机器平台

技术领域

本实用新型涉及一种化工管网蛇形检修机器人，具体涉及在石油工业等领域的化工管网外部自由行动并进行实际维修维护工作的维修机器平台，属于机电设备技术与机器人领域。

背景技术

众所周知，自然界中蛇的运动是一种"无肢运动"，它不需要轮子和腿。蛇由于在结构上无肢，可以爬树、游水、钻洞、绕过障碍物、穿越沙漠，在平坦的地面爬行更是能达到行动如飞。蛇的身体虽然只不过像一条绳子，但具有多种运动变化方式，功能强大：在前行的时候可以当"腿脚"，在攀爬的时候可以当"手臂"，而在攫取东西的时候又可以当"手指"。

目前，我国经济在迅速发展，每时每刻数以几十万计的石油化工厂都在运转，提供生产国民经济中重要的工业和民用必需品。而在每个石油化工厂中，都分布着诸多的管网。一直以来，检修和维护这些管网都是工厂所面临的难题，因为单靠检修工人去修理这些管网既费时又费力，并且大型的检修机器无法在有限的空间对这些纷繁的管网进行检修。

所以，利用灵巧蛇形结构的检修平台对石油化工厂的管网进行检修相信能够弥补这一市场空缺。模拟自然界蛇的无肢结构，具有多关节、多自由度，可以有多种运动模式、良好的地面适应性和运动稳定性，是其他检修设备无法比拟的。

另外，蛇形机器人在许多领域具有广泛的应用前景，如在有辐射、有毒等危险环境下的侦察和搜索；在地震、塌方及火灾后的废墟中搜寻灾难幸存者；在狭小和危险条件下探测和疏通管道；在航空航天领域可用其作为行星表面探测器、轨道卫星的柔性手臂。蛇形机器人具有稳定性好、横截面小、柔性等特点，能在各种粗糙、陡峭、崎岖的复杂地形上行走，并可攀爬障碍物，这是以轮子或腿作为行走工具的机器人难以做到的。由于其环境适应能力强。因此，蛇形机器人在废墟搜索救援工作中，具有广阔的应用前景。

传统的类蛇形机器人研究重点都放在模仿自然界中蛇的运动方式上，即自动运动。然而，在实际运用中，如爬杆机器人、卫星柔性手臂、防爆机器人的多自由度手臂等，常常并不需要类蛇形机器人按照蛇的运动方式运动，而只需机器人能够按照我们的需要运动到指定位置完成指定动作即可。在之前的类蛇形机器人的研发过程中，针对管网维护并同时满足多方位、多运动形式的系统性的研发成果较少，正是基于这样的条件背景，一个满足多方位、多姿态并且结构简易的机器维修平台亟待进一步研发。

实用新型内容

本方案设计的类蛇形机器人主要由2个机械手夹持装置、7个伺服电机及相应的关节机构、传动机构组成，其中2个伺服电机驱动机械手夹持装置，其余伺服电机提供的5个自由度可以使机器人完成蠕动、抬头和扭头等动作。为充分证明系统的可靠性和灵活性，子机以实现多姿态爬杆、杆上转弯为目标。

化工管网蛇形检修机器人的整体连接关系为：夹持机构1的活动臂通过连接板与舵机相连，夹持机构1通过单一螺钉式（子卯式）连接方式与动力运动机构2的1号关节相连；1号关节通过一对啮合的蜗轮蜗杆与固定板相连，并跟一个舵机相接；动力运动机构2的另一个舵机通过螺钉紧固在固定板上，动力运动机构2的圆柱大齿轮与杆连接机构3子卯式相连。连接机构3与动力运动机构4的支架子卯式连接，动力运动机构4中的舵机与一对圆柱齿轮相连，圆柱齿轮组的大齿轮通过与连接机构5子卯式连接。连接机构5通过单一螺钉（子卯式连接）与动力运动机构6相连，动力运动机构6和夹持机构7的组成部分以及连接方式与机构1、2完全相同。

在结构设计方面，机械手夹持装置采用蜗轮蜗杆传动，具有自锁功能，可以使机械手夹持装置稳固地固定在杆上。其与杆接触部分为对称的两组平行圆弧，确保加紧后与杆至少有4点接触。

从一侧的机械手夹持装置开始到另一侧，一共5个关节，3个动力装置（图）。

1号关节为盘式关节（参考人手腕的旋转），采用轴承作为转动机构，以保持上下旋转平面位置的固定，采用减速齿轮副传动，放大电机扭力，以实现机器人的扭头（摆尾），运动范围理论上无限制，实际情况下考虑到需要避免电线缠绕，故限制在$-180°\sim 180°$。

2号关节为轴式关节（参考人的肘关节），采用减速齿轮副传动，运动范围考虑到自身的机械干涉，限制在$-150°\sim 150°$。

3号关节为轴式关节（参考人的肘关节），采用减速齿轮副传动，运动范围考虑到自身的机械干涉，限制在$-150°\sim 150°$。

4号关节与2号对称。

5号关节与1号对称。

其中，关节1、2为动力运动机构2，关节4、5为动力运动机构6，关节3采用2号动力运动机构4。

（1）爬行原理方面。可实现蠕动式、直翻式、侧翻式3种动作，从而满足各个方向管网的运动需求。此外，夹持机构的结构设计也可以实现对于各种形状管网的紧固。蠕动式运动是利用机器人中间3个机构的整体运动实现机器人上、下两部分的收与缩，从而实现在管网上前进；直翻式运动是利用机器人中间3个机构实现机器人的向上翻动，从而实现在化工管网上的直线翻转运动；侧翻式运动是利用机器人2号和6号运动机构实现机器人的侧面翻动，从而实现在化工管网弯曲处的转弯运动。

（2）转弯原理方面。竖直方向爬杆时，遇到90°角可以选择直翻式使一个尾部机械手直翻抓住垂直杆，接着头部机械手旋转270°抓住垂直杆，转弯动作完毕；水平方向爬行时，遇到90°角可以选择侧翻式使一个尾部机械手侧翻抓住垂直杆，接着头部机械手也侧翻270°抓住垂直杆，转弯动作完毕。

（3）有益效果。本实用新型的运动机理和结构设计采用最优化原理，利用最小的占地体积空间以及最优的机构设计实现复杂的运动和转动机理。翻转式跨越障碍、蠕动式爬行、翻转式竖直转向以及侧翻式水平转向的多方位动作形态为本实用新型最大的特色，夹持机构的夹持装置设计完全贴合目前化工管网形态各异、粗细不均、形状多变等特点，从而实现在各种条件下管网的检修功能。

附图说明

图1为本实用新型的整体结构示意图；

图2-1~图2-7为本实用新型翻转式跨越障碍动作分解示意图；

图3-1~图3-3为本实用新型蠕动式爬行动作分解示意图；

图4-1~图4-6为本实用新型翻转式竖直转向动作分解示意图；

图5-1~图5-7为本实用新型侧翻式水平转向动作分解示意图；

图6为本实用新型机构分布整体示意图；

图7为本实用新型夹持机构1、7的结构示意图；

图8为本实用新型动力运动机构2、6的结构示意图；

图9为本实用新型动力运动机构4的结构示意图。

具体实施方式

下面结合附图对本实用新型做进一步详细说明。

如图6所示，一种化工管网检修机器平台包括3个动力运动机构2、4、6，两个夹持机构1、7和两个连接机构3、5，其中夹持机构1、7包括一个动力模块、一个固定模块和一个夹紧模块。

如图7所示，动力模块包括伺服电机2和齿轮箱3，固定模块包括钣金机体1，夹紧模块包括丝杠螺母装置4和夹持器5。夹持机构1、7的夹持器5的固定一端通过4个螺钉与钣金机体1相连，夹持器的活动一端通过螺钉与丝杠螺母装置4连接，通过丝杠螺母装置4的运动带动夹持器活动一端的运动，达到夹持器活动一端和固定一端的距离变化，实现夹持作用。伺服电机2通过螺钉与齿轮箱3相连，设计规格的齿轮连接在伺服电机2的齿轮接口处，通过伺服电机2的转动，带动丝杠螺母装置4的转动。齿轮箱3通过螺钉与钣金机体1相连接。

如图 6 所示，夹持机构 1、7 通过一个连接杆以及靠近夹持端和靠近动力运动机构端的螺钉分别与动力运动机构 2、6 相连接。

如图 8 所示，伺服电机 2 通过螺钉与钣金机体 1 连接，固定在钣金机体上，圆锥齿轮系 4 中的小齿轮与伺服电机 2 相连，大齿轮通过螺钉与连接杆相连，通过伺服电机 2 的传动和锥齿轮系的传动实现夹持机构 1、7 与动力运动机构 2、6 之间的相对转动。伺服电机 3 通过螺钉与钣金机体 1 连接，固定在钣金机体上，圆柱齿轮系 5 中的小齿轮与伺服电机 2 相连，大齿轮通过螺钉与杆连接机构 3 相连，通过伺服电机 3 的传动和圆柱齿轮系的传动实现动力运动机构 2、6 与杆连接机构 3、5 之间的相对转动。

杆连接机构 3 为一个直杆，一端通过螺钉与动力运动机构 2 连接，一端通过螺钉与动力运动机构 4（图 9）的钣金机体 1 相连，与动力运动机构 4 固接为一体。

如图 9 所示，动力运动机构 4 的一端通过螺钉与杆连接机构 3 固接。伺服电机 2 通过螺钉固定在钣金机体 1 上，伺服电机 2 的运动端与圆柱齿轮系中的小齿轮连接，大齿轮与花键连接 3 的连接轴接在一起，花键连接 3 的连接轴通过螺钉与杆连接机构 5 连接。通过伺服电机 2 的转动带动齿轮系的转动，从而实现动力运动机构 4 与杆连接机构 5 的相对转动。

杆连接机构 5 为一个弓形杆，杆的一端通过螺钉与动力运动装置 4 的花键连接轴相连，另一端通过螺钉与动力运动机构 6 相连。

工作原理

1. 机械部分

本实用新型设计的类蛇形机器人主要由 2 个机械手夹持装置、7 个伺服电机及相应的关节机构、传动机构组成，其中 2 个伺服电机驱动机械手夹持装置，其余伺服电机提供的 5 个自由度可以使机器人完成蠕动、抬头和扭头等动作。

机械手夹持装置采用蜗轮蜗杆传动，具有自锁功能，可以使机械手夹持装置稳固固定在杆上。其与杆接触部分为对称的两组平行圆弧，确保夹紧后与杆至少有 4 点接触。

如图 1 所示，从一侧的机械手夹持装置开始到另一侧，一共 5 个关节、3 个动力装置。1 号关节为盘式关节（参考人手腕的旋转），采用轴承作为转动机构，以保持上下旋转平面位置的固定，采用减速齿轮副传动，放大电机扭力，以实现机器人的扭头（摆尾），运动范围理论上无限制，实际情况下考虑到需要避免电线缠绕，故限制在 $-180°\sim180°$。2 号关节为轴式关节（参考人的肘关节），采用减速齿轮副传动，考虑到自身的机械干涉，运动范围限制在-150°~150°。3号关节为轴式关节（参考人的肘关节），采用减速齿轮副传动，考虑到自身的机械干涉，运动范围限制在-150°~150°。4号关节与2号对称。5号关节与1号对称。其中关节1、2，关节4、5采用1号动力装置，关节3采用2号动力装置。

2. 爬行原理

蠕动式爬行利用机器人中间3个关节实现机器人上、下两个部分的收与缩，如图9所示，通过程序控制动力运动机构4的伺服电机2进行一定程度的转动，通过圆柱齿轮系运动的传动带动花键连接3的连接轴进行传动，使与连接轴相固定的杆连接机构5与动力运动机构4之间形成相对小幅度转动。如图8所示，动力运动机构2、6通过程序控制伺服电机3的转动，带动圆柱齿轮系5的运动，由于杆连接机构3、5的一端分别与动力运动机构2、6的圆柱齿轮系5的大齿轮轮轴连接，实现杆连接机构3、5分别与动力运动机构2、6的相对小幅度转动。通过3个运动的共同作用，完成蠕动式爬杆动作。蠕动式爬行的效果示意图如图3-1~图3-3所示。

（1）直翻式。利用机器人中间3个关节实现机器人的向上翻动，如图9所示，通过程序控制动力运动机构4的伺服电机2进行一定程度的转动，通过圆柱齿轮系运动的传动带动花键连接3的连接轴进行传动，使与连接轴相固定的杆连接机构5与动力运动机构4之间形成相对大幅度转动。如图8所示，动力运动机构2、6通过程序控制伺服电机3的转动，带动圆柱齿轮系5的运动，由于杆连接机构3、5的一端分别与动力运动机构2、6的圆柱齿轮系5的大齿轮轮轴连接，实现杆连接机构3、5分别与动力运动机构2、6的相对大幅度转动。通过3个运动的共同作用，完成直翻式爬杆动作。直翻式爬行的效果示意图如图2-1~图2-7、图4-1~图4-6所示。

（2）侧翻式。利用机器人1号关节和5号关节实现机器人的侧面翻动。如图7所示，夹持机构1、7的钣金机体1通过螺钉和连接轴与动力运动机构2、6的钣金基体1相连。如图8所示，动力运动机构2、6通过程序控制伺服电机2的转动，带动圆锥齿轮系4的运动，由于圆锥齿轮系4的小齿轮与伺服电机2的运动端相连，圆锥齿轮系4的大齿轮与连接轴连接。通过程序控制伺服电机2的转动，并依靠齿轮系的传动效果，分别实现夹持机构1、7与动力运动机构2、6的相对转动。通过两组相对转动的共同作用，从而完成侧翻式爬杆动作。侧翻式爬行的效果示意图如图3-1~图3-3所示。

> 3. 转弯原理
>
> 竖直方向爬杆时，遇到90°角可以选择直翻式使一个尾部机械手直翻抓住垂直杆，接着头部机械手旋转270°抓住垂直杆，转弯动作完毕；水平方向爬行，遇到90°角可以选择侧翻式使一个尾部机械手侧翻抓住垂直杆，接着头部机械手也侧翻270°抓住垂直杆，转弯动作完毕。
>
> （说明书附图省略）

2.2.2 专利文件申请稿

一种化工管网检修机器人

技术领域

本实用新型涉及一种化工管网检修机器人，具体涉及在石油工业等领域的化工管网外部自由行动并进行实际维修维护工作的维修机器平台，属于机电设备技术领域。

背景技术

众所周知，自然界中蛇的运动是一种"无肢运动"，它不需要轮子和腿。蛇由于在结构上无肢，可以爬树、游水、钻洞、绕过障碍物、穿越沙漠，在平坦的地面爬行更是能行动如飞。蛇的身体虽然只不过像一条绳子，但具有多种运动变化方式，功能强大：在前行时可以当"腿脚"，在攀爬时可以当"手臂"，而在攫取东西时又可以当"手指"。

目前，我国经济迅速发展，每时每刻数以几十万计的石油化工厂都在运转，生产国民经济中重要的工业和民用必需品。而在每个石油化工厂中，都分布着诸多的管网。一直以来，检修和维护这些管网都是工厂所面临的难题，因为单靠检修工人去修理这些管网既费时又费力，并且大型的检修机器无法在有限的空间对这些纷繁的管网进行检修。

所以，利用灵巧蛇形结构的检修平台对石油化工厂的管网进行检修相信能够弥补这一市场空缺。模拟自然界蛇的无肢结构，具有多关节、多自由度，可以有多种运动模式、良好的地面适应性和运动稳定性，是其他检修设备无法比拟的。

另外，它在许多领域具有广泛的应用前景，如在有辐射、有毒等危险环境下的侦察和搜索；在地震、塌方及火灾后的废墟中搜寻灾难幸存者；在狭小和危险条件下探测和疏通管道；在航空航天领域可作为行星表面探测器、轨道卫星的柔性手臂。蛇形机器人具有稳定性好、横截面小、柔性等特点，能在各种粗糙、陡峭、崎岖的复杂地形上行走，并可攀爬障碍物，这是以轮子或腿作为行走工具的机器人难以做到的。由于其环境适应能力强，因此在废墟搜索救援工作中，具有广阔的应用前景。

传统的类蛇形机器人研究重点都在模仿自然界中蛇的运动方式上，即自动运动。然而，在实际运用中，如爬杆机器人、卫星柔性手臂、防爆机器人的多自由度手臂等，常常并不需要类蛇形机器人按照蛇的运动方式运动，而只需机器人能够按照需要运动到指定位置完成指定动作即可。在之前的类蛇形机器人的研发过程中，针对管网维护并同时满足多方位、多运动形式的系统性的研发成果较少，正是基于这样的条件背景，一种满足多方位、多姿态并且结构简易的机器维修平台亟待进一步研发。

实用新型内容

有鉴于此，本实用新型提供了一种化工管网检修机器人，利用两个伺服电机驱动夹持装置，其余伺服电机提供的5个自由度可以使机器人完成蠕动、抬头和扭头等动作以实现在化工管网上的稳定行走。

一种化工管网检修机器人，包括两个夹持机构以及与之对应的夹持运动机构、一个运动机构和两个连接臂。

其中，两个夹持机构结构相同，均包括一个伺服电机、一个钣金基体、一个齿轮箱、一套丝杠螺母机构和一套夹持器；夹持器为两块结构相同的弧形板，钣金基体的一个内侧面固定连接一块弧形板，另一块弧形板通过丝杠螺母机构安装在钣金基体上并与固定连接的弧形板相对，丝杠螺母机构由伺服电机及齿轮箱组合驱动，通过丝杠螺母机构的运动带动与其连接的弧形板直线移动，夹持器的活动端和固定端的距离变化，实现对管网的夹持功能。

运动机构包括运动机构基体、伺服电机及齿轮系和花键，伺服电机及齿轮系和花键都安装在运动机构基体上，伺服电机及齿轮系驱动花键转动。

夹持运动机构包括夹持运动机构基体、锥齿轮系伺服电机、圆柱齿轮系伺服电机、锥齿轮系和圆柱齿轮系。锥齿轮系伺服电机通过螺钉与夹持运动机构基体连接并固定在其上，锥齿轮系中的大齿轮和小齿轮互相啮合，小齿轮与锥齿轮系伺服电机的输出轴相连；圆柱齿轮系伺服电机通过螺钉与夹持运动机构基体固定连接，圆柱齿轮系中的大齿轮与小齿轮互相啮合，小齿轮与圆柱齿轮系伺服电机的输出轴相连；锥齿轮系和圆柱齿轮系的旋转轴线互相垂直。

其整体连接关系为：两个连接臂的一端分别连接运动机构的运动机构基体和花键，其中一个连接臂为弓字形，目的是使两个连接臂的另一端能同时位于同一条直线上，两个连接臂的另一端分别连接一个夹持运动机构，夹持运动机构圆柱齿轮系中的大齿轮与连接臂的连接点固定连接，通过圆柱齿轮系伺服电机的传动和圆柱齿轮系的传动实现夹持运动机构与连接臂之间的相对转动。

夹持运动机构锥齿轮系中的大齿轮与夹持机构的钣金基体固定连接，通过锥齿轮系伺服电机的传动和锥齿轮系的传动实现夹持机构与夹持运动机构之间的相对转动。

夹持机构采用蜗轮蜗杆传动，具有自锁功能，可以使机械手夹持装置稳固固定在杆上，夹持器的弧形板确保夹紧后与杆至少有4点接触。

夹持运动机构与夹持机构相对运动的关节采用轴承作为转动机构，以保持上、下旋转平面位置的固定，采用减速齿轮副传动，放大电机扭力，以实现机器人的扭头（摆尾），运动范围理论上无限制，为避免电线缠绕，故限制在$-180°\sim 180°$。

夹持运动机构与连接臂相对运动的关节采用减速齿轮副传动，考虑到自身的机械干涉，运动范围限制在$-150°\sim 150°$。

运动机构与两个连接臂相对运动的关节采用减速齿轮副传动，考虑到自身的机械干涉，运动范围限制在$-150°\sim 150°$。

工作原理

本实用新型能实现蠕动式、直翻式、侧翻式3种动作。蠕动式运动是利用机器人的运动机构带动两个连接臂做伸与缩的动作，从而实现在化工管网上前进；直翻式运动是利用机器人的运动机构带动一个连接臂绕运动机构的轴线向上翻动，从而实现机器人在化工管网上的直线翻转运动；侧翻式运动是利用机器人的运动机构和夹持运动机构与夹持机构相对运动的关节实现机器人的侧面翻动，从而实现在化工管网弯曲处的转弯运动。

转弯原理方面，竖直方向爬杆时，遇到90°角可以选择直翻式使一个尾部机械手直翻抓住垂直杆，接着头部机械手旋转270°抓住垂直杆，转弯动作完毕；水平方向爬行时，遇到90°角可以选择侧翻式使一个尾部机械手侧翻抓住垂直杆，接着头部机械手也侧翻270°抓住垂直杆，完成转弯动作。

有益效果

(1) 本实用新型能实现蠕动式、直翻式、侧翻式3种动作，从而满足各个方向化工管网的运动需求。此外，夹持机构的结构设计也可以实现对于各种形状管网的紧固。

(2) 本实用新型的运动机理和结构设计采用最优化原理，利用最小的占地体积空间以及最优的机构设计实现复杂的运动和转动机理。翻转式跨越障碍、蠕动式爬行、翻转式竖直转向以及侧翻式水平转向的多方位动作形态为本实用新型最大的特色，夹持机构的夹持装置设计完全贴合目前化工管网形态各异、粗细不均、形状多变等特点，从而满足在各种条件下对化工管网的检修需求。

附图说明

图 1 为本实用新型的整体结构示意图；
图 2 为本实用新型夹持机构的结构示意图；
图 3 为本实用新型夹持运动机构的结构示意图；
图 4 为本实用新型运动机构的结构示意图；
图 5~图 7 为本实用新型蠕动式运动原理图；
图 8~图 11 为本实用新型直翻式运动原理图；
图 12~图 15 为本实用新型直翻式转弯运动原理图；
图 16~图 20 为本实用新型侧翻式转弯运动原理图。

图中：1—夹持机构Ⅰ；2—夹持运动机构Ⅰ；3—连接臂Ⅰ；4—运动机构；5—连接臂Ⅱ；6—夹持运动机构Ⅱ；7—夹持机构Ⅱ；8—钣金基体；9—伺服电机；10—齿轮箱；11—丝杠螺母机构；12—夹持器；13—夹持运动机构基体；14—锥齿轮系伺服电机；15—圆柱齿轮系伺服电机；16—锥齿轮系；17—圆柱齿轮系；18—运动机构基体；19—伺服电机及齿轮系；20—花键。

具体实施方式

下面结合附图并举实施示例，对本实用新型进行详细描述。

如图 1 所示，本实用新型提供了一种化工管网检修机器人，包括夹持机构Ⅰ1、夹持机构Ⅱ7、夹持运动机构Ⅰ2、夹持运动机构Ⅱ6、运动机构 4、连接臂Ⅰ3 和连接臂Ⅱ5。

如图 2 所示，夹持机构Ⅰ1 和夹持机构Ⅰ7 结构相同，均包括一个伺服电机 9、一个钣金基体 8、一个齿轮箱 10、一套丝杠螺母机构 11 和一套夹持器 12；夹持器 12 为两块结构相同的弧形板，钣金基体 8 的一个内侧面固定连接一块弧形板，另一块弧形板通过丝杠螺母机构 11 安装在钣金基体 8 上并与固定连接的弧形板相对，丝杠螺母机构 11 由伺服电机 9 及齿轮箱 10 组合驱动，通过丝杠螺母机构 11 的运动带动与其连接的弧形板直线移动，夹持器 12 的活动端和固定端的距离变化，实现对管网的夹持功能。

如图4所示，运动机构4包括运动机构基体18、伺服电机及齿轮系19和花键20，伺服电机及齿轮系19和花键20都安装在运动机构基体18上，伺服电机及齿轮系19驱动花键20转动。

如图3所示，夹持运动机构包括夹持运动机构基体13、锥齿轮系伺服电机14、圆柱齿轮系伺服电机15、锥齿轮系16和圆柱齿轮系17、锥齿轮系伺服电机14通过螺钉与夹持运动机构基体13连接并固定在其上，锥齿轮系16中的大齿轮和小齿轮互相啮合，小齿轮与锥齿轮系伺服电机14的输出轴相连；圆柱齿轮系伺服电机15通过螺钉与夹持运动机构基体13固定连接，圆柱齿轮系17中的大齿轮与小齿轮互相啮合，小齿轮与圆柱齿轮系伺服电机15的输出轴相连；锥齿轮系16和圆柱齿轮系17的旋转轴线互相垂直。

其整体连接关系为：连接臂Ⅰ3和连接臂Ⅱ5一端分别连接运动机构4的运动机构基体18和花键20，连接臂Ⅱ5为弓字形，目的是使连接臂Ⅰ3和连接臂Ⅱ5的另一端能同时位于同一条直线上，连接臂Ⅰ3和连接臂Ⅱ5的另一端分别连接夹持运动机构Ⅰ2和夹持运动机构Ⅱ6，夹持运动机构Ⅰ2和夹持运动机构Ⅱ6圆柱齿轮系17中的大齿轮与连接臂Ⅰ3和连接臂Ⅱ5的连接点固定连接，通过圆柱齿轮系伺服电机15的传动和圆柱齿轮系17的传动实现夹持运动机构与连接臂之间的相对转动。

夹持运动机构中锥齿轮系16中的大齿轮与夹持机构的钣金基体8固定连接，通过锥齿轮系伺服电机14的传动和锥齿轮系16的传动实现夹持机构Ⅰ1和夹持机构Ⅱ7与夹持运动机构Ⅰ2和夹持运动机构Ⅱ6之间的相对转动。

夹持机构Ⅰ1和夹持机构Ⅱ7采用蜗轮蜗杆传动，具有自锁功能，可以使类似机械手的夹持机构稳固固定在杆上，夹持器12的弧形板确保夹紧后与杆至少有4点接触。

夹持运动机构与夹持机构相对运动的关节采用轴承作为转动机构，以保持上下旋转平面位置的固定，采用减速齿轮副传动，放大电机扭力，以实现机器人的扭头（摆尾），运动范围理论上无限制，为避免电线缠绕，故限制在$-180°\sim180°$。

夹持运动机构与连接臂相对运动的关节采用减速齿轮副传动，考虑到自身的机械干涉，运动范围限制在$-150°\sim150°$。

运动机构4与两个连接臂相对运动的关节采用减速齿轮副传动，考虑到自身的机械干涉，运动范围限制在$-150°\sim150°$。

本实用新型能实现蠕动式、直翻式、侧翻式3种动作；如图5~图7所示，蠕动式运动是利用机器人的运动机构带动两个连接臂做收与缩的动作，从而实现在化工管网上前进；如图8~图10所示，直翻式运动是利用机器人的运动机构带动一个连接臂绕运动机构的轴线向上翻动，从而实现机器人在化工管网上的直线翻转运动；侧翻式运动是利用机器人的运动机构和夹持运动机构与夹持机构相对运动的关节实现机器人的侧面翻动，从而实现在化工管网弯曲处的转弯运动。

转弯原理方面，如图12~图15所示：在竖直方向爬杆时，遇到90°角可以选择直翻式使一个尾部机械手直翻抓住垂直杆，接着头部机械手旋转270°抓住垂直杆，转弯动作完毕；水平方向爬行时，遇到90°角可以选择侧翻式使一个尾部机械手侧翻抓住垂直杆，接着头部机械手也侧翻270°抓住垂直杆，完成转弯动作。

综上所述，以上仅为本实用新型的较佳实施示例，并非用于限定本实用新型的保护范围。凡在本实用新型的精神和原则之内所作的任何修改、等同替换、改进等，均应包含在本实用新型的保护范围之内。

说明书附图

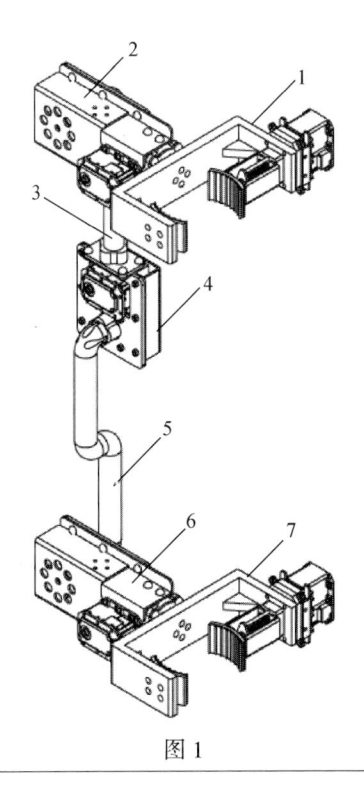

图1

图 2

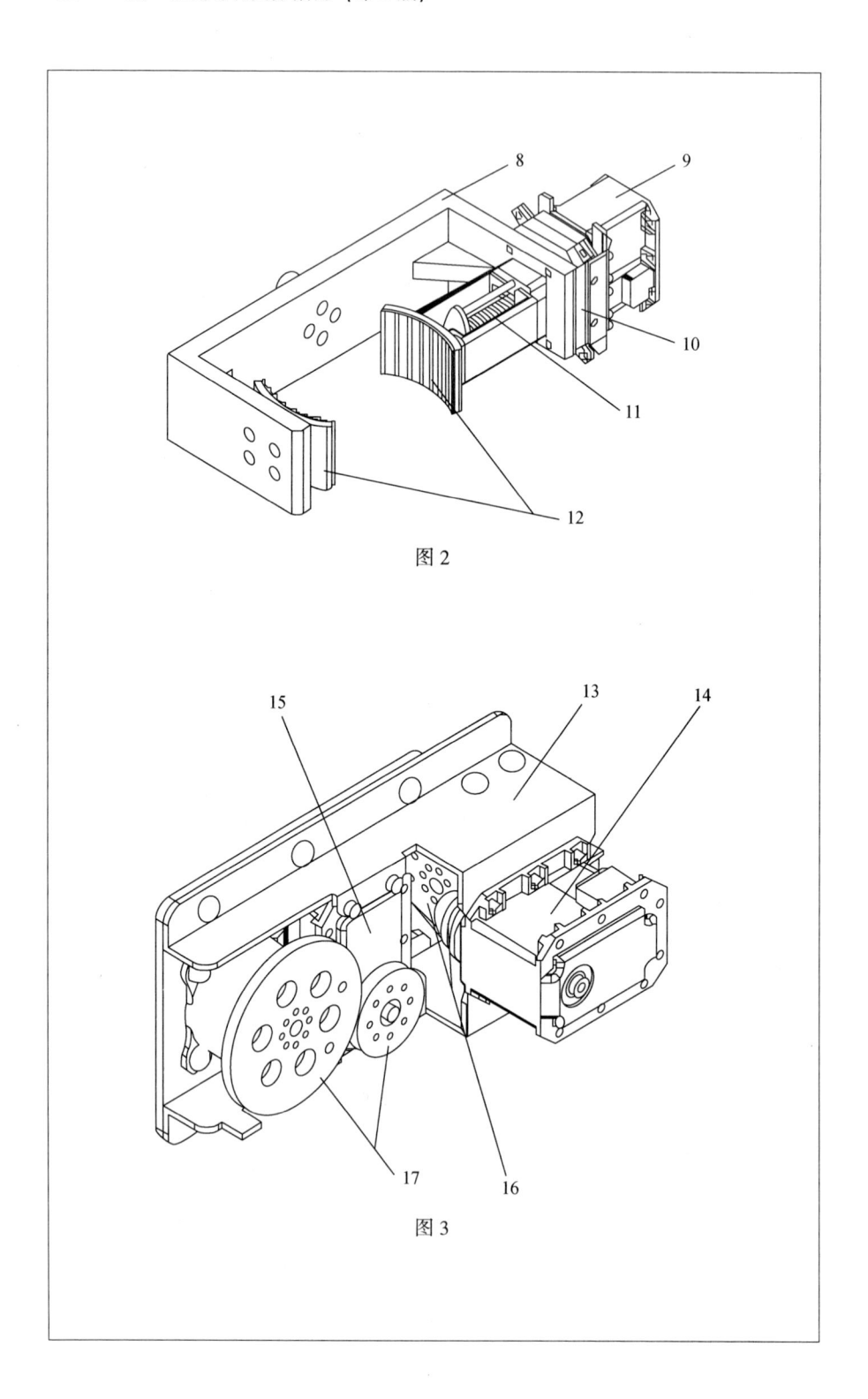

图 3

第 2 章　机械专利撰写　　33

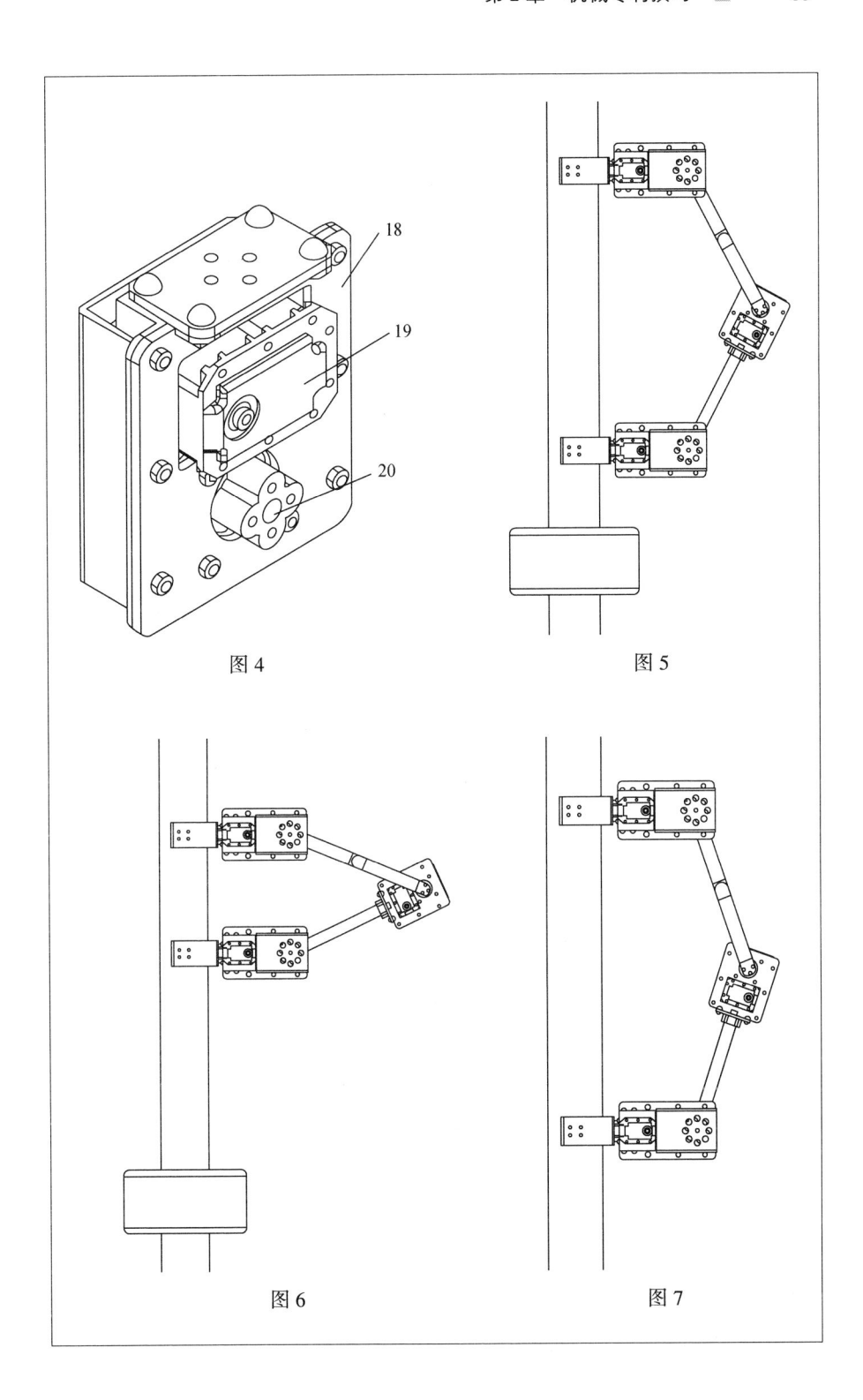

图 4

图 5

图 6

图 7

图 8

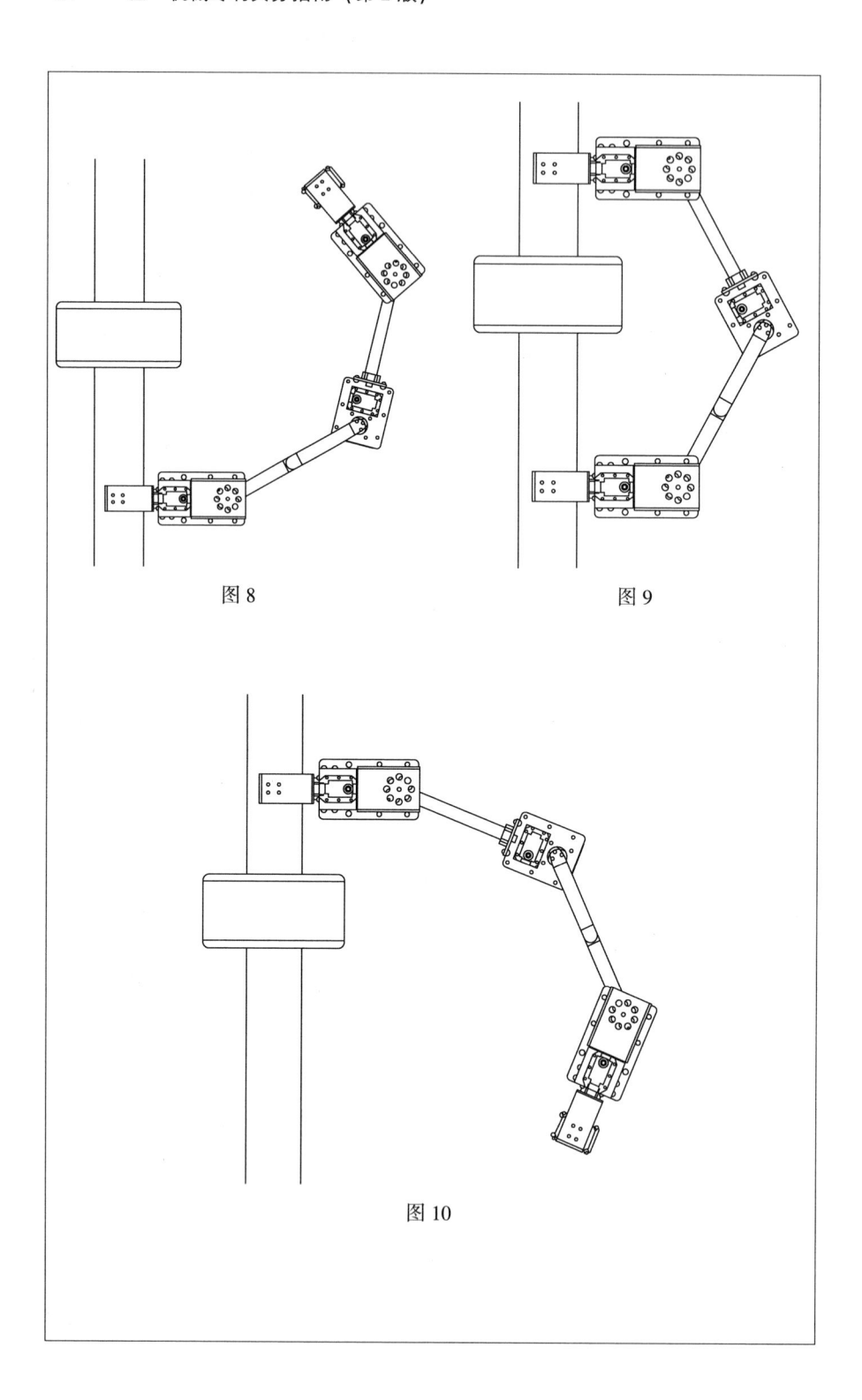

图 9

图 10

图 11

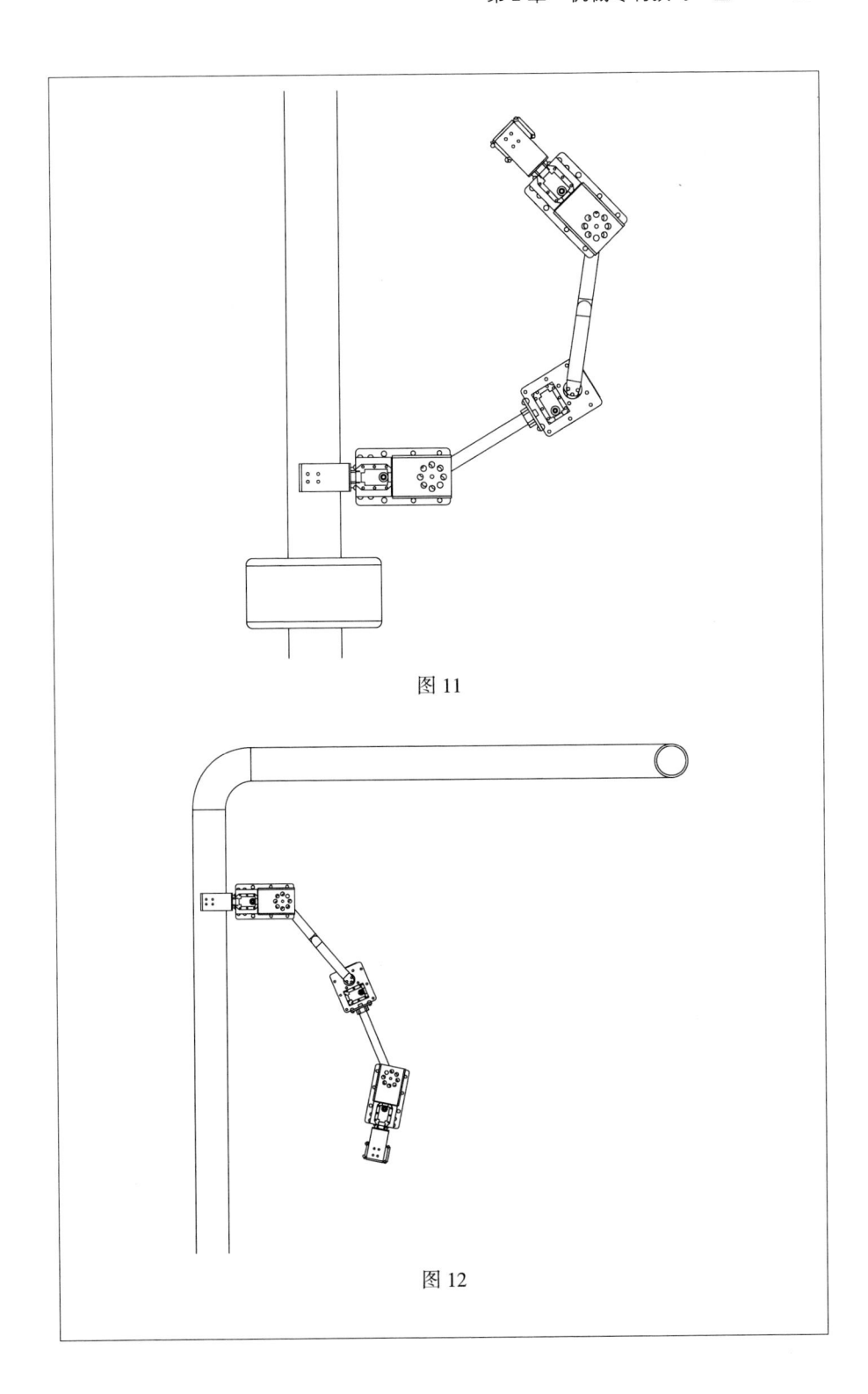

图 12

图 13

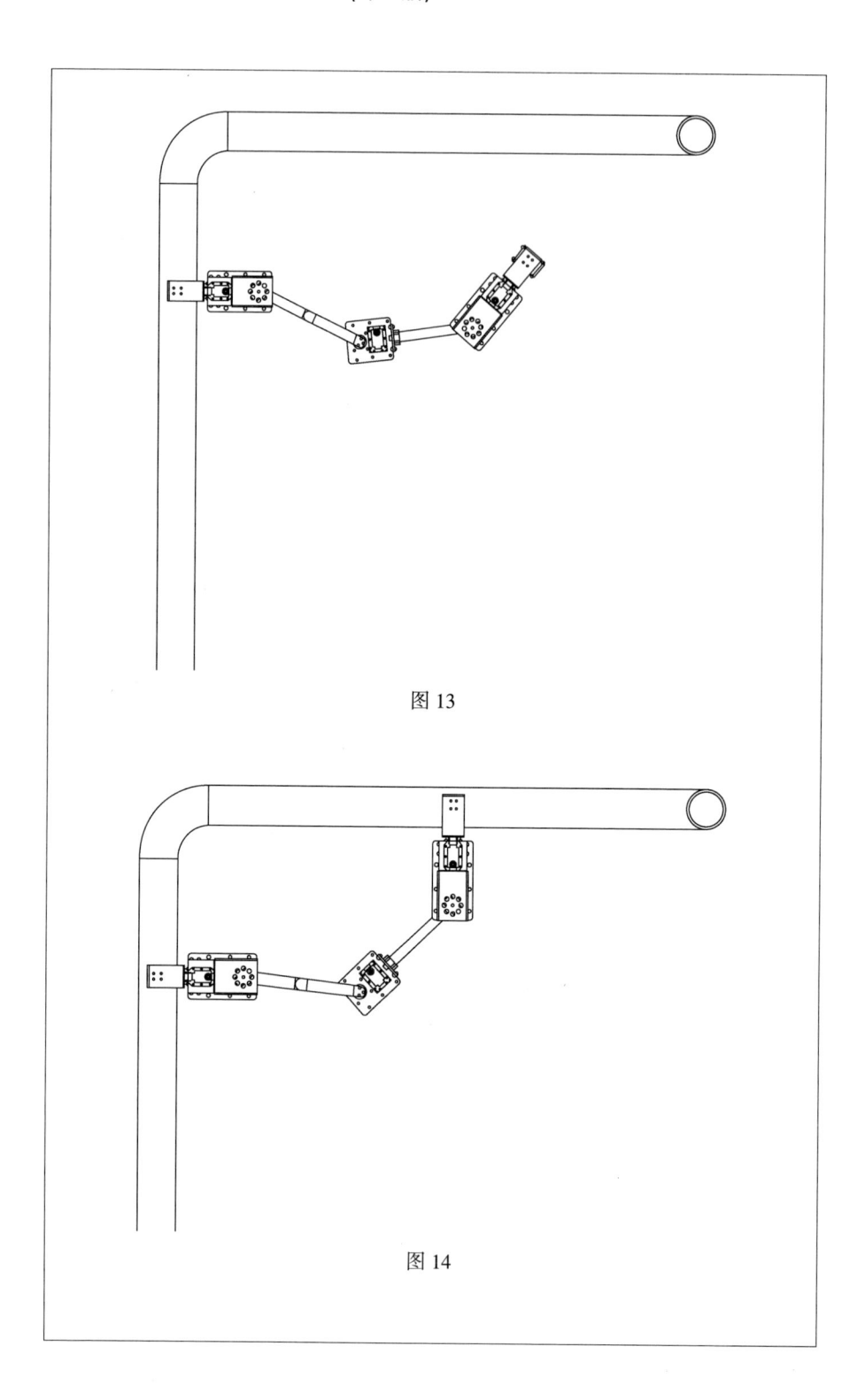

图 14

图 15

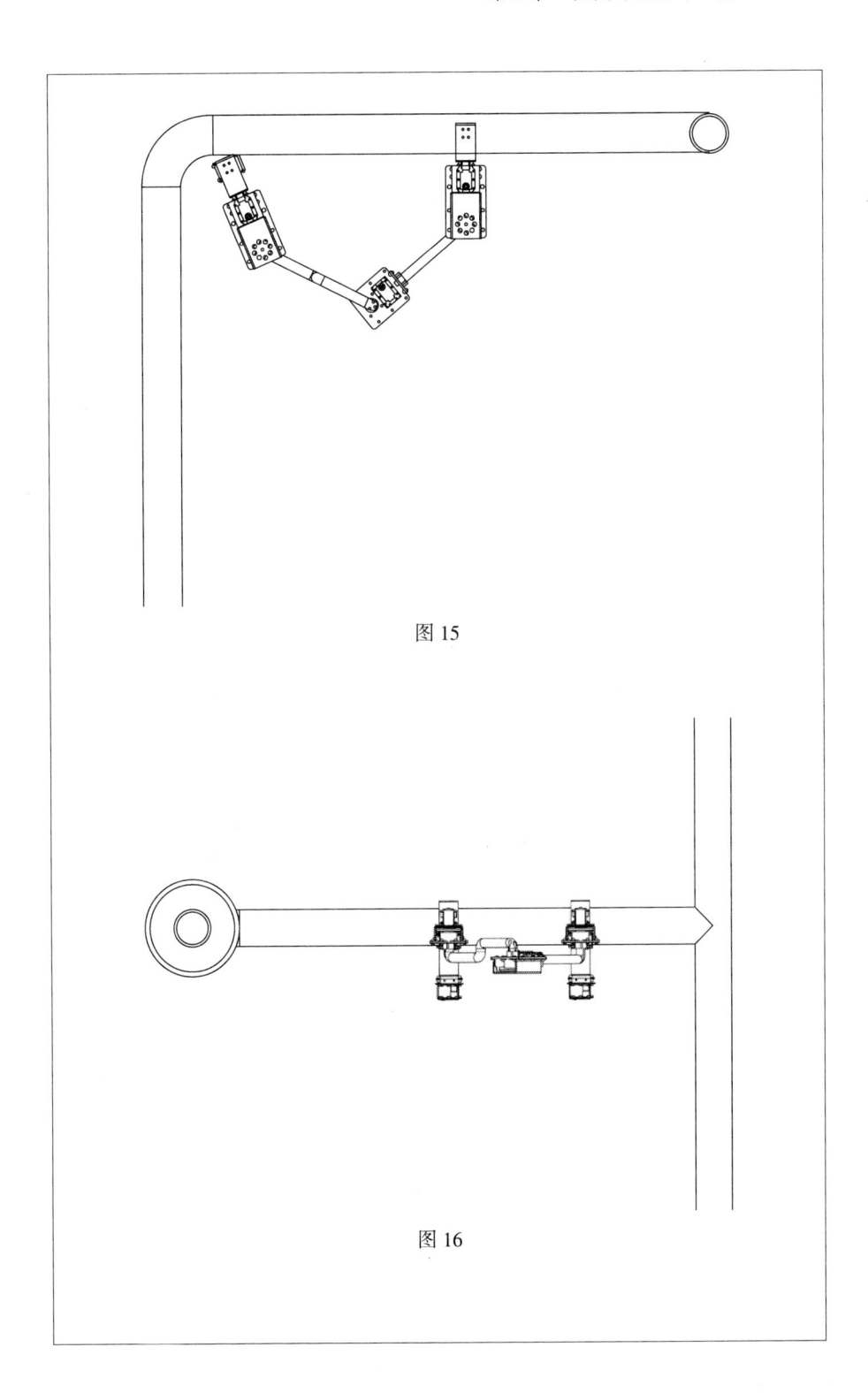

图 16

图 17

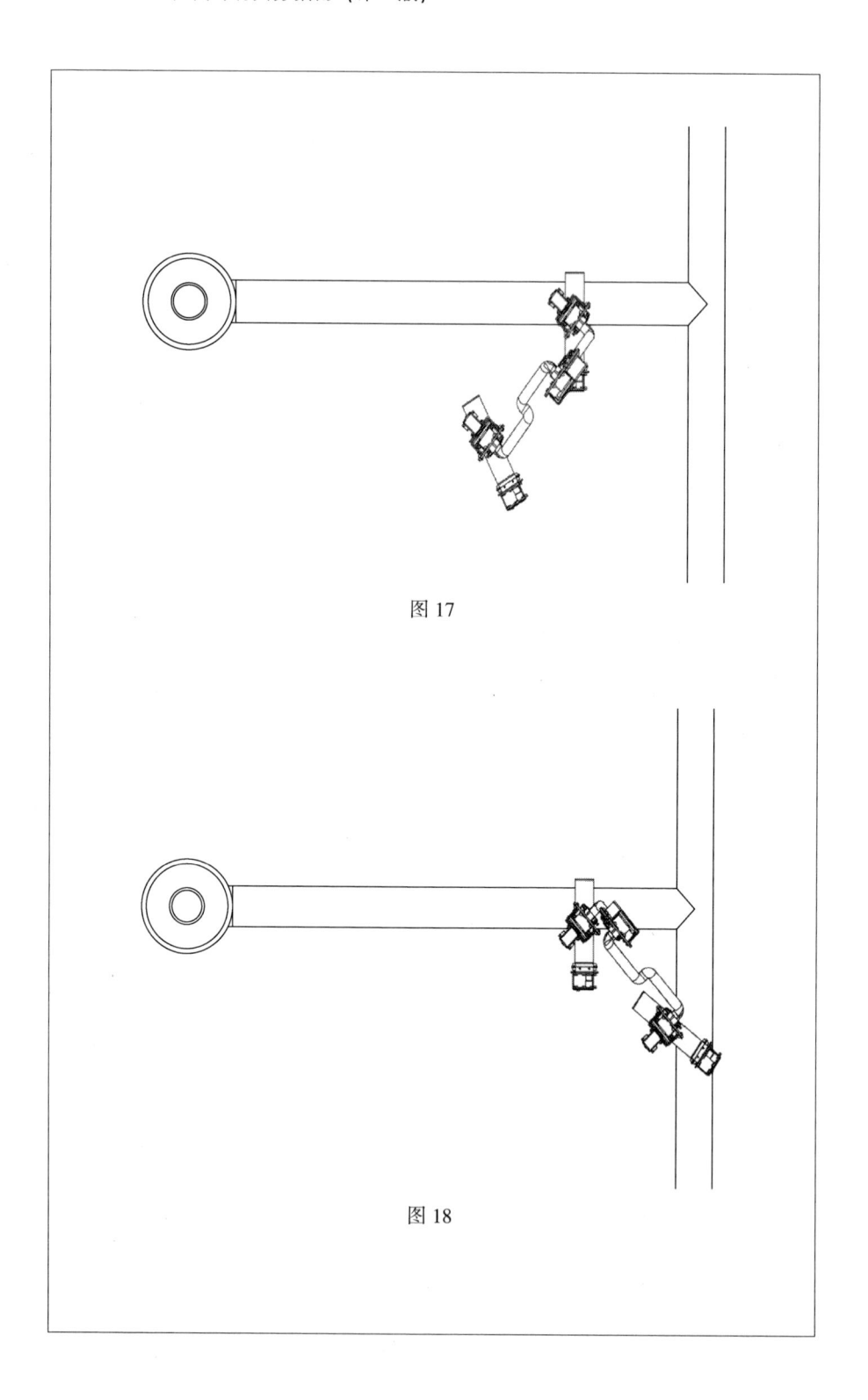

图 18

图 19

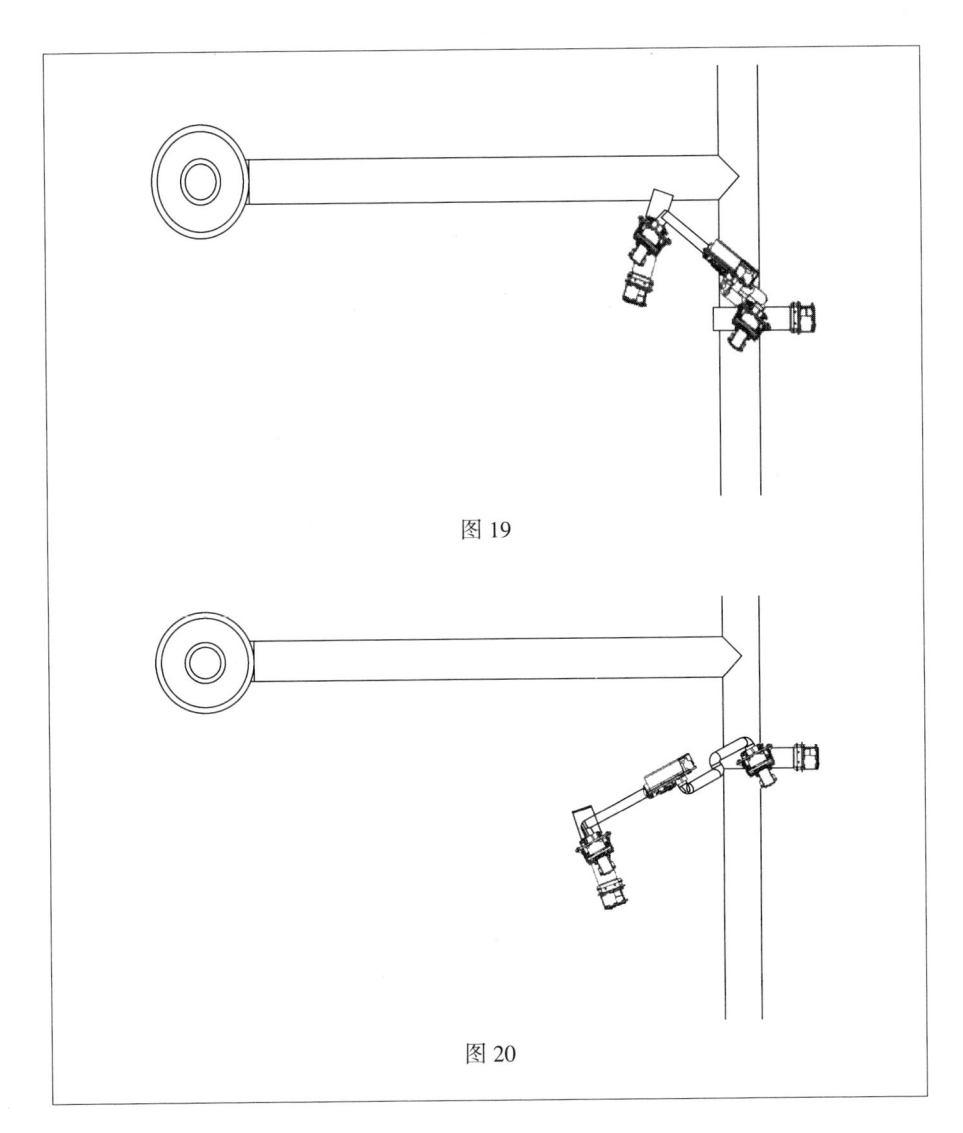

图 20

2.2.3 解析

《专利法》第二条规定：实用新型，是指对产品的形状、构造或者其结合提出的适于适用的新的技术方案。《专利法》第二十六条规定：说明书应当对发明与实用新型作出清楚、完整的说明，以所属技术领域的技术人员能够实现为准。

本案例的专利技术交底书中提供一种化工管网检修的机器平台，该专利技术交底书的撰写顺序和方式均符合《专利法》及《专利法实施细则》的相关规定；并且在技术领域、背景技术、实用新型内容、附图说明和具体实施方式上均对该发明创造做出了较为清楚的说明。但在附图说明和说明书附图部分不符合相关规定，具体包括：①附图应当采用线条均匀清晰的线条图，不得采用工程蓝图或照片；附图应当用阿拉伯数字顺序编号，如用图 1、图 2 等表示，标注在相应附图的正下方；附图中除必需的词语外，不得含有其他的注释；②附图说明部分应当对各附图作简略说明，该说明包括对附图中各附图标记的说明。在技术交底书给出的附图中均有阴影，不能清晰地分辨出图中的各个细节；而且说明书文字部分提及的附图标记在附图中没有出现。

具体到专利技术交底书的实质内容上，依据《专利法》及其实施细则的相关要求，实用新型内容部分应当清楚、完整地描述实用新型解决其技术问题所采取的技术方案的技术特征。通过专利技术交底书提供的方案可知，该发明创造所要解决的技术问题是：针对化工管网维护，提供一种能够满足多方位、多运动形式的类蛇形机器人。该申请为典型的机械类专利申请，在撰写机械类专利申请时，应详细描写机械产品的具体结构，包括各零部件的名称，各零部件之间是通过何种方式连接的，以及产品的工作原理和具体工作过程。涉及产品的专利申请，为便于理解，应提供相应的机械图、装配图以及主要部分的局部视图或剖视图。

在申请人提供的技术交底书中，给出了该类蛇形机器人的结构组成，包括两个机械手夹持装置、7 个伺服电机及相应的关节机构、传动机构，并简单描述了该检修机器人的整体连接关系和运动原理。其中夹持机构（机械手夹持装置）和动力运动机构（伺服电机及相应的关节机构、传动机构）是针对该机器人而自主设计的，是该类蛇形机器人完成运动的关键部件，但在专利技术交底书中没有对夹持机构和动力运动机构的具体结构形式进行描述，所属技术领域的技术人员依据专利技术交底书中记载的技术方案不能实现该发明创造，该专利技术交底书没有清楚完整地描述技术方案。

《专利审查指南》第二部分第二章 2.2.3 节中规定，实用新型内容部分至少应当包含全部的必要技术特征。必要技术特征是指实用新型为解决其技术问题所不可缺少的技术特征，其总和足以构成实用新型的技术方案，使之区别于背景技术中所述的其他技术方案。

基于此，实用新型部分正确的撰写方式如下。

（1）首先对该化工管网检修机器人的结构组成进行描述，包括两个夹持机构以及与之对应的夹持运动机构、一个运动机构和两个连接臂。由于夹持机构、夹持运动机构和运动机构均为组件，然后应先分别对上述 3 个机构的结构组成和连接关系进行介绍。

"其中,两个夹持机构结构相同,均包括一个伺服电机、一个钣金基体、一个齿轮箱、一套丝杠螺母机构和一套夹持器;……通过丝杠螺母机构的运动带动与其连接的弧形板直线移动,夹持器的活动端和固定端的距离变化,实现对管网的夹持功能。

运动机构包括运动机构基体、伺服电机及齿轮系和花键,伺服电机及齿轮系和花键都安装在运动机构基体上,伺服电机及齿轮系驱动花键转动。

夹持运动机构包括夹持运动机构基体、锥齿轮系伺服电机、圆柱齿轮系伺服电机、锥齿轮系和圆柱齿轮系,锥齿轮系伺服电机通过螺钉与夹持运动机构基体连接并固定在其上,……;锥齿轮系和圆柱齿轮系的旋转轴线互相垂直。"

(2)再描述该检修机器人各组件之间的连接关系。

"其整体连接关系为:两个连接臂的一端分别连接运动机构的运动机构基体和花键,……夹持器的弧形板确保夹紧后与杆至少有 4 点接触。"

(3)再对该检修机器人的工作原理进行描述。

"工作原理:本实用新型能实现蠕动式、直翻式、侧翻式 3 种动作;蠕动式运动是……;直翻式运动是……;侧翻式运动是……;转弯原理方面,竖直方向爬杆时,……;水平方向爬行时,……,完成转弯动作。"

通过以上内容便可清楚完整地描述该实用新型的技术方案。为便于理解,应提供该类蛇形机器人的附图,附图是说明书的一个组成部分,附图的作用在于用图形补充说明书文字部分的描述,使人能够直观地、形象化地理解发明或者实用新型的每一个技术特征和整体技术方案。在本案例中,说明书附图中应至少包括其整体结构示意图(便于对该机器人有直观的认识)、3 个组成组件夹持机构、夹持运动机构和运动机构的结构示意图以及该机器人在不同工作模式下的运动原理图。在说明书的附图说明部分写明个幅图的图名,并对图示的内容作简要介绍。图中零部件较多时,用列表的方式对附图中具体零部件的名称列表说明。

图 1 为本实用新型的整体结构示意图;

图 2 为本实用新型夹持机构的结构示意图;

图 3 为本实用新型夹持运动机构的结构示意图;

图 4 为本实用新型运动机构的结构示意图;

图 5~图 7 为本实用新型蠕动式运动原理图;

图 8~图 11 为本实用新型直翻式运动原理图;

图 12~图 15 为本实用新型直翻式转弯运动原理图;

图 16~图 20 为本实用新型侧翻式转弯运动原理图。

图中：1—夹持机构Ⅰ；2—夹持运动机构Ⅰ；3—连接臂Ⅰ；4—运动机构；5—连接臂Ⅱ；6—夹持运动机构Ⅱ；7—夹持机构Ⅱ；8—钣金基体；9—伺服电机；10—齿轮箱；11—丝杠螺母机构；12—夹持器；13—夹持运动机构基体；14—锥齿轮系伺服电机；15—圆柱齿轮系伺服电机；16—锥齿轮系；17—圆柱齿轮系；18—运动机构基体；19—伺服电机及齿轮系；20—花键。

具体实施方式中结合附图详细写明该发明创造的优选实施方式。具体实施方式是说明书的重要组成部分，它对于充分公开、理解和实现发明或实用新型，支持和解释权利要求都是极为重要的。优选的具体实施方式应当体现申请中解决技术问题所采用的技术方案，并应当对技术特征给予详细的说明，以便支持权利要求。对于产品的发明或者实用新型，具体实施方式部分应当描述产品的机械结构，说明组成产品各部分之间的相互关系。对于可动作的产品，只描述其构成不能使所属技术领域的技术人员理解和实现发明或者实用新型时，还应当说明其动作过程或操作步骤。

在本申请的具体实施方式部分结合附图详细描述该机器人的结构，对照附图描述该检修机器人的结构时，使用的附图标记应当与附图中一致，并放在相应的技术名称的后面，如"如图4所示，运动机构4包括运动机构基体18、伺服电机及齿轮系19和花键20，伺服电机及齿轮系19和花键20都安装在运动机构基体18上，伺服电机及齿轮系19驱动花键20转动。"

2.3 实例3 微流控芯片空间实验装置抗振动防冲击赋形包

2.3.1 技术交底书

微流控芯片空间实验装置抗振动防冲击赋形包
技术领域
本实用新型涉及生命科学空间实验技术。
背景技术
微流控芯片空间实验装置是飞船搭载的实验装置，应用于空间微重力环境基因扩增实验。为保证飞船发射过程产生的加速度、振动、冲击和飞船再入大气层的气动力及着陆冲击环境下实验装置完好无损，实验装置除结构采取减振措施外，还需要对实验装置在飞船舱内固定方式和防冲击性能方面进行特殊设计，以确保装置空间实验运行正常。

发明内容

微流控芯片空间实验装置抗振动防冲击赋形包，采用里外双层布面内充发泡材料的的包体，实验装置机箱装入包体内，赋形包和实验装置机箱外表面的接触面采用尼龙搭扣互锁，使实验装置机箱在赋形包内位置固定；赋形包正前面开电源开关操作孔，两侧和上面开散热孔；赋形包背面（与舱壁接触面）设置设备安装盖，安装盖边缘安装拉链开启或闭合赋形包；赋形包与舱壁固定采用束缚带紧固方式固定在舱壁安装板上，赋形包上下两面设置穿带孔用于固定束缚带，束缚带在赋形包正面用带扣勒紧固定。这种赋形包结构提高了微流控芯片空间实验装置抗振动防冲击的性能。

附图说明

图 1 为本实用新型结构示意图；
图 2 为本实用新型剖面图。
图中：1—角连接件；2—拉链；3—尼龙搭扣；4—赋形包体；5—赋形包盖；6—微流控芯片空间实验装置；7—穿带孔；8—散热孔；9—束缚带扣；10—电源开关操作孔；11—束缚带。

实施方式

赋形包由赋形包体 4 和赋形包盖 5 组成，赋形包体 4 正前面设置电源开关操作孔 10，赋形包体 4 上面和两侧设置散热孔 8，赋形包体 4 和赋形包盖 5 之间用拉链 2 连接，赋形包体 4 前面内侧和赋形包盖 5 内侧贴装尼龙搭扣 3 钩面，实验装置 6 前后两面贴装尼龙搭扣 3 绒面，实验装置 6 装入包中，拉链 2 锁紧，束缚带 11 的角连接件 1 用螺钉固定在舱壁安装板上，束缚带 11 穿带孔 7 在赋形包正前面用束缚带 9 扣紧固。

2.3.2　专利文件申请稿

微流控芯片空间实验装置抗振动防冲击赋形包

技术领域

本实用新型涉及一种抗振动防冲击赋形包，具体涉及一种空间实验装置的抗振动防冲击赋形包，属于空间实验装置技术领域。

背景技术

微流控芯片空间实验装置是飞船搭载的实验装置，应用于空间微重力环境基因扩增实验，为保证飞船发射过程产生的加速度、振动、冲击和飞船再入大气层的气动力及着陆冲击环境下实验装置完好无损，实验装置除结构采取减振措施外，还需要对实验装置在飞船舱内固定方式和防冲击性能方面进行特殊设计，以确保装置空间实验运行正常。

发明内容

有鉴于此，本实用新型提供了一种抗振动防冲击赋形包，能够避免装置在进行空间实验时受到振动和冲击的影响。

本实用新型的技术方案是：一种微流控芯片空间实验装置抗振动防冲击赋形包，包括赋形包体、赋形包盖、拉链和尼龙搭扣，外围装置是角连接件、束缚带、束缚带扣和微流控芯片空间实验装置；其中，赋形包体的外形与微流控芯片空间实验装置的外形一致，赋形包体对应微流控芯片空间实验装置开关处的位置开有电源开关操作孔，赋形包体的各个表面上还开有散热孔，以利于微流控芯片空间实验装置工作中散热的需要，赋形包体的外表面上还开有穿带孔，赋形包体和赋形包盖之间由拉链连接实现赋形包盖对赋形包体的连接和封闭；微流控芯片空间实验装置由赋形包体开口端装入，将赋形包盖的尼龙搭扣与微流控芯片空间实验装置上的尼龙搭扣粘接后锁上拉链；束缚带的一端固定连接在航天器舱壁上的角连接件上，束缚带的自由端穿过穿带孔后将赋形包体完全束缚后由束缚带扣将其勒紧固定在航天器舱壁上。

赋形包体和赋形包盖的材料采用里外双层布面内充发泡材料。

有益效果

本实用新型将微流控芯片空间实验装置完全包覆在包体内部，由于赋形包体和赋形包盖的材料采用里外双层布面内充发泡材料，因此提高了微流控芯片空间实验装置抗振动防冲击的性能；赋形包体上开有散热孔和电源开关操作孔，使微流控芯片空间实验装置能够良好地散热以及便于对微流控芯片空间实验装置的操控；赋形包整体通过航天器舱体内标配的角连接件和束缚带固定微流控芯片空间实验装置，充分利用了现有设备，微流控芯片空间实验装置可根据太空舱内空间的布局需要进行调整，具有结构简单、操作简便的特点。

附图说明

图 1 为本实用新型结构示意图；

图 2 为本实用新型剖面图。

图中：1—角连接件；2—拉链；3—尼龙搭扣；4—赋形包体；5—赋形包盖；6—微流控芯片空间实验装置；7—穿带孔；8—散热孔；9—束缚带扣；10—电源开关操作孔；11—束缚带。

具体实施方式

如图1和图2所示，本发明的微流控芯片空间实验装置抗振动防冲击赋形包，包括赋形包体4、赋形包盖5、拉链2和尼龙搭扣3，外围装置是角连接件1、束缚带11、束缚带扣9和微流控芯片空间实验装置6；赋形包体4为与微流控芯片空间实验装置6外形一致的正方形结构，其中，赋形包体4和赋形包盖5之间由拉链2连接实现赋形包盖5对赋形包体4的连接和封闭，赋形包体4对应微流控芯片空间实验装置6开关处的位置开有电源开关操作孔10，在赋形包体4上除电源开关操作孔10所在的表面上均开有散热孔8，散热孔8利于微流控芯片空间实验装置6工作中散热的需要，赋形包体4的外表面上还开有并列的两行穿带孔7，束缚带11的一端固定连接在航天器舱壁上的角连接件1上，束缚带11的自由端穿过穿带孔7后将赋形包体4完全束缚后由束缚带扣9将其勒紧固定在航天器舱壁上；赋形包盖5的内侧面上连接一层尼龙搭扣3，微流控芯片空间实验装置6与赋形包盖5内侧面的相对面也连接一层尼龙搭扣3；束缚带扣9的作用如同皮带锁扣，实现束缚带11对赋形包体4的勒紧连接以及调节束缚的松紧程度。

赋形包体4和赋形包盖5的材料采用里外双层布面内充发泡材料。

当航天器进行空间实验时，微流控芯片空间实验装置6装入赋形包体4内部，将赋形包盖5的尼龙搭扣与微流控芯片空间实验装置6上的尼龙搭扣粘接后锁上拉链2，此时微流控芯片空间实验装置6被完全包覆在赋形包体4和赋形包盖5内部；赋形包整体通过角连接件1和束缚带11固定在航天器舱壁上，需要取出微流控芯片空间实验装置6时，开启束缚带扣9即可将微流控芯片空间实验装置6连同赋形包体4和赋形包盖5整体解除与航天器舱壁的连接。

说明书附图

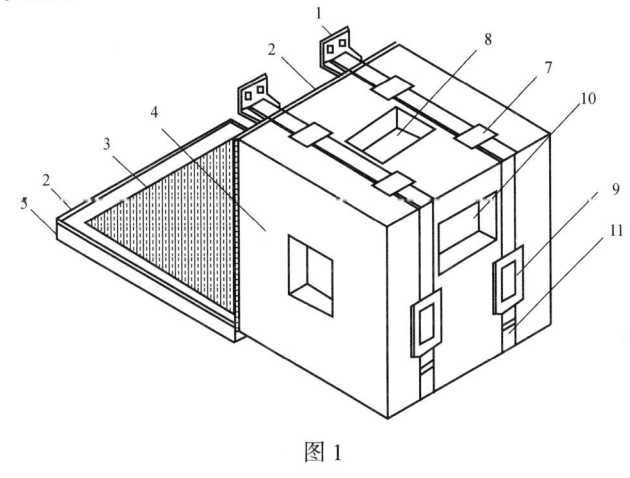

图1

图2

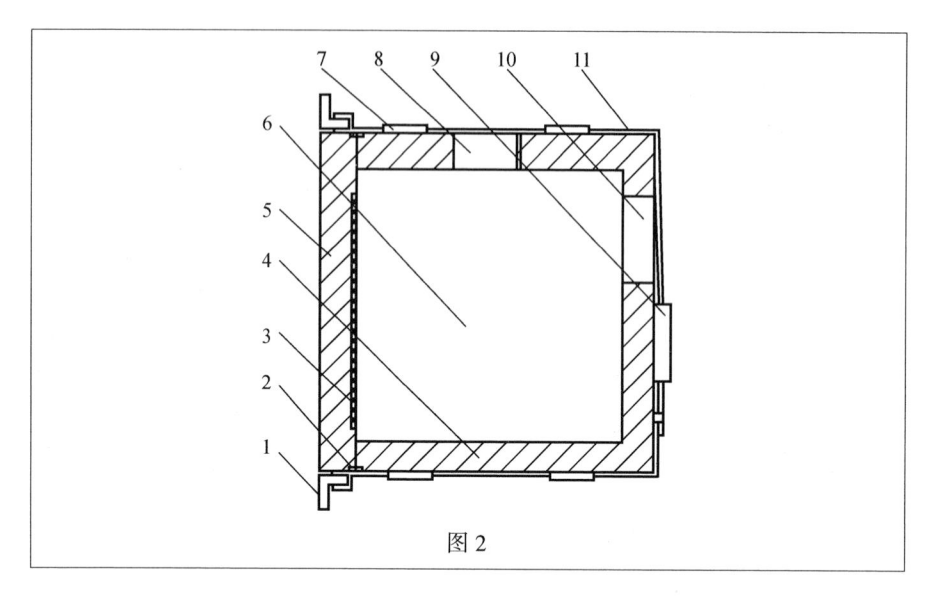

2.3.3 解析

《专利法实施细则》第十七条规定:"发明或者实用新型专利申请的说明书应当写明发明或者实用新型的名称,该名称应当与请求书中的名称一致。本案例中的交底书在形式上的缺陷首先为缺少实用新型的名称。《专利审查指南》中规定:实用新型名称应当简短、准确地表明实用新型专利申请要求保护的主题和类型。实用新型名称中不得含有非技术词语,如人名、单位名、型号等;也不得含有含糊的词语,如"及其类似物"等;也不得仅使用笼统的词语,致使未给出任何发明信息,如仅用"装置"等词作为实用新型名称,而且实用新型名称一般不超过25个字。通过阅读发明内容部分可知,该申请要求保护一种抗振动防冲击赋形包,具体为"微流控芯片空间实验装置抗振动防冲击赋形包",该名称能够准确地表明该专利申请要求保护的主题和类型。

另外,在说明书的文字部分不得有插图,这些插图只能作为说明书附图。说明书附图说明部分需要对各幅附图作简略说明。附图是说明书的一个组成部分,其作用在于用图形补充说明书文字部分的描述。在《专利审查指南》第一部分第二章2.3节对说明书附图的格式进行了详细规定,包括:附图应当用阿拉伯数字顺序编号,用图1、图2等表示,并应当标注在相应附图的正下方。

《专利法实施细则》第十七条规定了发明或者实用新型专利申请说明书的撰写方式和顺序,说明书应当包括:①技术领域:写明要求保护的技术方案所属的技术领域；②背景技术：写明对发明或者实用新型的理解、检索、审查有用的背景技术；③发明内容：写明发明或者实用新型所要解决的技术问题以及解决其技术问题所采用的技术方案，并对照现有技术写明发明或者实用新型的有益效果；④附图说明：说明书有附图的，对各附图作简要说明；⑤具体实施方式：详细写明申请人认为实现发明或者实用新型的优选方式；必要时，举例说明；有附图的，对照附图。

本申请中的防冲击赋形包属于空间实验装置技术领域，其专利技术交底书中记载了该发明创造的背景技术、发明内容、附图说明和具体实施方式。该发明创造要解决的技术问题是"提供一种防冲击赋形包提高微流控芯片空间实验装置抗振动防冲击的性能"。专利技术交底书虽然记载了解决该技术问题的技术方案，即该赋性包的结构组成，但其描述不够清楚，更为精准的描述方式应当是先介绍该赋形包的结构组成"它包括：赋形包体、赋形包盖、拉链和尼龙搭扣，外围装置是角连接件、束缚带、束缚带扣和微流控芯片空间实验装置。"然后再对各个组成部分的结构特点及连接关系进行详细描述，其中赋形包体的结构特点为"赋形包体的外形与微流控芯片空间实验装置的外形一致，赋形包体对应微流控芯片空间实验装置开关处的位置开有电源开关操作孔，赋形包体的各个表面上还开有散热孔，赋形包体的外表面上还开有穿带孔。"各组成部分之间的连接关系为"赋形包体和赋形包盖之间由拉链连接实现赋形包盖对赋形包体的连接和封闭；微流控芯片空间实验装置由赋形包体开口端装入，将赋形包盖的尼龙搭扣与微流控芯片空间实验装置上的尼龙搭扣粘接后锁上拉链；束缚带的一端固定连接在航天器舱壁上的角连接件上，束缚带的自由端穿过穿带孔后将赋形包体完全束缚后由束缚带扣将其勒紧固定在航天器舱壁上。"

同时，在申请人提供的专利技术交底书中没有对照现有技术写明其有益效果。《专利审查指南》第二部分第二章2.2.4节对发明或实用新型的撰写要求进行详细规定，包括说明书应当清楚、客观地写明发明或实用新型与现有技术相比所具有的有益效果。有益效果可以通过对发明或实用新型结构特点的分析和理论说明相结合，或者通过列出实验数据的方式予以说明，不得只断言发明或实用新型具有有益的效果。然而，在本申请的交底书中，只通过"这种赋形包结构提高了微流控芯片空间实验装置抗振动防冲击的性能"一句话来描述其有益效果，致使本领域技术人员不能清楚地获知为什么该种赋形包结构能够提高微流控芯片空间实验装置抗振动防冲击的性能。

因此，在描述该技术方案的有益效果时，应当结合其结构特点，并与现有技术进行比较，说明其抗振动防冲击的原理，如"由于赋形包体和赋形包盖的材料采用里外双层布面内充发泡材料，因此提高了微流控芯片空间实验装置抗振动防冲击的性能"；"赋形包体上开有散热孔和电源开关操作孔，使微流控芯片空间实验装置能够良好地散热以及便于对微流控芯片空间实验装置的操控"等。

最后，在说明书的具体实施方式部分结合附图详细描述该赋性包的机械构成，为便于理解，还可增加该赋形包在实际使用时与航天器舱壁之间的配合关系："当航天器进行空间实验时，微流控芯片空间实验装置6装入赋形包体4内部，……，需要取出微流控芯片空间实验装置6时，开启束缚带扣9即可将微流控芯片空间实验装置6连同赋形包体4和赋形包盖5整体解除与航天器舱壁的连接。"

2.4 案例4 一种无后坐力空化清洗喷嘴

2.4.1 技术交底书

一种无后坐力空化清洗喷嘴

技术领域

本发明涉及一种无后坐力空化清洗喷嘴结构研究及其制造。

背景技术

海洋生物污损是指附着或栖息在水下或水面中的各类人工设施固体表面上，对人类经济活动产生不利影响的动物、植物和微生物。随着航运、海防、水产养殖以及海滨电厂等的发展，海洋生物的污损所带来的危害越来越严重，所造成的损失难以精确计算。据不完全统计，全世界每年仅生物污损给各种海洋工程设施与舰船设备造成的损失就可达到数十亿美元以上。具体来说，海洋生物污损可造成如下几类危害。

(1) 增加船舶的阻力。船底表面粗糙度增加 25 μm，可造成燃料消耗增加 20%~3%，船速下降 1%，增加海洋结构物的自重和提高其重心。

(2) 堵塞管道。如沿海的工厂、海上平台、船舶和海上电站等，生物污损会增加管道内壁的粗糙面，缩小管径甚至造成完全堵塞；同时，生物污损还会加快电化学腐蚀的速度。

（3）损坏海洋仪器。生物污损的附着可以造成海中的仪表及仪器传动机构失灵、信号失真或降低使用性能。

（4）海上石油平台。海洋石油平台长期在海中，如附着大量海洋生物，将加大其外载荷，同时增加了平台自重，当遇风暴或地震等现象可能使平台倾斜或倒塌，造成重大损失。

从国内外目前用于水下平台固体表面附着物清除的设备来看，常用的有刷子和水射流两种，但均存在一定的局限性，如对水下平台固体表面防护层有较大损伤等，特别是刷子难以清扫较小的曲面以及具有过渡面的局部地方；水射流清扫方法虽然可克服刷子清扫方法带来的问题，但是水射流的产生需要较大功率的水泵及其泵控系统，特别是与之相匹配且能产生强大冲洗力的喷嘴。

发明内容

本发明的目的是设计一种无后坐力空化清洗喷嘴，该喷嘴利用空化可以增强水射流清扫的能量，具体地说就是借助喷嘴内部结构，在喷嘴出口处诱发气泡随水射流喷出，并使气泡在接触到靶面时发生溃灭而产生清扫力，使被清扫物体表面上的附着物脱离，达到清洗靶面的目的。

本发明的目的是这样实现的：一种无后坐力空化清洗喷嘴，包括反向喷射机构1、阀座2、组合密封垫3、空化喷射机构4和进水接头5，如图1所示。其中，空化喷射机构4由管体6、稳流通路7、收缩管8、喷头9、收缩扩张管10和喷口11组成，如图2所示。反向喷射机构1由沉孔座12、阻尼管13、射流喷头14和射流通口15组成，如图3所示。

由于采用了上述结构，本发明无后坐力空化清洗喷嘴可在高压流体的作用下产生空化射流，在喷口处的水射流中诱发空泡，控制喷嘴出口截面与被清扫物体表面之间的距离，进而达到冲洗甚至破碎被清扫物体表面上的附着物。

由于采用了上述结构，本发明无后坐力空化清洗喷嘴由于在空化清洗喷嘴的另一端装配有反向喷射机构1，其喷射出的高速射流与空化清洗喷嘴射出的空化射流方向相反，因而降低了该装置工作时的后坐力。

附图说明

下面结合附图对本发明作进一步的详细说明。

图1为本发明总体布置结构示意图。

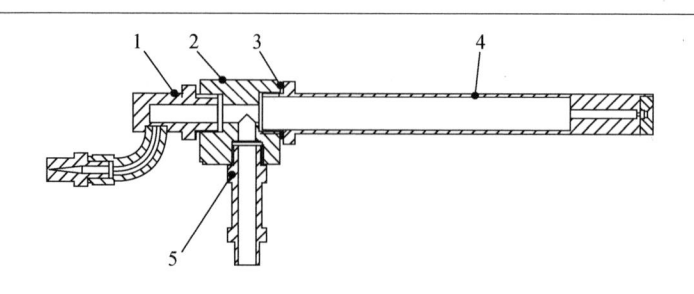

图 1

图 2 为本发明反向喷射机构 1 的结构示意图。

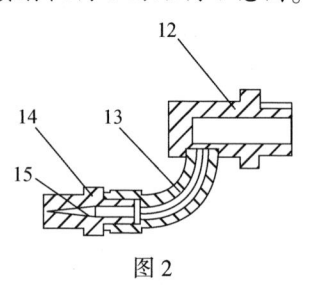

图 2

其中,图 1 兼作摘要附图。

具体实施方式

图 1 显示了本发明"一种无后坐力空化清洗喷嘴"的装配位置布置示意图,该发明采用模块化成组设计思路,将反向喷射机构 1、空化喷射机构 4 和进水接头 5 设计成相同的结构,但喷口尺寸不同;为确保密封可靠与方便更换各类器件,密封件选用标准的组合密封垫 3,各器件的连接接口采用相同尺寸的标准螺纹结构。系统工作原理是:启动控制单元操控水泵等外部设备,将外界水源中的水通过进水接头 5 输送到阀座 2 内的管路中,在其内部分成两路:一路从空化喷射机构 4 喷出射向被清扫物体的表面;另一路从反向喷射机构 1 射出,这样设计的目的是减小空化清洗喷嘴的后坐力。

图 2 显示了本发明空化喷射机构 4 由管体 6、稳流通路 7、收缩管 8、喷头 9、收缩扩张管 10 和喷口 11 组成。将管体 6、稳流通路 7 和收缩管 8 设计成一体化的结构形式,这样设计的目的:一是在加工过程中能确保管体 6、稳流通路 7 和收缩管 8 3 者间的同轴度;二是降低了装配误

差;三是结构简单,制造方便。为保证在喷嘴出口处诱发气泡并形成空化现象,同时能随水射流喷出,达到清洗一定距离的靶面之目的,采用的具体措施是:在管体 6 的喷口处设有喷头 9,用焊接工艺将其与管体 6 构成一体,并形成收缩扩张管 10,这样设计制造出的空化清洗喷嘴 4 所具备的功能是当外界水源中的水通过进水接头 5 进入稳流通路 7 以后,迅速进入截面突变的收缩管 8 内,完成液体流速的提升,此时流体再次经过收缩扩张管 10,并在其内部产生空化现象,即在液体内部或液固交界面上产生大量气泡,这些气泡随水射流从喷口 11 出,在此过程中又诱发空泡初生。需要说明的是,适当地控制喷嘴出口截面与被清扫物体的表面之间的距离,使空泡在运动过程中长大,并在射流冲击的被清扫表面上溃灭,从而达到冲洗甚至破碎靶材的目的。

图 3 显示了本发明反向喷射机构 1 的结构示意图,该机构由沉孔座 12、阻尼管 13、射流喷头 14 和射流通口 15 组成。沉孔座 12 是阻尼管 13 和射流喷头 14 的安装基座,具体安装方式是将阻尼管 13 设计成圆弧形结构,一端采用焊接工艺将阻尼管 13 与沉孔座 12 构成一体,组成反向喷射机构 1,这样既保证了连接处的密封又满足了强度要求;将阻尼管 13 设计成圆弧形结构,且焊接在沉孔座 12 的圆周面上的另一目的是增加液体在管路内流动的阻尼;在阻尼管 13 上的另一端连接有射流喷头 14,连接方式依据工作要求可采用焊接或螺纹连接,需指出的是,螺纹连接便于更换射流喷头 14;射流喷头 14 采用普通高压水射流的结构形式,以方便加工;为降低空化清洗喷嘴在工作过程中产生的后坐力,方便水下操控,达到平衡或抵消空化喷射机构 4 工作时带来的后坐力,将射流喷头 14 反向安装在沉孔座 12 上,即从射流喷头 14 射出的液体方向与从空化喷射机构 4 喷出的空化射流反向。需指出的是,射流喷头 14 上的喷射口单位时间的流量与空化喷射机构 4 上的喷射口单位时间的流量一致。

2.4.2 专利文件申请稿

一种无后坐力空化清洗喷嘴

技术领域

本发明涉及一种空化清洗喷嘴,具体涉及一种无后坐力空化清洗喷嘴,属于液体阀门控制技术领域。

背景技术

海洋生物污损是指附着或栖息在水下或水面中的各类人工设施固体表面上,对人类经济活动产生不利影响的动物、植物和微生物。随着航运、海防、水产养殖以及海滨电厂等的发展,海洋生物的污损带来的危害越来越严重,所造成的损失难以精确计算。据不完全统计,每年全世界仅生物污损给各种海洋工程设施与舰船设备造成的损失就可达到数十亿美元以上。具体来说,海洋生物污损可造成如下几类危害。

(1) 增加船舶的阻力:船底粗糙度增加 25 μm,可造成燃料消耗增加 2%~3%,船速下降 1%,增加海洋结构物的自重和提高其重心。

(2) 堵塞管道:如沿海的工厂、海上平台、船舶和海上电站等,生物污损会增加管道内壁的粗糙面,缩小管径甚至造成完全堵塞;同时,生物污损还会加快电化学腐蚀的速度。

(3) 损坏海洋仪器:生物污损的附着可以造成海中的仪表及仪器传动机构失灵、信号失真或降低使用性能。

(4) 海上石油平台:海洋石油平台长期在海中,如附着大量海洋生物,将加大其外载荷,同时增加了平台自重,当遇风暴或地震等现象可能使平台倾斜或倒塌,造成重大损失。

从国内外目前用于水下平台固体表面附着物清除的设备来看,常用的有刷子和水射流两种,但均存在一定的局限性,如对水下平台固体表面防护层有较大损伤等,特别是刷子难以清扫较小的曲面以及具有过渡面的局部地方;水射流清扫方法虽然可克服刷子清扫方法带来的问题,但是水射流的产生需要较大功率的水泵及其泵控系统,特别是与之相匹配且能产生强大冲洗力的喷嘴;此外,由于水射流类的喷嘴在喷射时会产生比较大的后坐力,对操作者来说会增大操作难度。

发明内容

有鉴于此,本发明提供了一种无后坐力空化清洗喷嘴,能够借助喷嘴内部结构,在喷嘴出口处诱发气泡随水射流喷出,并使气泡在接触到靶面时发生溃灭而产生清扫力,使被清扫物体表面上的附着物脱离,达到清洗靶面的目的,同时利用反向喷射机构消除喷嘴在工作时产生的后坐力。

一种无后坐力空化清洗喷嘴,包括反向喷射机构、阀座、组合密封垫、空化喷射机构和进水接头,其中空化喷射机构由管体和喷头组成,管体从一端开始沿轴向有3个孔径连续递减的台阶孔，3个台阶孔的孔径分别为D、d_1和d，第一台阶孔D为稳流通路，第二台阶孔d_1和第三台阶孔d组合形成为收缩通路，管体的另一端有一个台阶孔与第三台阶孔相接，此台阶孔为喷头的安装孔；喷头的内部有两个孔径连续递减的台阶孔和一个锥面孔，两个连续台阶孔的孔径分别为d_2和d_3，以上两个连续的台阶孔d_2和d_3形成收缩扩张通路10，锥面孔为喷口；喷头固定连接在管体的安装孔内部。

令所述稳流通路的长度为L，收缩通路的两个台阶孔的长度依次为l_1和l；喷头的收缩扩张通路中两个连续台阶孔的长度依次为l_2和l_3；各台阶孔直径和长度的取值需满足以下比例关系：$D/d=5\sim10$，$L/d=10\sim150$；$d_1/d=1\sim5$，$l_1/d=3\sim50$；$l/d=0.1\sim1.5$；$d_2/d=1\sim4$，$l_2/d=0.1\sim1.5$；$d_3/d=0.5\sim3$，$l_3/d=0.1\sim1.5$。

反向喷射机构由沉孔座、导流管和射流喷头组成，沉孔座的外圆上有与阀座的连接螺纹，导流管的一端分别固定连接在沉孔座上并连通其内腔，导流管的另一端连接射流喷头。

其整体连接关系为：反向喷射机构和空化喷射机构分别通过其上的沉孔座和管体上的连接螺纹对称连接在三通管结构阀座的左右两端，沉孔座和管体与阀座之间通过组合密封垫实现密封；阀座的底部连接一个进水接头，通过进水接头连接外部的水源，反向喷射机构和空化喷射机构的出水口即射流喷头和喷口之间存在水平高度差。

工作原理

启动控制单元操控水泵等外部设备，将外界水源中的水通过进水接头输送到阀座内的管路中，在其内部分成两路：一路从空化喷射机构喷出射向被清扫物体的表面；另一路从反向喷射机构射出。当外界水源中的水通过进水接头进入稳流通路以后，稳流通路起到稳流的作用，迅速进入截面突变的收缩管内，完成液体流速的提升，此时流体再次经过收缩扩张管，并在其内部产生的空化现象，即在液体内部或液固交界面上产生大量气泡，这些气泡随水流从喷口出，在此过程中又诱发空泡初生；适当地控制喷嘴出口截面与被清扫物体的表面之间的距离，使空泡在运动过程中长大，并在射流冲击的被清扫表面上溃灭，从而达到冲洗甚至破碎靶材的目的；降低空化清洗喷嘴在工作过程中产生的后坐力的原理是因为反向喷射机构和空化喷射机构的出水口即射流喷头和喷口之间存在水平高度差且射流方向相反。因此，两个射流以手持部位为支点产生的力矩反向，若控制射流喷头上的喷射口单位时间的流量与空化喷射机构上的喷射口单位时间的流量一致，则两个力矩在理论上可以完全抵消，因此大大减小了空化清洗喷嘴的后坐力。

有益效果

（1）本发明的管体、稳流通路和收缩管设计成一体化的结构形式，加工过程中能确保管体、稳流通路和收缩管三者间的同轴度；降低了装配误差；使产品结构简单，制造方便。

（2）本发明可在高压流体的作用下产生空化射流，在喷口处的水射流中诱发空泡，通过控制喷嘴出口截面与被清扫物体的表面之间的距离，进而达到冲洗甚至破碎被清扫物体表面上的附着物。

（3）本发明在喷嘴的另一端装配有反向喷射机构，其喷射出的高速射流与空化清洗喷嘴射出的空化射流方向相反，因而能消除装置工作时的后坐力，更便于操作者的使用。

附图说明

图1为本发明总体布置结构示意图；

图2为本发明空化喷射机构结构示意图；

图3为本发明反向喷射机构的结构示意图；

图4为本发明管体的结构示意图；

图5为本发明喷头的结构示意图。

图中：1—反向喷射机构；2—阀座；3—组合密封垫；4—空化喷射机构；5—进水接头；6—管体；7—稳流通路；8—收缩通路；9—喷头；10—收缩扩张通路；11—喷口；12—沉孔座；13—导流管；14—射流喷头。

具体实施方式

下面结合附图并举实施示例，对本发明进行详细描述。

如图1所示，本发明提供了一种无后坐力空化清洗喷嘴，包括反向喷射机构1、阀座2、组合密封垫3、空化喷射机构4和进水接头5，反向喷射机构1、空化喷射机构4和进水接头5设计成相同的连接结构，但喷口尺寸不同；为确保密封可靠与方便更换各类器件，密封件选用标准的组合密封垫3，各器件的连接接口采用相同尺寸的标准螺纹结构。如图2所示，空化喷射机构4由管体6和喷头9组成，管体6从一端开始沿轴向有3个孔径连续递减的台阶孔，3个台阶孔的孔径分别为D、d_1和d，第一

台阶孔 D 为稳流通路 7，第二台阶孔 d_1 和第三台阶孔 d 组合形成为收缩通路 8，管体 6 的另一端有一个台阶孔与第三台阶孔相接，此台阶孔为喷头 9 的安装孔；喷头 9 的内部有两个孔径连续递减的台阶孔和一个锥面孔，两个连续台阶孔的孔径分别为 d_2 和 d_3，以上两个连续的台阶孔 d_2 和 d_3 形成收缩扩张通路 10，锥面孔为喷口 11；喷头 9 固定连接在管体 6 的安装孔内部。

如图 3 所示，反向喷射机构 1 由沉孔座 12、导流管 13 和射流喷头 14 组成；阻尼管 13 设计成圆弧形结构，一端采用焊接工艺将阻尼管 13 与沉孔座 12 构成一体，既保证了连接处的密封又满足了强度要求，在阻尼管 13 上的另一端连接有射流喷头 14，射流喷头 14 反向安装在沉孔座 12 上，组成了反向喷射机构 1，将阻尼管 13 设计成圆弧形结构，且焊接在沉孔座 12 的圆周面上的另一目的是增加液体在管路内流动的阻尼；射流喷头 14 在阻尼管 13 上的连接方式依据工作要求可采用焊接或螺纹连接，螺纹连接便于更换射流喷头 14；射流喷头 14 采用普通高压水射流的结构形式，以方便加工；为降低空化清洗喷嘴在工作过程中产生的后坐力，方便水下操控，达到平衡或抵消空化喷射机构 4 工作时带来的后坐力，反向喷射机构 1 和空化喷射机构 4 的出水口即射流喷头 14 和喷口 11 之间存在水平高度差。

如图 4 所示，令所述稳流通路 7 的长度为 L，收缩通路 8 的两个台阶孔的长度依次为 l_1 和 l；喷头 9 的收缩扩张通路 10 中两个连续台阶孔的长度依次为 l_2 和 l_3；各台阶孔直径和长度的取值需满足以下比例关系：$D/d = 5 \sim 10$，$L/d = 10 \sim 150$；$d_1/d = 1 \sim 5$，$l_1/d = 3 \sim 50$；$l/d = 0.1 \sim 1.5$；$d_2/d = 1 \sim 4$，$l_2/d = 0.1 \sim 1.5$；$d_3/d = 0.5 \sim 3$，$l_3/d = 0.1 \sim 1.5$，其连接方式为螺纹连接或焊接；D 稳定流速，d_1 提升流度；d、d_2、d_3 形成共振腔，具体部位在管体 6 与喷头 9 对接后形成的收缩扩张管 10 处，此处管路截面突变处的结构将原先溶解在液体中的空气游离出来，在液体内部或液固交界面上产生大量的气泡，在管内产生空化现象，在喷嘴出口处诱发气泡随水射流喷出，并使气泡在接触到靶面时发生溃灭而产生清扫力，达到清洗靶面的目的。

以上所述仅为本发明的较佳实施例而已，并非用于限定本发明的保护范围。凡在本发明的精神和原则之内所作的任何修改、等同替换、改进等，均应包含在本发明的保护范围之内。

（说明书附图省略）

2.4.3 解析

《专利法》第二条规定："发明，是指对产品、方法或者其改进所提出的新的技术方案。"本申请涉及一种清洗喷嘴，是关于产品的发明创造。

针对发明人提交的技术交底书，在形式上的缺陷包括：①没有发明名称，《专利法实施细则》第 17 条规定"发明或者实用新型专利申请的说明书应当写明发明或者实用新型的名称，该名称应当与请求书中的名称一致。"发明或者实用新型的名称应当清楚、简要，写在说明书首页正文部分的上方居中位置；清楚、简要、全面地反映要求保护的发明或者实用新型的主题和类型（产品或方法）。具体到本申请，其要求保护的为"一种无后坐力空话清洗喷嘴"。②说明书的文字部分不得有插图，这些插图只能作为说明书的附图。说明书的附图说明部分需要对各幅附图作简略说明。

在具体内容上，《专利法》第二十六条规定：说明书应当对发明或者实用新型作出清楚、完整的说明，以所属技术领域的技术人员能够实现为准。《专利法实施细则》第 17 条第（三）项规定：发明内容应写明发明或者实用新型所要解决的技术问题以及解决其技术问题采用的技术方案，并对照现有技术写明发明或者实用新型的有益效果。其中技术方案这一部分，至少应反映包含全部必要技术特征的独立权利要求的技术方案。必要技术特征是指，发明或者实用新型为解决其技术问题所不可缺少的技术特征，其总和足以构成发明或者实用新型的技术方案，使之区别于背景技术中所述的其他技术方案。

在本申请中，需要解决的技术问题包括：现有的清洗水下平台固体表面附着物的设备均存在一定局限性，清扫力弱等。由此采用的技术方案是：提供一种无后坐力空化清洗喷嘴。由此可知，该空化清洗喷嘴的组成及其连接关系是为解决其技术问题所不可缺少的技术特征。但是，在技术交底书的技术方案部分，只记载了该清洗喷嘴的组成，没有对其各组成部件之间的连接关系进行描述，仅有组成部件并不足以构成该发明的技术方案。同时，在发明内容部分，不能引用附图；只有在具体实施方式部分才可以对照附图描述发明或者实用新型优选的技术方案，并将附图标记放在相应的技术名称后面。

对于权利要求书，《专利法》第二十六条规定：权利要求书应当以说明书为依据，清楚、简要地限定要求专利保护的范围。同时，《专利法实施细则》第二十条规定：权利要求书应当有独立权利要求，也可以有从属权利要求。独立权利要求应当从整体上反映发明或者实用新型的技术方案，记载技术技术问题的必要技术特征。从属权利要求应当用附加技术特征，对引用的权利要求作进一步限定。具体到本申请，将该空化清洗喷嘴的组成及其连接关系作为必要技术特征记载在独立权利要求1中，将对稳流通路、收缩通路及喷头的尺寸比例关系作为附加技术特征记载在从属权利要求中，对独立权利要求1作进一步的限定。

2.5 案例5 手持设备终端外形设计

2.5.1 技术交底书

手持设备外壳技术现状

1. 现状

手持设备泛指一切体积较小，可以拿在手上使用的小型电子设备，大家最常见的就是手机、手台、电子书、电子字典、MP3等。

目前，多数手持设备外壳采用塑料注塑外壳，再辅助其他的美化工艺和技术进行美化，优点是工艺简单，可以注塑出外形复杂的零件；缺点是强度不够高，电磁兼容性不好。目前，市场上销售的手持设备还有一部分是所谓的"金属外壳"，其实就是用锌合金压铸成型的外壳，优点是外观有金属感；缺点是工作温度范围窄，抗蚀性差。

2. 塑料注塑外壳

塑料外壳使用的主要材料是ABS塑料，ABS塑料的加工操作条件范围宽广并具有良好的剪切稀化流动特性。很多加工形式都可选用，包括注塑、挤塑、热成型、结构泡沫和吹塑。塑料外壳成本低，易生产，是应用最广泛的手持设备外壳。塑料外壳由于塑料的耐热性差，遇热变形，塑料对电磁波透明，电子兼容性差，强度低，不耐摔碰。

3. 锌合金压铸外壳

锌合金也是部分手持设备采用的外壳材料，锌合金具有结晶温度范围小、熔点低、填充成型容易、不易产生疏松、不易产生黏膜、可延长压铸模寿命的特点，力学性能较高，可压铸各种复杂、薄壁铸件。锌合金由于其易于压铸成厚度较薄的零件，且成型后尺寸变化不大，因此率先在手持设备外壳上采用。同时，锌合金外壳对电磁波屏蔽，有较好的电磁兼容性。锌合金零件工作稳定范围窄，温度低（0 ℃以下）或者高（100 ℃）时，强度急剧下降；锌合金零件抗蚀性也比较差，铸件易老化。

4. 高浓度镁合金外壳的优势

高浓度镁合金外壳重量轻，强度高，成型变形小，经钝化处理后耐腐蚀性也很好，可以满足高强度、重量轻、抗干扰的要求。

5. 手持终端的结构简述

本手持终端方案采用高浓度镁合金压铸工艺，根据镁合金的特点，设计时注意设计细节，避免了压铸降温环节和脱模时外壳零件发生开裂，开口部分采用导电橡胶和橡胶件交联封堵件屏蔽电磁泄漏，实现必要的电磁兼容，外敷硅橡胶马甲提高抗跌落性能和抗振动性能，侧边开导流孔使雨水得以尽快流走。

6. 本设计带来的好处

重量轻，强度高，抗腐蚀，温度工作范围大；电磁屏蔽性好；抗跌落性好，任何方向的跌落都可以承受。

7. 本设计的保护点

高浓度镁合金压铸件结构设计；双组分橡胶电磁封堵设计；带导流孔外橡胶马甲包裹设计。

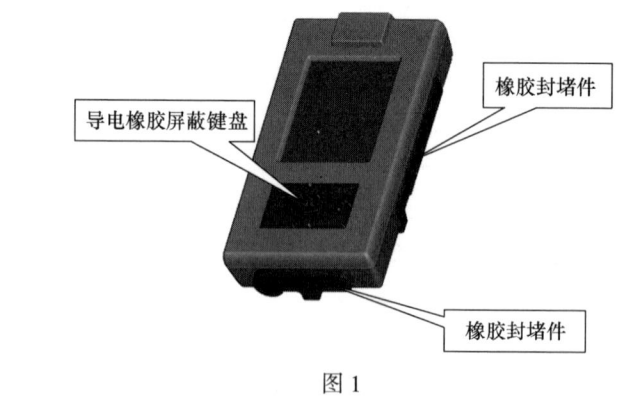

图1

图 2　　　　　　　　　　图 3

外裹橡胶马甲
侧边开导流孔

背部也包裹良好，
全向抗跌落

图 4

2.5.2　中间文件

具有防水和屏蔽功能的手持设备终端外壳

具有屏蔽功能的手持设备终端外壳，各个结合面都有屏蔽和防水的零件，能屏蔽电磁干扰,和在雨雪天气中使用，适合野战和户外作业使用。

本设计设备的手持设备终端外壳，在全球定位系统（GPS）窗口和上壳体之间有防水胶，其缝隙可以防水渗入，GPS 窗口是塑料零件，对电磁波是透明的，是 GPS 天线接收卫星信号的窗口，在天线的背部有一个不锈钢屏蔽片，终端外壳内部电路板上的电磁波信号不能泄露，使 GPS 窗口有较好的屏蔽性。

显示器周边有导电橡胶防水屏蔽密封圈，安装时合理调整压力，在保证显示屏触摸功能的同时实现了屏蔽和防水。显示器背部用金属材料制造的显示器巢，把绝大部分内部电磁波阻隔，剩下的少部分在上壳体和显示器的接缝处被具有屏蔽和防水功能的胶圈屏蔽，实现了显示器窗口的屏蔽防水。

双组分橡胶键盘导电部分与上壳体紧密接触，接触部分导电性良好，形成防水屏蔽圈。键盘印字采用夜光材料，有较好的夜间使用性。

上壳体和下壳体之间有导电橡胶屏蔽圈，实现了手持终端最大开口的屏蔽防水。

摄像头窗有防水密封圈，外部有一个压框，压框几何尺寸略大，压进下壳体摄像头玻璃凹坑后，保持适当压力，实现了摄像头防水。

电池后盖下有导电橡胶圈，按钮周围也有一个小的屏蔽胶圈，实现了电池腔盖的屏蔽防水。

右侧SD卡插口和下端的连接器插口用双组分导电橡胶封堵，既实现了电磁屏蔽，又使封堵件有较大的强度。

手持终端整体外部包覆橡胶缓冲层实现跌落中抗摔，两侧开导流孔及时排水，防止雨水在手持终端正面存留。

通过上述措施，实现了本手持终端的防水、抗摔、屏蔽功能。

第 2 章　机械专利撰写　　61

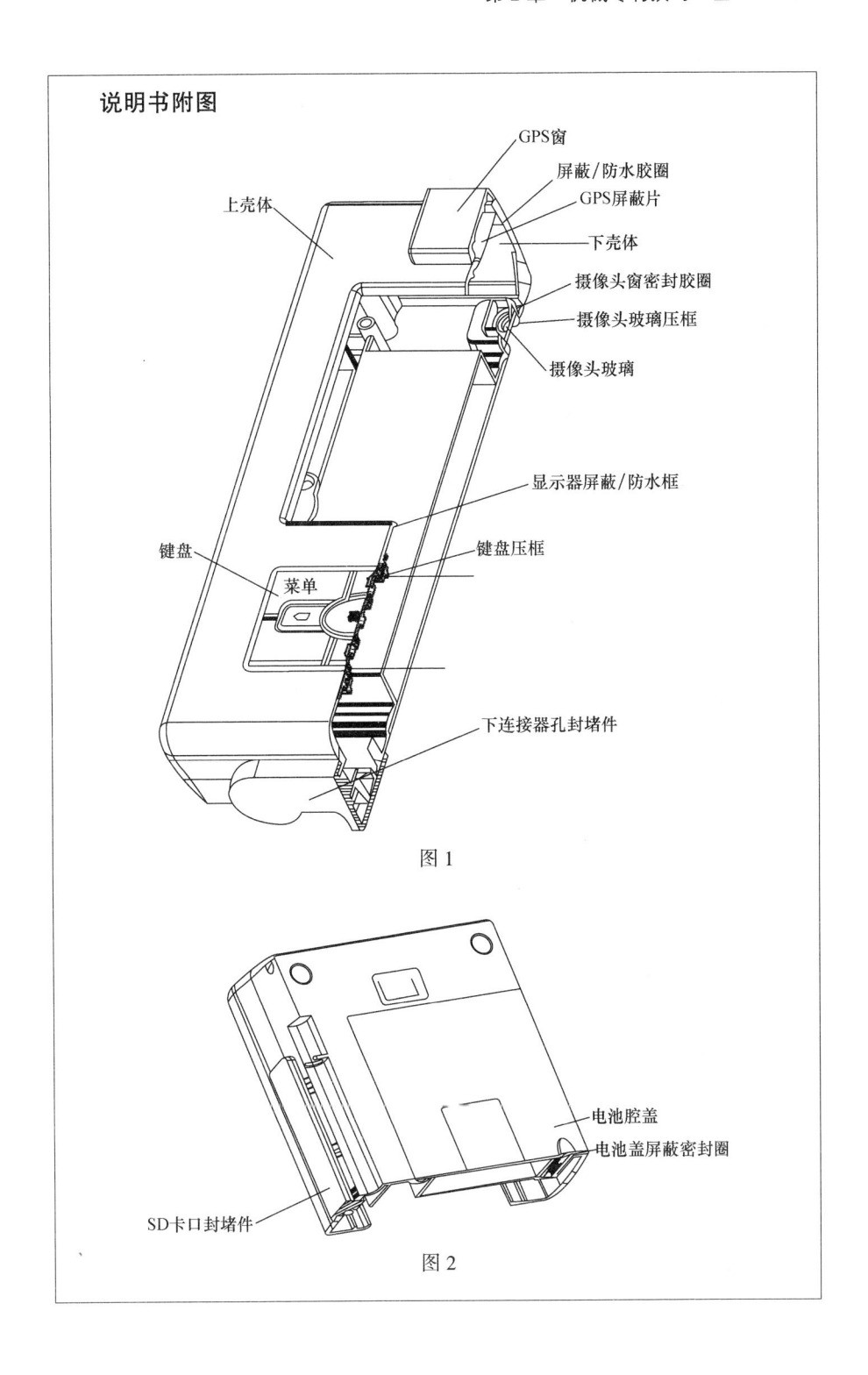

说明书附图

图1 标注：上壳体、GPS窗、屏蔽/防水胶圈、GPS屏蔽片、下壳体、摄像头窗密封胶圈、摄像头玻璃压框、摄像头玻璃、显示器屏蔽/防水框、键盘、菜单、键盘压框、下连接器孔封堵件

图1

图2 标注：电池腔盖、电池盖屏蔽密封圈、SD卡口封堵件

图2

2.5.3 专利文件申请稿

一种具有防水和屏蔽功能的手持终端外壳

技术领域

实用新型涉及一种手持终端外壳，具体涉及一种具有防水和屏蔽功能的手持终端外壳，应用于户外和野外作业环境。

背景技术

手持设备泛指一切体积较小，可以拿在手上使用的小型电子设备，常见的如手机、手台、电子书、电子字典和MP3等。

目前，多数手持设备外壳采用塑料注塑外壳，再辅助其他的美化工艺和技术进行美化，优点是工艺简单，可以注塑出外形复杂的零件；缺点是强度不够高，而且塑料对电磁波不屏蔽，电子兼容性差。目前，市场上销售的手持设备还有一部分是所谓的"金属外壳"，其实就是用锌合金压铸成型的外壳，优点是外观有金属感；缺点是工作温度范围窄，抗蚀性差，铸件易老化。此外，多数的外壳也不具备防水功能，一旦遭遇下雨或其他遇水环境，容易造成外壳内部设备的损坏。

实用新型内容

有鉴于此，本实用新型提供了一种具有防水和屏蔽功能的手持终端外壳，能够屏蔽电磁干扰并适于在雨雪天气中使用。

一种具有防水和屏蔽功能的手持终端外壳，包括上壳、下壳、GPS窗口、导电橡胶屏蔽圈、下连接器孔封堵件、SD卡插口封堵件和橡胶包覆件；其中上壳上设有GPS窗口、显示器窗口和键盘窗口，GPS窗口和上壳的GPS窗口之间由防水胶粘接，其缝隙可以防水渗入，GPS窗口是塑料零件，对电磁波是透明的，是GPS天线接收卫星信号的窗口，在天线的背部有一个不锈钢屏蔽片，使终端外壳内部电路板上的电磁波信号不能泄漏，使GPS窗口有较好的屏蔽性；显示器窗口和键盘窗口的边缘部分向上壳内部方向凸起，分别形成显示器屏蔽防水框和键盘压框；显示器在安装时，在显示器表面与显示器屏蔽防水框接触部位安装导电橡胶防水屏蔽密封圈，安装时合理调整压力，在保证显示器触摸功能的同时实现了屏蔽和防水；显示器背面用金属材料制造，把绝大部分内部电磁波阻隔，剩下的少部分在上壳和显示器的接缝处被导电橡胶防水屏蔽密封圈屏蔽，实现了显示器窗口的屏蔽防水；键盘在安装时，键盘导电部分与上壳的键盘压框紧密接触，接触部分导电性良好，形成键盘窗口的防水屏蔽。

下壳侧方上的下连接器孔和卡插口分别由下连接器孔封堵件和SD卡插口封堵件进行配合密封；下壳的背面上设有摄像头窗口，摄像头窗口装有摄像头密封胶圈，外部有一个摄像头压框，摄像头压框压进下壳的摄像头窗口后，保持适当压力，实现了摄像头防水。

下壳与电池盖之间设有导电橡胶圈，实现了电池腔的屏蔽防水；上壳和下壳之间的导电橡胶屏蔽圈，实现了手持终端最大开口的屏蔽和防水。

上壳和下壳的材料均采用高浓度镁合金材料压铸加工。

橡胶包覆件为镂空方框型结构，橡胶包覆件套装在外壳上将其侧壁和四角完全包裹，目的是保护外壳以及内部元器件免受冲击损坏；橡胶包覆件上对应GPS窗口的两侧设有矩形凸块，目的是保护GPS窗口免受冲击损坏；橡胶包覆件的侧边上设有导流孔，目的是及时排水，防止雨水在手持终端正面存留。

有益效果

（1）本实用新型的上壳和下壳采用高浓度镁合金材料压铸加工，根据镁合金的特点，避免了压铸降温环节和脱模时外壳零件发生开裂。

（2）本实用新型的开口部分采用导电橡胶和橡胶件交联封堵件屏蔽电磁泄漏，实现必要的电磁兼容。

（3）本实用新型的外壳上套装橡胶包覆件，提高抗跌落性能和抗振动性能。

（4）本实用新型橡胶包覆件的侧边开导流孔使雨水得以尽快流走。

附图说明

图1为本实用新型的整体外形结构示意图；

图2为本实用新型去掉橡胶包覆件的结构示意图；

图3为图2的后视图；

图4为图2的$A-A$视图。

图中：1—上壳体；2—下壳体；3—GPS窗口；4—显示器；5—键盘；6—下连接器孔封堵件；7—SD卡插口封堵件；8—摄像头；9—电池盖；10—橡胶包覆件；11—导流孔；12—导电橡胶屏蔽圈；13—不锈钢屏蔽片；14—摄像头密封胶圈；15—摄像头压框；16—显示器屏蔽防水框；17—键盘压框。

具体实施方式

下面结合附图并举实施例，对本实用新型进行详细描述。

本实用新型提供了一种具有防水和屏蔽功能的手持终端外壳,包括上壳体1、下壳体2、GPS窗口3、导电橡胶屏蔽圈12、摄像头密封胶圈14、摄像头压框15、下连接器孔封堵件6、SD卡插口封堵件7和橡胶包覆件10;其中,上壳体,上设有GPS窗口、显示器窗口和键盘窗口,GPS窗口3和上壳体1的GPS窗口之间由防水胶粘接,其缝隙可以防水渗入。GPS窗口3是塑料零件,对电磁波是透明的,是GPS天线接收卫星信号的窗口。在天线的背部有一个不锈钢屏蔽片13,使终端外壳内部电路板上的电磁波信号不能泄漏,使GPS窗口3有较好的屏蔽性;显示器窗口和键盘窗口的边缘部分向上壳体1内部方向凸起,分别形成显示器屏蔽防水框16和键盘压框17;显示器4在安装时,在显示器4表面与显示器屏蔽防水框16接触部位安装导电橡胶防水屏蔽密封圈,安装时合理调整压力,在保证显示器触摸功能的同时实现了屏蔽和防水。显示器4背面用金属材料制造,把绝大部分内部电磁波阻隔,剩下的少部分在上壳体1和显示器的接缝处被导电橡胶防水屏蔽密封圈屏蔽,实现了显示器窗口的屏蔽防水;键盘5在安装时,键盘5导电部分与上壳的键盘压框17紧密接触,接触部分导电性良好,形成键盘窗口的防水屏蔽。

下壳体2侧方上的下连接器孔和SD卡插口分别由下连接器孔封堵件6和SD卡插口封堵件7进行配合密封,下连接器孔封堵件6和SD卡插口封堵件7的材料均采用双组分导电橡胶,既实现了电磁屏蔽,又使封堵件有较大的强度;下壳体2的背面上设有摄像头窗口8,摄像头窗口8装有摄像头密封胶圈14,外部有一个摄像头压框15,摄像头压框15压进下壳体2的摄像头窗口后,保持适当压力,实现了摄像头防水。

下壳体2与电池盖9之间设有导电橡胶圈,实现了电池腔的屏蔽防水;上壳体1和下壳体2之间由导电橡胶屏蔽圈12实现了手持终端最大开口的屏蔽和防水。

橡胶包覆件10为镂空方框型结构,橡胶包覆件10套装在外壳上将其侧壁和四角完全包裹,目的是保护外壳以及内部元器件免受冲击损坏;橡胶包覆件10上对应GPS窗口3的两侧设有矩形凸块,目的是保护GPS窗口3免受冲击损坏。橡胶包覆件10的侧边上设有导流孔11,目的是及时排水,防止雨水在手持终端正面存留。

以上仅为本实用新型的较佳实施例而已,并非用于限定本实用新型的保护范围。凡在本实用新型的精神和原则之内所作的任何修改、等同替换、改进等,均应包含在本实用新型的保护范围之内。

第 2 章 机械专利撰写　　65

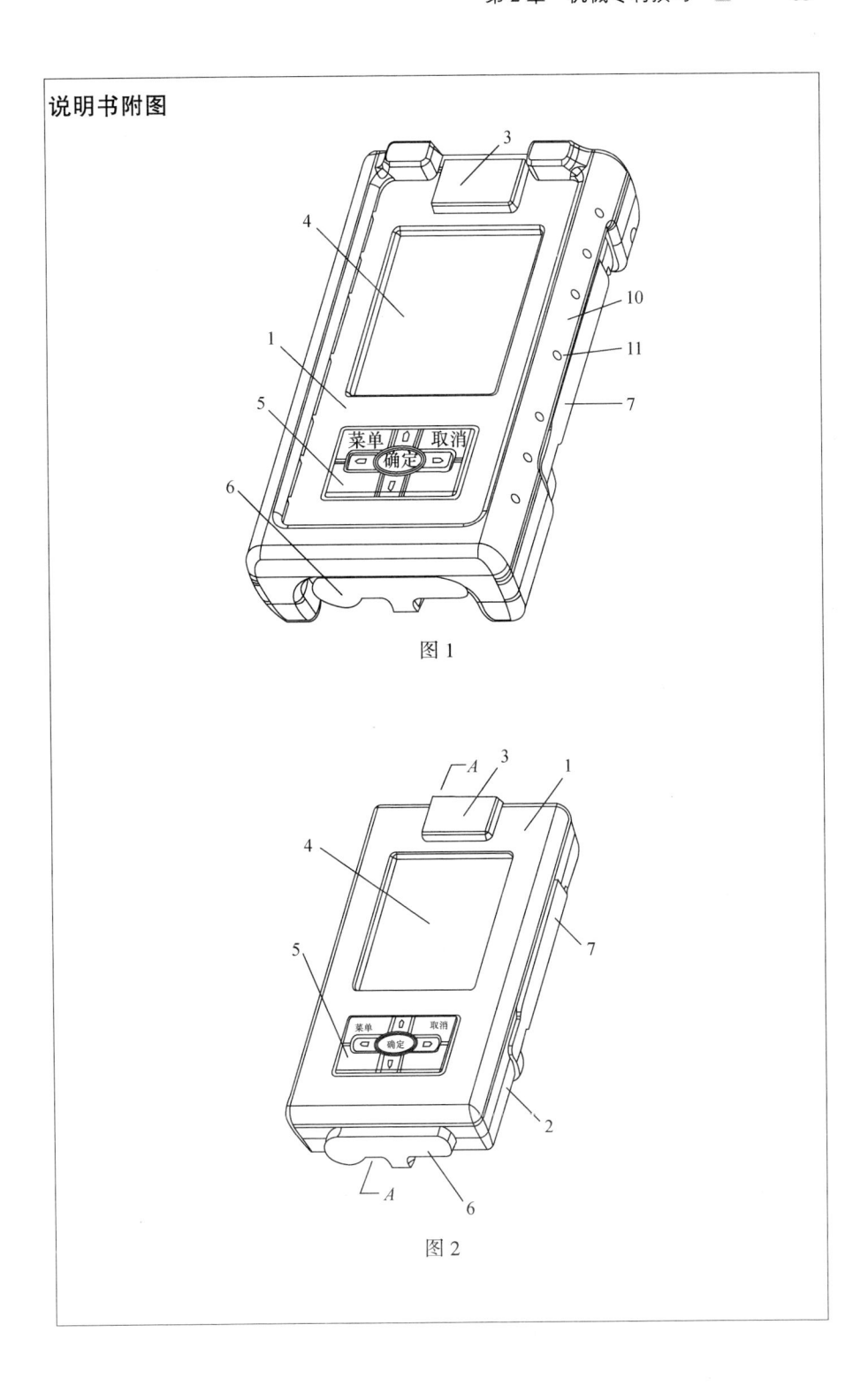

说明书附图

图 1

图 2

图 3

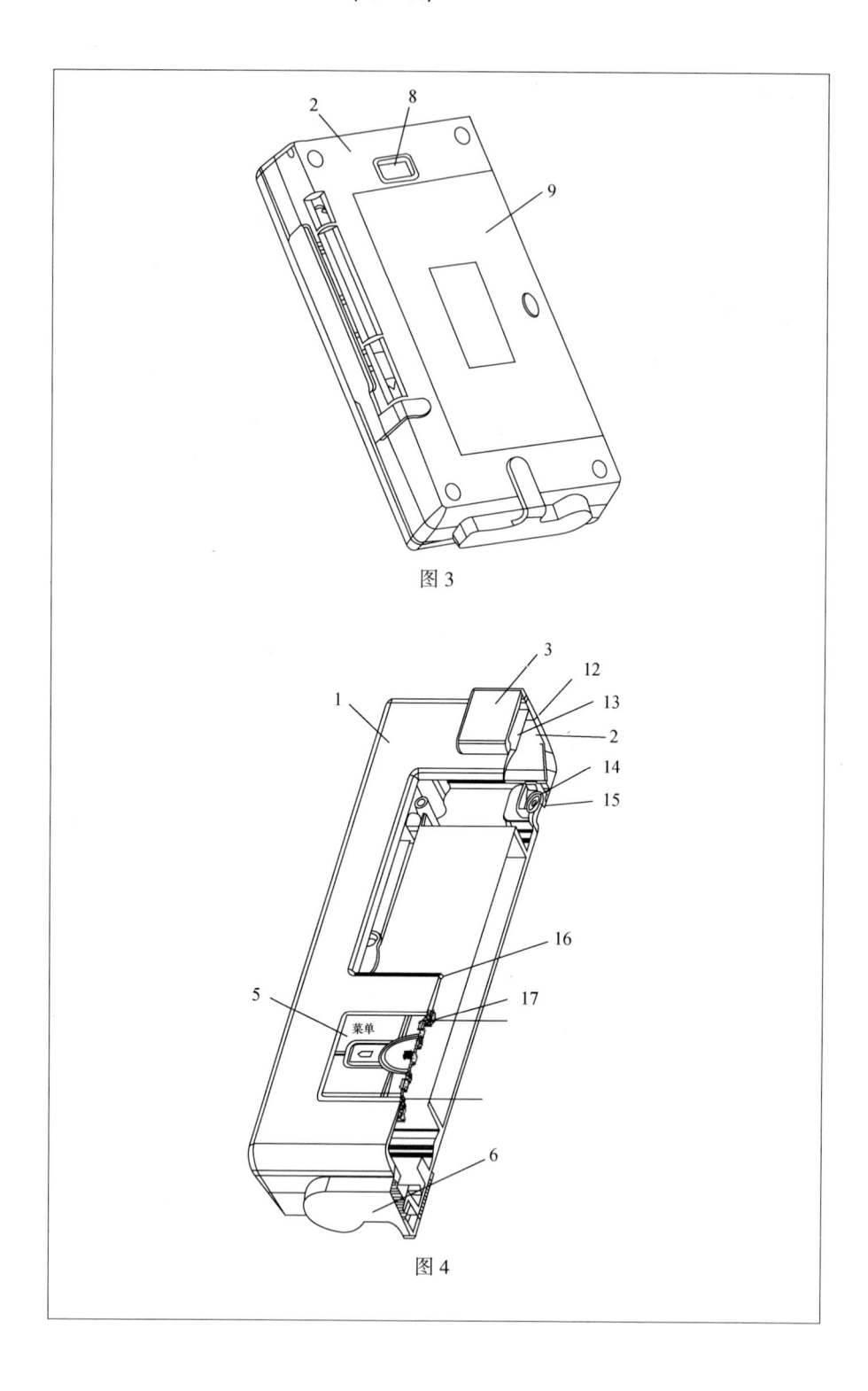

图 4

2.5.4 解析

专利技术交底书是申请人向专利代理人提供的，便于其理解申请人发明创造的技术文件。由于代理并不是技术专家，因此交底书一定要写得全面、清楚，尤其是背景技术和详细技术方案，使专利代理人能够清楚地掌握该发明创造的技术要点，从而撰写一份好的专利申请文件。在撰写技术交底书时，应该阐述发明目的是通过什么技术方案来实现的，不能只有原理，也不能只做功能性介绍。

本申请中，申请人想要保护的为一种手持设备外壳，在其最初提供的技术交底书中将专利名称写为"手持终端外形设计"，该名称不能准确地表明该专利申请要求保护的类型。若为发明专利，则可以请求保护的类型包括产品和方法；而实用新型专利只保护方法。专利名称应当简短、准确地表明专利申请要求保护的主题和类型。

在该技术交底书中的1.1节、1.2节及1.3节中对现有技术中手持设备外观的问题和缺点进行了客观的描述和评价：现有的手持设备外壳多采用塑料注塑外壳或锌合金压铸外壳，但塑料注塑外壳由于塑料的耐热性差，遇热变形，塑料对电磁波透明，电子兼容性差；强度低，不耐摔碰。锌合金压铸外壳由于锌合金零件工作稳定范围窄，温度低或者高时，强度急剧下降，锌合金零件抗蚀性也比较差，铸件易老化。针对现有技术中存在的这些问题和缺点，申请人提供了一种高浓度镁合金外壳。但在具体的技术方案部分，也是技术交底文件最重要的部分，申请人却没有详细描述，只采用了极为简洁的语言对其进行了功能性介绍。仅依据该技术交底书中记载的内容，本领域技术人员不能实现该实用新型的技术方案，解决其技术问题，并且产生预期的技术效果。在该技术交底书中，申请人提到"本设计的保护点：高密度镁合金压铸件结构设计；双组分橡胶电磁封堵设计；带导流孔外橡胶马甲包裹设计"，却没有记载高密度镁合金压铸件的结构特点是什么，双组分橡胶电磁封堵和带导流孔外橡胶马甲包裹具体在手持设备外壳的哪些位置，从而导致所属技术领域的技术人员不清楚是通过什么样的技术方案来实现其发明目的的。且所给的说明书附图中有灰度对比，导致附图不清晰，不符合《专利法实施细则》第一百二十一条的规定：附图应当用制图工具和黑色墨水绘制，线条应当均匀清晰，并不得涂改。且附图中有注释，附图中除必要的词语外，不得含有其他的注释。

由于在上述技术交底书中，没有记载解决技术问题的详细技术方案；申请人经过与专利代理人的沟通后，提供了中间文件，即第二次的技术交底书。在中间文件中，首先确定了专利名称"具有防水和屏蔽功能的手持设备终端外壳"，该名称清楚、简要、全面地反映了要求保护的实用新型的主题和类型。同时针对如何实现"防水和屏蔽功能"作了详细的介绍。但在内容上仅是对形成技术方案的各项技术特征进行了简单的罗列，然后对各项技术特征所带来的有益效果进行了陈述，在形式和内容上均不符合《专利法实施细则》第十七条的规定；说明书附图部分，仍然出现了不必要的注释。

专利代理人依据上述两份技术交底书，撰写了符合《专利法》和《专利法实施细则》要求的专利申请文件。《专利法实施细则》第十七条规定了说明书的撰写方式和顺序，说明书的内容应包括以下内容。

（1）技术领域。写明要求保护的技术方案所属的技术领域。该部分写明要求保护的发明或实用新型技术方案所属或直接应用的具体技术领域。本申请是关于手持设备的终端外壳，其改进之处是将背景技术中的外壳改为具有防水和屏蔽功能，其所属技术领域可以写为"实用新型涉及一种手持终端外壳，具体涉及一种具有防水和屏蔽功能的手持终端外壳，应用于户外和野外作业环境"。

（2）背景技术。写明对发明或者实用新型的理解、检索、审查有用的背景技术；有可能的，并引证反映这些背景技术的文件。在该部分内容中，客观地指出背景技术中存在的问题和缺点，还可以说明这种问题和缺点的原因。

（3）发明内容。写明发明或者实用新型所要解决的技术问题以及解决其技术问题所采用的技术方案，并对照现有技术写明发明或者实用新型的有益效果。在发明内容中应客观、清楚地写明要解决的技术问题、技术方案以及有益效果。本申请要解决的技术问题是"提供一种具有防水和屏蔽功能的手持终端外壳，能够屏蔽电磁干扰并适于在雨雪天气中使用"。

因此，在技术方案部分应详细写明解决其技术问题所采取的技术方案的全部技术特征。具体包括：为使该手持终端外壳具有防水和屏蔽功能，其在结构上应包括上壳体、下壳体、GPS窗口、导电橡胶屏蔽圈、下连接器孔封堵件、SD卡插口封堵件和橡胶包覆件；然后再进一步描述这些组成部分之间的位置关系及连接关系："其中上壳上设有GPS窗口、显示器窗口和键盘窗口，GPS窗口和上壳体的GPS窗口之间由防水胶胶接，……，使终端外壳内部电路板上的电磁波信号不能泄漏，使GPS窗口有较好的屏蔽性""显示器窗口和键盘窗口的边缘部分向上壳体内部方向凸起，分别形成显示器屏蔽防水框和键盘压框；显示器在安装时，……，在保证显示器触摸功能的同时实现了屏蔽和防水""显示器背面用金属材料制造,把绝大部分内部电磁波阻隔,……,实现了显示器窗口的屏蔽防水;键盘在安装时,键盘导电部分与上壳体的键盘压框紧密接触,接触部分导电性良好,形成键盘窗口的防水屏蔽""下壳体侧方上的下连接器孔和卡插口分别由下连接器孔封堵件……,摄像头窗口装有摄像头密封胶圈,外部有一个摄像头压框,摄像头压框压进下壳的摄像头窗口后,保持适当压力,实现摄像头防水""下壳体与电池盖之间设有导电橡胶圈,实现电池腔的屏蔽防水;上壳体和下壳体之间导电橡胶屏蔽圈,实现手持终端最大开口的屏蔽和防水""上壳体和下壳体的材料均采用高浓度镁合金材料压铸加工"。通过以上描述,对该实用新型作出了清楚、完整的说明,所属技术领域的技术人员依据该内容能够实现该实用新型。

最后在有益效果部分,结合该手持终端外壳的结构特征,写明其直接带来的效果:"上壳体和下壳体采用高浓度镁合金材料压铸加工,避免了压铸降温环节和脱模时外壳零件发生开裂""开口部分采用导电橡胶和橡胶件交联封堵件屏蔽电磁泄漏,实现必要的电磁兼容""外壳体上套装橡胶包覆件提高抗跌落性能和抗振动性能"。

(4) 附图说明。说明书有附图的,对各幅附图作简略说明。在该部分,写明各幅附图的图名,并对图示的内容作简要说明。然后采用列表的方式对附图中具体零部件的名称列表说明。

为清楚地表明其技术特征,该申请应当至少提供该手持终端外壳的整体结构示意图、去掉橡胶包覆件的结构示意图以及能够表明其设计要点的剖视图等。则本申请的附图说明的内容如下。

图 1 为本实用新型的整体外形结构示意图;

图 2 为本实用新型去掉橡胶包覆件的结构示意图;

图 3 为图 2 的后视图;

图 4 为图 2 的 A-A 视图。

图中:1—上壳体;2—下壳体;3—GPS 窗口;4—显示器;5—键盘;6—下连接器孔封堵件;7—SD 卡插口封堵件;8—摄像头;9—电池盖;10—橡胶包覆件;11—导流孔;12—导电橡胶屏蔽圈;13—不锈钢屏蔽片;14—摄像头密封胶圈;15—摄像头压框;16—显示器屏蔽防水框;17—键盘压框。

(5) 具体实施方式。详细写明申请人认为实现发明或者实用新型的优选方式;必要时,举例说明;有附图的,对照附图。该部分只要结合说明书附图详细描述实现该实用新型的优选方式即可,以便于充分公开、理解和实现该实用新型。

最后，所提供的说明书附图应应符合《专利法实施细则》第十八条和第一百二十一条的规定。《专利法实施细则》第十八条第一款规定：发明或者实用新型的几幅附图应当按照"图1、图2、……"顺序编号排列。《专利法实施细则》第一百二十一条规定：附图应当用制图工具和黑色墨水绘制，线条应当清晰均匀，并不得涂改。

2.6 案例6 一种四连杆机构锁紧的铰链

2.6.1 技术交底书

权利要求书

1. 一种四连杆机构锁紧的铰链，其特征在于（图×）：由叉铰1、偏心轴2、锁定摆杆3、限位螺钉4、锁钩5、锁定柱销6、调节杆7、调节螺母8、锁铰9、连杆10、连杆转轴11、曲柄12、凸轮13、铰链转轴14、展开弹簧15、曲柄柱销16和曲柄转轴17组成，曲柄12、连杆10、锁定摆杆3和锁铰9组成四连杆机构，曲柄12和凸轮13组成凸轮机构；展开弹簧15是驱动元件，一端与叉铰1固定，另一端与曲柄12固定；叉铰1与铰链转轴14铰接，锁钩5与铰链转轴14固连，叉铰1和锁钩5通过调节杆7和调节螺母8相连，通过调整调节杆7和调节螺母8可以调整叉铰1和锁钩5的相对位置关系；限位螺钉4与锁铰9螺接。

2. 如权利要求1所述的一种四连杆机构锁紧的铰链，其特征在于：曲柄12、连杆10、锁定摆杆3和锁铰9组成的四连杆机构驱动锁定柱销6锁紧铰链，该四连杆机构在铰链锁定时形成偏心锁紧构形，将展开弹簧15提供的锁定力放大数十倍，使得铰链锁定后锁钩5与锁定柱销6之间受到较大的锁定预紧力，从而使铰链具有较高的锁定刚度。

3. 如权利要求1、2所述的一种四连杆机构锁紧的铰链，其特征在于：铰链的展开和锁紧均由展开弹簧15提供锁紧动力，在未锁定前，展开弹簧15将展开驱动力矩作用在四连杆的曲柄12上，曲柄12的延长臂压紧在凸轮13的圆柱面上，使得四连杆机构各部件的相对位置保持不变，因此展开驱动力矩从曲柄12传递给锁铰9，从而实现叉铰1和锁铰9的相对转动，即铰链的展开运动。

4. 如权利要求 1、2 所述的一种四连杆机构锁紧的铰链，其特征在于：曲柄 12 和凸轮 13 组成的凸轮机构用于实现铰链展开运动和铰链展开到位后锁定动作的切换。

说明书
一种四连杆机构锁紧的铰链

技术领域

本发明属于航天器展开机构领域，具体涉及一种航天器展开机构的展开铰链，适用于太阳翼、天线、伸展臂等部件的展开锁定，尤其该铰链能够提供较高的展开锁定刚度。

背景技术

我国航天器太阳翼及天线等展开部件采用的铰链一般为销槽式铰链，"太阳翼铰链锁紧槽的设计研究"（航天器工程，第 19 卷第 3 期，2010 年 5 月）对这种铰链的组成和工作原理进行了描述。这种铰链由公铰、母铰、销轴、锁定摆杆、偏心轴和锁定弹簧等零件组成。其中公铰带有圆形滑道，在滑道末端有一个 U 形锁紧槽，公铰和母铰通过销轴相连；锁定摆杆组件为叉形结构，叉形的一端装有柱销，另一端通过偏心轴与母铰铰接，柱销通过锁定弹簧压紧在公铰的圆形滑道上。当铰链展开时，公铰和母铰在驱动元件（展开弹簧或电机）作用下绕销轴相对转动，在展开过程中锁定摆杆上的柱销在锁定弹簧的作用下压紧在滑道上并沿着滑道滑动，展开到位后柱销在锁定弹簧的作用下进入滑道末端的 U 形锁紧槽内，当柱销与 U 形槽两侧内壁均接触后，铰链锁定到位。

这种销槽式铰链的柱销进入锁紧槽的驱动力由锁定弹簧直接提供，一般力矩较小，使得锁定后锁紧槽与柱销之间不能有效卡紧，在较小的弯曲载荷作用下二者之间会出现一定的间隙，造成锁定刚度较低。另外，这种铰链的柱销与铰链销轴的距离较近，即锁定臂的长度较短，也造成其刚度偏低。

这种销槽式铰链不适用于要求展开部件具有高刚度的场合，如高刚度大型太阳翼、大型天线和展开臂等。

发明内容

1. 技术问题

本发明所有解决的技术问题是克服现有技术的不足，提供一种高刚度的铰链。

2. 技术方案

本发明的技术解决方案是由叉铰、偏心轴、限位螺钉、锁定摆杆、锁钩、锁定柱销、调节杆、调节螺母、锁铰、连杆、连杆转轴、曲柄、凸轮、铰链转轴、展开弹簧、曲柄柱销和曲柄转轴组成。其中，锁钩和凸轮均与铰链转轴固连，叉铰与铰链转轴为轴孔间隙配合，锁钩通过径向轴承绕铰链转轴转动，叉铰和锁钩之间通过调节杆和调节螺母调整夹角，限位螺钉的头部为球面，与锁铰螺接并拧紧；锁定摆杆一端固定安装一锁定柱销且与连杆铰接，另一端通过偏心轴与锁铰铰接；曲柄一端通过连杆转轴与连杆铰接，另一端通过曲柄转轴与锁铰铰接，曲柄的延长臂上装有一曲柄柱销；展开弹簧内圈与转轴固连，外端与连杆转轴固连；在收拢状态，在展开弹簧的作用下，曲柄延长臂上的曲柄柱销压紧在凸轮的圆柱面上，展开弹簧的驱动力矩通过曲柄和凸轮的共同作用传递给锁铰。铰链的展开就是叉铰在展开弹簧的驱动下与锁铰发生相对转动，当锁钩和限位螺钉即将接触时，曲柄延长臂上的曲柄柱销滑下凸轮的圆柱面，曲柄在展开弹簧的驱动下转动，从而驱动锁定摆杆转动，使得锁定柱销与锁钩锁紧面接触并驱动叉铰展开，在锁钩和限位螺钉接触后实现锁紧。曲柄、连杆和锁定摆杆组成的四连杆机构在铰链展开到位后形成的偏心锁紧构形，使得展开弹簧的驱动力经过该四连杆机构放大数十倍后作用在锁钩上，使锁钩和锁定摆杆之间产生较大的锁定预载荷，从而使铰链具有较高的锁定刚度。通过调整调节螺母和调节杆可以微调叉铰和锁铰的夹角，通过调整偏心轴，可以调整锁钩与柱销的锁紧程度。

3. 有益效果

本发明与现有技术相比的有益效果如下。

（1）本发明采用展开弹簧和四连杆机构代替直接驱动的锁定弹簧，展开弹簧提供的锁紧力为其最小的展开驱动力矩。与现有技术相比，四连杆机构可以将展开弹簧提供的锁定驱动力放大 50~110 倍后作用在柱销上，柱销与锁钩之间产生较大的锁紧预载荷，可以显著提高铰链锁定后的弯曲刚度。

（2）本发明中采用单独的锁钩和限位螺钉代替与母铰一体的锁紧槽，并且取消了滑道、锁定弹簧等零件，与现有技术相比，简化了铰链组成，降低了加工难度，提高了铰链的可靠度。

附图说明

图 1 为本发明铰链展开锁定状态示意图；

图 2 为本发明铰链收拢状态示意图；

图 3 为本发明铰链锁定前状态示意图；

图 4 为本发明铰链锁定状态机构示意图。

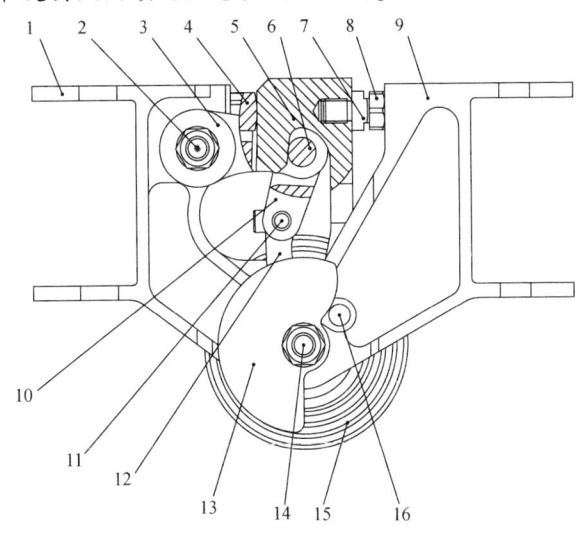

图 1　铰链展开锁定状态示意图

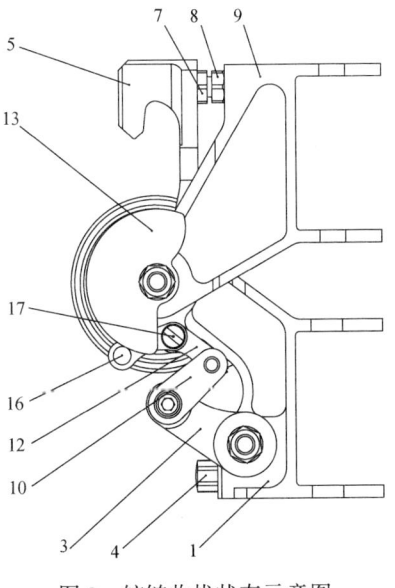

图 2　铰链收拢状态示意图

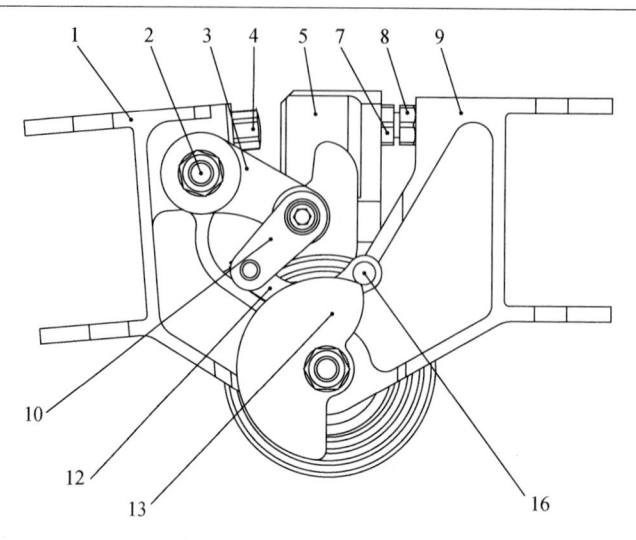

图 3　铰链锁定前状态示意图

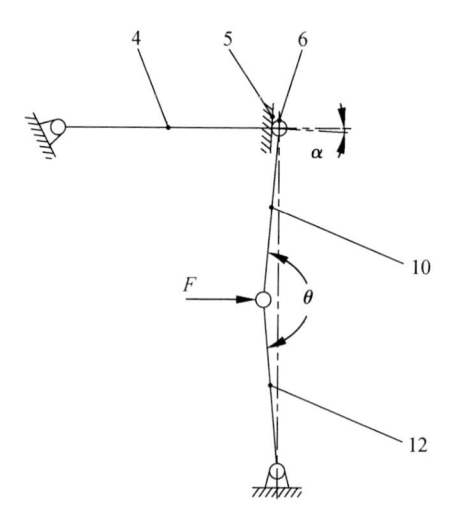

图 4　铰链锁定状态机构示意图

具体实施方式

如图1、图2和图3所示,本发明由叉铰1、偏心轴2、锁定摆杆3、限位螺钉4、锁钩5、锁定柱销6、调节杆7、调节螺母8、锁铰9、连杆10、连杆转轴11、曲柄12、凸轮13、铰链转轴14、展开弹簧15、曲柄柱销16和曲柄转轴17组成。

如图 1 所示，叉铰 1 与铰链转轴 14 铰接，锁钩 5 和凸轮 13 与铰链转轴 14 固连，锁铰 9 通过径向轴承与铰链转轴 14 相连；限位螺钉 4 与锁铰 9 螺接且拧紧；锁定摆杆 3 一端固定安装一锁定柱销 6 且与连杆 10 铰接，另一端通过偏心轴 2 与锁铰 9 铰接；曲柄 12 一端与连杆 10 铰接，另一端与锁铰 9 通过曲柄转轴 17 铰接，曲柄 12 的延长臂上装有一曲柄柱销 16；展开弹簧 15 的内圈与铰链转轴 14 固连，外端与连杆转轴 11 固连，曲柄 12 和连杆 10 的长度基本一致；在收拢状态，在展开弹簧 15 的作用下，曲柄 12 延长臂上的曲柄柱销 16 压紧在凸轮 13 的圆柱面上，展开弹簧 15 的驱动力矩通过曲柄 12 和凸轮 13 的共同作用传递给锁铰 9。

如图 2 和图 3 所示，铰链的展开就是叉铰 1 在展开弹簧 15 的驱动下与锁铰 9 发生相对转动，当锁钩 5 和限位螺钉 4 即将接触时，曲柄 12 延长臂上的曲柄柱销 16 滑下凸轮 13 的圆柱面，曲柄 12 在展开弹簧 15 的驱动下转动，从而驱动锁定摆杆 3 转动，使得锁定柱销 6 与锁钩 5 接触并驱动叉铰 1 向展开方向转动，在锁钩 5 和限位螺钉 4 接触后实现锁定柱销 6 和锁钩 5 锁紧

如图 4 所示，本发明的铰链展开锁定到位后，曲柄 12、连杆 10 和锁定摆杆 3 组成的四连杆机构形成偏心锁紧状态，其中锁钩 5 的锁紧面设计为平面，锁紧面的法线与锁定摆杆 3 的夹角 α 取 3°~5°；锁定后，曲柄 12 和连杆 10 的夹角 θ 取 160°~170°，且曲柄转轴 17 和锁定柱销 6 的连线与锁定摆杆 3 垂直，使得展开弹簧 15 的驱动力 F 经过该四连杆机构放大 50~110 倍后作用在锁钩 5 上，使锁钩 5 和锁定摆杆 3 之间产生较大的锁定预载荷，从而使铰链具有较高的锁定刚度。

如图 1 所示，本发明的铰链展开锁定到位后，通过调整调节杆 7 和调节螺母 8 可以微调叉铰 1 和锁勾 5 的夹角，从而调整叉铰 1 与锁铰 9 的夹角。

如图 1 所示，本发明中的铰链锁紧时锁钩 5 的斜面与锁定柱销 6 紧密接触，通过调整偏心轴 2，可以调整锁钩 5 与锁定柱销 6 的锁紧位置，保证锁定柱销 6 不能到达锁钩 5 的锁槽的底部，这样才能保证铰链在锁紧时具有高刚度。

如图 1 所示，本发明中的铰链解锁可通过反向推动连杆转轴 11 实现。

如图 1 和图 2 所示，本发明中的铰链转动角度可达 180°。

本发明中铰链展开驱动元件为展开弹簧 15，也可以采用电机等作为展开驱动元件。

本发明未公开技术属本领域技术人员公知常识。

2.6.2 专利文件申请稿

一种四连杆机构锁紧的铰链

技术领域

本发明涉及一种铰链,具体涉及一种四连杆机构锁紧的铰链,属于航天器展开机构技术领域。

背景技术

我国航天器太阳翼及天线等展开部件采用的铰链一般为销槽式铰链,"太阳翼铰链锁紧槽的设计研究"(航天器工程,第19卷第3期,2010年5月)对这种铰链的组成和工作原理进行了描述。这种铰链由公铰、母铰、销轴、锁定摆杆、偏心轴和锁定弹簧等零件组成。其中公铰带有圆形滑道,在滑道末端有一个U形锁紧槽,公铰和母铰通过销轴相连;锁定摆杆组件为叉形结构,叉形的一端装有柱销,另一端通过偏心轴与母铰铰接,柱销通过锁定弹簧压紧在公铰的圆形滑道上。当铰链展开时,公铰和母铰在驱动元件(展开弹簧或电机)作用下绕销轴相对转动,在展开过程中锁定摆杆上的柱销在锁定弹簧的作用下压紧在滑道上并沿着滑道滑动,展开到位后柱销在锁定弹簧的作用下进入滑道末端的U形锁紧槽内,当柱销与U形槽两侧内壁均接触后,铰链锁定到位。

这种销槽式铰链的柱销进入锁紧槽的驱动力由锁定弹簧直接提供,一般力矩较小,使得锁定后锁紧槽与柱销之间不能有效卡紧,在较小的弯曲载荷作用下二者之间会出现一定的间隙,造成锁定刚度较低。另外,这种铰链的柱销与铰链销轴的距离较近,即锁定臂的长度较短,也造成其刚度偏低。

这种销槽式铰链不适用于要求展开部件具有高刚度的场合,如高刚度大型太阳翼、大型天线和展开臂等。

发明内容

有鉴于此,本发明提供了一种四连杆机构锁紧的铰链,适用于太阳翼、天线、伸展臂等部件的展开锁定,并能够提供较高的展开锁定刚度。

一种四连杆机构锁紧的铰链,该铰链包括锁铰、偏心轴、限位螺钉、锁钩、锁定柱销、叉铰、凸轮、铰链转轴、展开弹簧和四连杆机构;其中四连杆机构包括锁定摆杆、连杆、连杆转轴、曲柄、曲柄柱销和曲柄转轴;所述的锁铰的中部加工成弧形。

整体安装关系：锁铰与叉铰的头部通过铰链转轴铰接，锁钩的头部铰接在铰链转轴的中部，限位螺钉沿锁铰的厚度方向固定在锁铰的尾部，四连杆机构中锁定摆杆的一端通过偏心轴与锁铰的尾部铰接，另一端通过锁定柱销与连杆的一端铰接；曲柄的一端通过连杆转轴与连杆的另一端铰接，曲柄的另一端通过曲柄转轴与锁铰的头部铰接；曲柄的延长臂上铰接有一曲柄柱销；凸轮铰接在铰链转轴的一端，展开弹簧的内圈与铰链转轴的另一端固连；展开弹簧的外端与连杆转轴固连。

所述的铰链还包括调节杆和调节螺母，锁钩和叉铰的尾部沿其厚度方向加工有调节孔，且两者调节孔的位置相对，调节杆安装在锁钩与叉铰的调节孔内，并通过调节螺母进行固定。

所述的锁定柱销与锁钩配合的锁紧面为平面，且锁紧面的法线与锁定摆杆的夹角 α 为 $3°\sim5°$。

锁定后，所述四连杆机构的曲柄和连杆的夹角 θ 为 $160°\sim170°$，且曲柄转轴和锁定柱销的连线与锁定摆杆垂直。

采用电机替代展开弹簧作为展开驱动元件。

通过调整偏心轴在锁铰上的位置，从而调整锁钩与锁定柱销的锁紧位置。

有益效果

（1）本发明采用展开弹簧和四连杆机构代替直接驱动的锁定弹簧，展开弹簧提供的锁紧力为其最小的展开驱动力矩。与现有技术相比，四连杆机构可以将展开弹簧提供的锁定驱动力放大 $50\sim110$ 倍后作用在柱销上，锁定柱销与锁钩之间产生较大的锁紧预载荷，可以显著提高铰链锁定后的弯曲刚度。

（2）本发明中采用单独的锁钩和限位螺钉代替与母铰一体的锁紧槽，并且取消了滑道、锁定弹簧等零件。与现有技术相比，简化了铰链组成，降低了加工难度，提高了铰链的可靠度。

附图说明

图 1 为本发明铰链展开锁定状态示意图；

图 2 为本发明铰链收拢状态示意图；

图 3 为本发明铰链锁定前状态示意图；

图 4 为本发明铰链锁定状态机构示意图。

图中：1—锁铰；2—偏心轴；3—锁定摆杆；4—限位螺钉；5—锁钩；6—锁定柱销；7—调节杆；8—调节螺母；9—叉铰；10—连杆；11—连杆转轴；12—曲柄；13—凸轮；14—铰链转轴；15—展开弹簧；16—曲柄柱销；17—曲柄转轴。

具体实施方式

下面结合附图并举实施例,对本发明进行详细描述。

如图1所示,本发明提供了一种四连杆机构锁紧的铰链,该铰链包括锁铰1、偏心轴2、限位螺钉4、锁钩5、锁定柱销6、调节杆7、调节螺母8、叉铰9、凸轮13、铰链转轴14、展开弹簧15和四连杆机构;其中四连杆机构包括锁定摆杆3、连杆10、连杆转轴11、曲柄12、曲柄柱销16和曲柄转轴17。

其中,锁铰1和叉铰9均为叉形,锁铰1的中部加工成弧形,其头部和尾部沿其宽度方向分别加工有通孔;叉铰9的头部沿其宽度方向加工有通孔,且尾部沿其厚度方向加工有调节孔。

锁钩5的尾部为钩形,且尾部沿其厚度方向也加工有调节孔,头部沿宽度方向加工有通孔。

整体安装关系:锁铰1与叉铰9的头部通过铰链转轴14铰接,锁钩5的头部铰接在铰链转轴14的中部,且锁钩5与叉铰9上的调节孔位置相对,限位螺钉4沿锁铰1的厚度方向固定在锁铰1的尾部,偏心轴2安装在锁铰1尾部的通孔内;锁定摆杆3的一端通过偏心轴2与锁铰1的尾部铰接,另一端通过锁定柱销6与连杆10的一端铰接;曲柄12的一端通过连杆转轴11与连杆10的另一端铰接,曲柄12的另一端通过曲柄转轴17与锁铰1的头部铰接;曲柄12的延长臂上铰接有一曲柄柱销16;凸轮13铰接在铰链转轴14的一端;展开弹簧15的内圈与铰链转轴14的另一端固连;展开弹簧15的外端与连杆转轴11固连;曲柄12和连杆10的长度基本一致。

调节杆7安装在锁钩5与叉铰9的调节孔内,并通过调节螺母8进行固定。当铰链展开锁定到位后,通过调整调节杆7和调节螺母8可以微调叉铰9和锁钩5的夹角,从而调整叉铰9与锁铰1的夹角。

工作原理

如图2所示,在铰链收拢状态时,展开弹簧15储存能量,曲柄12延长臂上的曲柄柱销16压紧在凸轮13的圆柱面上,且连杆10的一端靠近锁铰1中部的弧形面。

如图3所示,在展开状态时,展开弹簧15的驱动力矩通过四连杆机构中的曲柄12和凸轮13的共同作用传递给锁铰1,即锁铰1在展开弹簧15的驱动下与叉铰9发生相对转动,此时四连杆机构与锁铰1相对静止,曲柄12延长臂上的曲柄柱销16沿着凸轮13的圆柱面滑动,当锁铰1上的限位螺钉 4 即将和锁钩 5 接触时，曲柄 12 延长臂上的曲柄柱销 16 滑下凸轮 13 的圆柱面，则四连杆开始转动，曲柄 12 在展开弹簧 15 的驱动下转动，从而驱动锁定摆杆 3 转动，使得锁定柱销 6 与锁钩 5 接触且端部滑向锁钩 5 的锁槽内，在锁钩 5 和限位螺钉 4 接触后实现锁定柱销 6 和锁钩 5 完全贴合，则实现锁铰 1 与叉铰 9 锁紧。

如图 4 所示，本发明的铰链展开锁定到位后，曲柄 12、连杆 10 和锁定摆杆 3 组成的四连杆机构形成偏心锁紧状态，其中锁钩 5 的锁紧面设计为平面，锁紧面的法线与锁定摆杆 3 的夹角 α 取 $3°\sim5°$；锁定后，曲柄 12 和连杆 10 的夹角 θ 取 $160°\sim170°$，且曲柄转轴 17 和锁定柱销 6 的连线与锁定摆杆 3 垂直，使得展开弹簧 15 的驱动力 F 经过该四连杆机构放大 $50\sim110$ 倍后作用在锁钩 5 上，使锁钩 5 和锁定摆杆 3 之间产生较大的锁定预载荷，从而使铰链具有较高的锁定刚度。

本发明中的铰链锁紧时锁钩 5 的斜面与锁定柱销 6 紧密接触，通过调整偏心轴 2 在锁铰 1 上的位置，可以调整锁钩 5 与锁定柱销 6 的锁紧位置，保证锁定柱销 6 不能到达锁钩 5 的锁槽的底部，这样才能保证铰链在锁紧时具有高刚度。

本发明中的铰链转动角度可达 180°，且铰链解锁可通过反向推动连杆转轴 11 实现。

本发明中铰链展开驱动元件为展开弹簧 15，也可以采用电机等作为展开驱动元件。

以上仅为本发明的较佳实施例而已，并非用于限定本发明的保护范围。凡在本发明的精神和原则之内所作的任何修改、等同替换、改进等，均应包含在本发明的保护范围之内。

（说明书附图省略）

2.6.3　解析

本申请提供一种四连杆机构锁紧的铰链，属于产品类发明创造。在该份技术交底书中，对其技术领域、背景技术、发明内容均进行了介绍；同时申请人还撰写了权利要求书。在形式上，除了以下两个缺陷，基本符合申请文件的要求。

该技术交底书在形式上的缺陷包括：①在说明书部分不应有插图，插图应当以说明书附图的形式出现，在说明书的附图说明部分只需对各副附图作简略说明；②《专利法实施细则》第十九条规定：权利要求中的技术特征可以引用说明书附图中相应的标记，该标记应当放在相应的技术特征后并置于括号内，便于解释权利要求。附图标记不得解释为对权利要求的限制。例如，本申请技术交底书的权利要求书部分，"叉铰1、偏心轴2、……"应记为"叉铰（1）、偏心轴（2）、……"。

具体到内容部分，《专利法实施细则》第二十条规定：权利要求书应当有独立权利要求，也可以有从属权利要求。独立权利要求应当从整体上反映发明或者实用新型的技术方案，记载解决技术问题的必要技术特征。从属权利要求应当用附加的技术特征，对引用的权利要求作进一步的限定。本申请涉及一种四连杆机构锁紧的铰链，用于解决现有技术中销槽式铰链锁定刚度低的问题。独立权利要求1属于产品权利要求，对于产品权利要求，通常应当用产品的结构特征来描述。通过对技术方案的理解可知，在该铰链中，叉铰和锁铰为主要安装部件和主要配合部件，需要介绍两者的结构，即需要描述两者的形状和主要特征。在技术交底书给出的独立权利要求1中，虽然给出了该铰链的组成，并简单介绍了每个部件之间的安装关系，但并不能清楚、简要地限定要求专利保护的范围。在技术交底书给出的3个从属权利要求中，均采用了效果特征或功能特征来限定，如权利要求2中"使得铰链锁定后锁钩5与锁定柱销6之间受到较大的锁定预紧力，从而使铰链具有较高的锁紧刚度"。但是，通常对于产品权利要求来说，应当尽量避免使用功能或者效果特征来限定发明。只有在某一技术特征无法用结构特征来限定，或者用结构特征限定不如用功能或效果特征来限定更为恰当，而且该功能或者效果能通过说明书规定的实验或操作或所属技术领域的惯用手段直接和肯定地验证的情况下，使用功能或者效果特征来限定发明才可能是允许的。

权利要求书是专利申请文件的核心，具有直接的法律效力，是确定专利保护范围的重要法律文件。因此，权利要求书最好由代理人依据技术交底书记载的内容撰写，申请人在提供技术交底书时不用撰写权利要求书。申请人撰写的权利要求书通常会导致保护范围非常具体而狭窄，几乎是对发明物完全一致的描述，没有概括总结发明的核心。即使专利申请得到授权，其他人通过专利申请文件中公开的内容，仅仅做一些微小的改动就可以绕开专利所给予的保护范围。

在一件专利申请的权利要求书中，独立权利要求所限定的一项发明或实用新型的保护范围最宽。因此，在独立权利要求1中只需记载为解决其技术问题所不可缺少的技术特征即可。在本申请中，在独立权利要求1中只需记载为使铰链具有较高的锁紧刚度，其不可缺少的结构部件，以及各部件之间的连接关系即可。

从属权利要求应当用附加的技术特征，对引用的权利要求作进一步的限定。该附加的技术特征可以是对所引用的权利要求的技术特征作进一步限定的技术特征，也可以是增加的技术特征。技术交底书中的从属权利要求均是将位置关系和工作原理糅合在一起进行说明，不能清楚、简要地限定权利要求保护的范围，不符合《专利法》的相关规定。

而说明书部分，其撰写方式和顺序符合《专利法实施细则》第十七条的规定：写明了要求保护的技术方案所属的技术领域；对该发明的理解、检索、审查有用的背景技术，还引证了与该发明申请最接近的现有技术文件。但在发明内容部分描述得不够清楚、完整。

《专利法》第二十六条规定：说明书应当对发明或者实用新型作出清楚、完整的说明，以所属技术领域的技术人员能够实现为准。本申请提供的是一种四连杆机构锁紧的铰链，用于解决现有技术中销槽式铰链不适用于要求展开部件具有高刚度场合的问题，即本申请提供的铰链能够提供较高的展开锁定刚度。为此在技术方案部分应至少记载解决其技术问题所采用的技术方案的技术特征。为保证对技术方案描述的清楚、完整，应先描述该四连杆机构锁紧铰链的组成："该铰链包括锁铰、偏心轴、限位螺钉、锁钩、锁定柱销、叉铰、凸轮、铰链转轴、展开弹簧和四连杆机构"。其中，四连杆机构为组件，其包括锁定摆杆、连杆、连杆转轴、曲柄、曲柄柱销和曲柄转轴，而锁铰中部是弧形结构特征。然后，需描述上述各组成部分之间的位置关系及连接关系："整体安装关系：锁铰与叉铰的头部通过铰链转轴铰接，锁钩的头部铰接在铰链转轴的中部，……，曲柄的延长臂上铰接有一曲柄柱销，凸轮铰接在铰链转轴的一端，展开弹簧的内圈与铰链转轴的另一端固连，展开弹簧的外端与连杆转轴固连。"上述内容已经包含了解决其技术问题的全部必要技术特征。

在说明书的技术方案这一部分，除了全部必要技术特征，还可以给出包含其他附加技术特征的进一步改进的技术方案。例如，对铰链的进一步限定："所述的铰链还包括调节杆和调节螺母，锁钩和叉铰的尾部沿其厚度方向加工有调节孔，且两者调节孔的位置相对，调节杆安装在锁钩与叉铰的调节孔内，并通过调节螺母进行固定"等。

具体实施方式部分应当详细地描述优选的技术方案，并应当对权利要求的技术特征给予详细说明，以支持权利要求。对于产品的发明，实施方式应当描述产品的机械构成，说明组成产品各部分之间的相互关系。对于可动作的产品，只描述其构成不能使所属领域技术人员理解和实现发明时，还应当说明其动作过程或操作步骤。例如，本案例的申请文件中，在说明具体实施方式部分对该铰链的工作原理进行了详细的描述，包括铰链在收拢状态时、展开状态时锁定到位后其各部件之间的关系，以便于所属领域技术人员理解该发明。

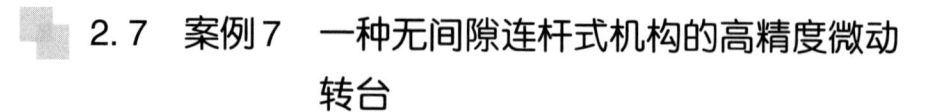

2.7 案例7 一种无间隙连杆式机构的高精度微动转台

2.7.1 技术交底书

权利要求书

1. 一种无间隙连杆式机构的高精度微动转台，主要包括连杆主体、连杆机构、电机以及电机安装座、运动控制模块、转台底座以及底板等结构。其特征在于，所述高精度微动转台采用小步距多细分步进电机（1），通过四连杆机构驱动转台主体（12），所述转台主体（12）与步进电机（1）分别安装在转台底座（16）和电机支承座（2）上，所述转台底座（16）和电机支承座（2）与底板（18）连接。所述连杆机构包括曲柄（4）、连杆（7）以及摆杆（11）。

2. 如权利要求1所述的高精度微动转台，其特征在于，所述步进电机（1）的电机轴通过正交布置的凹端紧定螺钉二（25）与曲柄（4）连接。

3. 如权利要求1所述的高精度微动转台，其特征在于，所述四连杆机构可以实现无间隙转动，其中所述曲柄（4）通过面对面布置精密角接触球轴承一（3）与连接轴一（5）相配合，所述精密角接触轴承一（3）通过端盖一（6）施加预紧力从而消除轴承间隙，所述连接轴一（5）通过凹端紧定螺钉（24）与连杆（7）的一端相连，所述连杆（7）另一端通过凹端紧定螺钉三（26）与连接轴二（9）连接，所述连接轴二（9）通过精密角接触轴承二（8）与摆杆（11）一端连接，所述精密角接触轴承二（9）通过端盖二（10）施加预紧力消除轴承间隙。

4. 如权利要求1所述的高精度微动转台，其特征在于，所述摆杆（11）与转台主体（12）通过方孔与方轴之间的过盈配合并结合定位销二（27）实现无间隙刚性连接。

5. 如权利要求1所述的高精度微动转台，其特征在于，所述转台主体（12）通过双列角接触球轴承（14）进行导向，所述双列角接触球轴承（14）通过轴承安装座（13）施加预紧力消除间隙，保证转台的运动精度。

6. 如权利要求 1 所述的高精度微动转台，其特征在于，所述转台底座 (16)、电机支承座 (2) 与底板 (18) 之间通过定位销一 (17) 连接，保证转台在转动过程中转台底座 (16) 与电机支承座 (2) 之间相对位置固定。

7. 如权利要求 1 所述的高精度微动转台，其特征在于，所述曲柄 (4) 与连杆 (7) 设计了凹口，以避免所述曲柄与连杆之间的干涉，用进而增加转台转动范围。

8. 如权利要求 1 所述的高精度微动转台，其特征在于，所述连杆机构为悬臂结构，为了保证转台在整个工作过程中电机轴、连接轴一 (5)、连接轴二 (9) 以及转台主体中心轴线平行，所述高精度微动转台在悬臂的变形端设计了支承结构，所述支承结构通过弹簧 (23) 与钢球 (20) 与连接轴一 (5) 连接，钢球 (20) 的另一端直接与电机支承座 (2) 的上表面接触，由此产生的反作用力用以抵消悬臂结构的自重，从而消除悬臂引起的结构变形。

9. 如权利要求 1 所述的高精度微动转台，其特征在于，所述连杆机构中所包含的曲柄 (4)、连杆 (7) 和摆杆 (11) 长度根据四连杆机构输入/输出特性曲线进行了最优化选择，所述的运动控制模块选取输入/输出曲线线性度最好的一段对应的转动范围作为转台的工作空间。

10. 如权利要求 1 所述的精密微动转台，其特征在于，在所述电机支承板 (2) 上表面装有光电传感器组件，用于曲柄 (4) 转动过程中的限位。

说明书附图

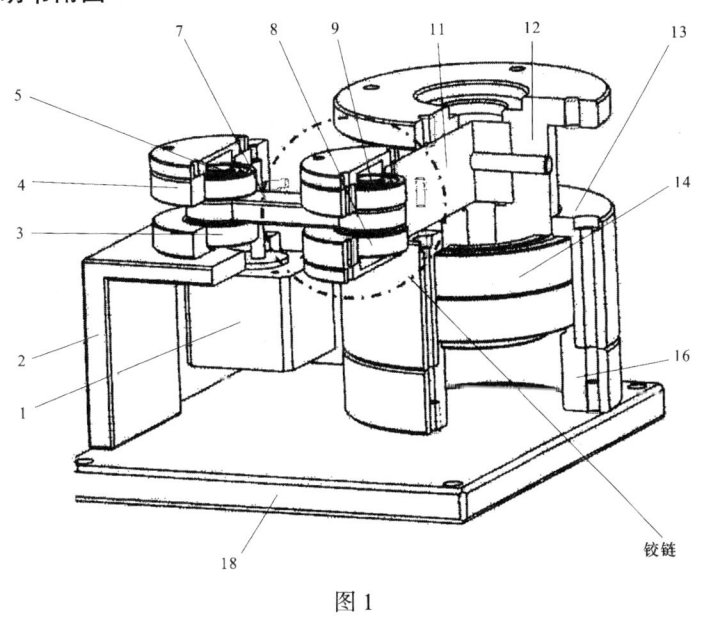

图 1

说明书
一种无间隙连杆式机构的高精度微动转台

技术领域

本发明涉及一种微装配系统的精密微调机构，是对传统精密转台机构的改进，属于微操作与微机电技术领域。

背景技术

高精度微动转台是微装配过程用于精确调整零件姿态的执行部件，一般具有快速、高精度、占地面积小等特点，转台性能的好坏直接决定了装配精度以及装配效率。

按照目前国内外在高精度微动转台的研究成果看，在高精度微动转台的驱动方式上，主要通过以下两种方式实现：一种是基于蜗轮蜗杆结构驱动的转台，此种机械传动方式应用非常广泛。但是，这种进给方式在完成启动、加速、减速、反转等运动时，产生的弹性变形、摩擦和反向间隙等会造成系统机械振动、运动响应慢、动态刚度差及其他非线性误差，所以这类转台一般精度较低。此外，这类转台一般体积相对较大，不适合微操作以及微装配的要求。另一种是直驱转台，这类转台驱动负载时，不需经过传动装置（如传动皮带、蜗轮蜗杆等），由于电机结构的特殊性，可实现低速大扭矩输出，电机具有很好的伺服特性和动态特性，可使转台加速度增大，回转速度大幅提高。但是，直驱转台具有很高的制造要求且一般需要闭环控制，所以造价较高。

总的来说，近年来国内外在微动转台的研究上取得了较大的进展，但是针对微装配过程中位姿精确调整的转台鲜有涉及。而且高精度转台多是通过全闭环的方式实现，控制算法要求较高。

发明内容

本发明的目的在于提供一种无间隙连杆式机构的高精度微动转台，该转台可提供±15°的输出角度，具有0.5°/1 000°的角分辨率，传动过程中无任何间隙，可以保证转台运动的高精度以及正反向运动精度一致；转台能够提供较大的轴向承载力，刚性以及运动平稳性好，精度很高，能满足微装配作业中对零件姿态的精确调整。

该发明是依靠下述技术方案来实现的。

本发明所述的一种无间隙连杆式机构的高精度微动转台，主要包括转台主体、连杆机构、电机以及电机支承座、运动控制模块、转台底座以及底板等结构。在驱动上，将连杆机构成功应用于微动转台，配置了适当的传动比并且在四连杆机构的铰链处对高精度角接触球轴承进行了预紧，消除了轴承间隙，有效提高了精度并且保证了电机惯量与转台惯量的匹配，使其具有很好的加减速性能。

在本发明所述的一种无间隙连杆式机构的高精度微动转台结构中，电机以及电机支承模块是提供动力的单元，电机通过倒凹形结构固定，可以很好地保证电机的位置精度。电机轴与曲柄通过凹端紧定螺钉连接，用以传递扭矩。

在本发明所述的一种无间隙连杆式机构的高精度微动转台结构中，连杆机构传动模块包括曲柄、连杆以及摆杆等关键部件，摆杆与转台主体通过方孔与方轴之间的过盈配合并结合销钉实现无间隙刚性连接；摆杆与连杆的连接通过连接轴二实现，连接轴二通过一对高精度角接触球轴承二外圈与摆杆连接，角接触球轴承二内圈与连接轴二配合，轴承通过端盖二施加预紧力消除轴承间隙，连接轴二与连杆通过正交布置的凹端紧定螺钉进行刚性连接；连杆与曲柄的连接通过连接轴一实现，正交配置的凹端紧定螺钉限定了连接轴一的转动，连接轴一与曲柄同样是通过一对面对面布置的角接触球轴承连接，轴承内圈与连接轴一配合，外圈与曲柄配合，并通过端盖一对轴承施加合适的预紧力。

在本发明所述的一种无间隙连杆式机构的高精度微动转台结构中，悬臂支承结构配置在连接轴一的下端，连接轴一的空腔用来安装弹簧和钢球，支承模块与连接轴下端螺纹连接，用来固定弹簧和钢球，钢球与电机支承板的上表面相切并通过电机支承座上表面提供支承力。

在本发明所述的一种无间隙连杆式机构的高精度微动转台结构中，转台主体通过高精度角接触轴承导向，轴承呈面对面布置，并通过端盖三与固定螺钉对轴承内圈进行固定，端盖采用了全封闭设计，防止工作时杂物掉进转台内部；轴承外圈通过轴承套与轴承底座固定并对其施加适当的预紧力用以消除轴承间隙；转台主体的上表面设置了一定深度的止口，用以安装夹具以及其他相关结构。

本发明的优点如下。

(1) 本发明的高精度微动转台可提供±15°的输出角度，具有0.5°/1 000°的角分辨率。

(2) 本发明的高精度微动转台在传动过程中无任何间隙，可以保证转台运动的高精度以及正反向运动精度一致。

(3) 本发明的高精度微动转台能够提供较大的轴向承载力，刚性以及运动平稳性好，精度很高，能满足微装配作业中对零件姿态的精确调整。

附图说明

图1为一种无间隙连杆式机构的高精度微动转台的主视图和俯视图；

图 2 为一种无间隙连杆式机构的高精度微动转台 D-D 剖面图；

图 3 为一种无间隙连杆式机构的高精度微动转台 B-B 截面图；

图 4 为一种无间隙连杆式机构的高精度微动转台主体与摆杆连接处 C-C 剖面图；

图 5 为一种无间隙连杆式机构的高精度微动转台连杆结构图；

图 6 为一种无间隙连杆式机构的高精度微动转台四连杆机构原理图。

图中：1—步进电机；2—电机支承座；3—精密角接触球轴承一；4—曲柄；5—连接轴一；6—端盖一；7—连杆；8—精密角接触球轴承二；9—连接轴二；10—端盖二；11—摆杆；12—转台主体；13—轴承安装座；14—双列角接触球轴承；15—端盖三；16—转台底座；17—定位销一；18—底板；19—螺钉；20—钢球；21—支承模块；22—支承柱；23—弹簧；24—凹端紧定螺钉一；25—凹端紧定螺钉二；26—凹端紧定螺钉三；27—定位销二。

具体实施方式

下面结合附图对本发明作进一步详细的说明。

如图 1 所示，一种无间隙连杆式机构的高精度微动转台，包括转台主体 12、连杆机构、步进电机 1，其中连杆机构包括曲柄 4、精密角接触球轴承一 3、连接轴一 5、连杆 7、连接轴二 9、精密角接触球轴承二 8、摆杆 11 等关键零部件。转台主体 12 通过连杆机构与步进电机 1 相连。转台底座 16、电机支承座 2 与底板 18 之间通过定位销一 17 连接，保证转台在转动过程中转台底座 16 与电机支承座 2 之间相对位置固定。

如图 1、图 2 所示，一种无间隙连杆式机构的高精度微动转台中的驱动机构是固定在电机支承座上的步进电机 1，步进电机 1 的电机轴通过正交布置的凹端紧定螺钉二 25 与曲柄 4 连接。曲柄 4 通过面对面布置的精密角接触轴承一 3 与连接轴一 5 相配合，精密角接触轴承一 3 通过端盖一 6 施加预紧力从而消除轴承间隙，连接轴一 5 通过凹端紧定螺钉 24 与连杆 7 的一端相连，连杆 7 另一端通过凹端紧定螺钉三 26 与连接轴二 9 连接，连接轴二 9 通过精密角接触轴承二 8 与摆杆 11 一端连接，精密角接触轴承二 8 通过端盖二 10 施加预紧力消除轴承间隙，施加预紧力的精密角接触轴承一 3 和精密角接触轴承二 8 保证转台实现正反向无间隙转动。上述连杆机构为悬臂结构，为了保证转台在整个工作过程中电机轴、连接轴一、连接轴二以及转台主体中心轴线平行，所述高精度微动转台在悬臂的变形端设计了支承结构，所述支承结构通过弹簧 23 与钢球 20 与连接轴一 5 连接，钢球 20 的另一端直接与电机支承座 2 的上表面接触，由此产生的反作用力用以抵消悬臂结构的自重，从而消除悬臂引起的结构变形。

如图 3、图 4 所示，一种无间隙连杆式机构的高精度微动转台中的摆杆 11 的另一端与转台主体 12 通过方孔与方轴之间的过盈配合并结合定位销二 27 实现无间隙刚性连接，转台主体与面对面配置的双列角接触球轴承 14 内圈进行配合，轴承外圈与轴承安装座 13 配合，轴承安装座 13 与转台底座 16 通过螺钉连接，其中轴承安装座 13 下端面与转台底座 16 上端面通过加工公差保证二者在施加合适预紧力的同时正好接触，施加的预紧力使轴承内外圈产生挤压变形，从而消除了轴承间隙，保证在转台转动过程中由于轴承间隙引起的跳动最小。

如图 5 所示，一种无间隙连杆式机构的高精度微动转台中的曲柄 4 与连杆 7 设计了凹口，以避免所述曲柄与连杆之间的干涉，进而增加转台转动范围。

工作原理

转台通过电机输出扭矩作为转台转动的动力，电机扭矩通过曲柄 4、连接轴一 5、连杆 7、连接轴二 9 以及摆杆 11 将动力传递到转台主体 12 上，摆杆的摆动带动转台在一定角度范围内进行转动，其中四连杆机构的输入/输出传递公式为：

$$\psi = \pi - (a_1 + a_2)$$

$$a_1 = \arctan \frac{a\sin\varphi}{1 - a\cos\varphi}$$

$$a = \arccos \frac{1 + a^2 + c^2 - b^2 - 2a\cos\varphi}{2fc}$$

由于在微装配或者微操作作业中，需要的调整量往往是很小的，所以，转台的输出角度不需要太大。在此发明中，根据传递公式选取输入/输出关系中线性度最好的一段对应的转动范围作为转台的工作空间，所以转台的初始位置设定在如图 6 所示位置，电机输入角度为 ±30°，相对应的转台主体转动角度为 ±15°，完全满足装配过程中微位姿调整的需求。

（说明书附图省略）

2.7.2　专利文件申请稿

一种无间隙连杆式机构的高精度微动转台

技术领域

本发明涉及一种高精度微动转台，具体涉及一种无间隙连杆式机构的高精度微动转台，属于微操作与微机电技术领域。

背景技术

高精度微动转台是微装配过程中用于精确调整零件姿态的执行部件，一般具有快速、高精度、占地面积小等特点，转台性能的好坏直接决定了装配精度以及装配效率。

按照目前国内外在高精度微动转台的研究成果看，在高精度微动转台的驱动方式上，主要通过以下两种方式实现。一种是基于蜗轮蜗杆结构驱动的转台，此种机械传动方式应用非常广泛，但是，这种进给方式在完成启动、加速、减速、反转等运动时，产生的弹性变形、摩擦和反向间隙等会造成系统机械振动、运动响应慢、动态刚度差及其他非线性误差，所以这类转台一般精度较低；此外，这类转台一般体积相对较大，不适合微操作以及微装配的要求。另一种是直驱转台，这类转台驱动负载时，不需经过传动装置（如传动皮带、蜗轮蜗杆等），由于电机结构的特殊性，可实现低速大扭矩输出，电机具有很好的伺服特性和动态特性，可使转台加速度增大，回转速度大幅提高。但是，直驱转台具有很高的制造要求且一般需要闭环控制，所以造价较高。

总的来说，近年来国内外在微动转台的研究上取得了较大的进展，但是针对微装配过程中位姿精确调整的转台鲜有涉及，而且高精度转台多是通过全闭环的方式实现，控制算法要求较高。

发明内容

有鉴于此，本发明提供了一种无间隙连杆式机构的高精度微动转台，该转台可提供±15°的输出角度，具有0.5°/1 000°的角分辨率，传动过程中无任何间隙，可以保证转台运动的高精度以及正反向运动精度一致，转台能够提供较大的轴向承载力，刚性以及运动平稳性好，精度很高，能满足微装配作业中对零件姿态的精确调整。

一种无间隙连杆式机构的高精度微动转台，该微动转台包括驱动电机、电机支承座、转台主体、转台底座、底板和连杆机构，其中连杆机构包括轴承a、曲柄、连接轴a、连杆、轴承b、连接轴b、摆杆和轴承c。

安装关系如下。

驱动电机通过电机支承座固定在底板上，其电机轴与曲柄固连，连接轴a通过轴承a与曲柄相配合，连接轴a的两端安装端盖；轴承安装座通过转台底座固定在底板上；轴承c安装在轴承安装座内部，且外圈与轴承安装座相配合；转台主体安装在轴承安装座上端面且转台主体与轴承c的内圈相配合；连杆的一端套装在连接轴a的中部，另一端与连接轴b连接；连接轴b通过轴承b与摆杆的一端连接，连接轴b的两端也安装端盖；摆杆的另一端与转台主体通过方孔与方轴之间的过盈配合实现无间隙刚性连接。

所述微动转台还包括支承结构，该支承结构包括钢球、支承模块、支承柱和弹簧，钢球通过支承模块安装在电机支承座上并与连接轴a沉孔的位置相对应；支承柱安装在连接轴a的沉孔内；弹簧套装在支承柱的外圆上，其两端分别与连接轴a的沉孔底面和钢球抵触。

在电机支承板上表面装有光电传感器组件，用于曲柄转动过程中的限位。

所述的轴承a和轴承b采用精密角接触球轴承，轴承c采用双列角接触球轴承。

有益效果

（1）本发明在驱动上将连杆机构成功应用于微动转台，配置了适当的传动比并且在四连杆机构的铰链处对高精度角接触球轴承进行了预紧，消除了轴承间隙，有效提高了精度并且保证了电机惯量与转台惯量的匹配，使其具有很好的加减速性能。

（2）本发明的高精度微动转台在传动过程中无任何间隙，可以保证转台运动的高精度以及正反向运动精度一致；且能够提供较大的轴向承载力，刚性以及运动平稳性好，精度很高，能满足微装配作业中对零件姿态的精确调整。

附图说明

图1为本发明高精度微动转台的整体结构图；

图2为本发明高精度微动转台的爆炸图；

图3为本发明高精度微动转台的俯视图；

图4为本发明高精度微动转台的 D-D 剖面图；

图5为本发明高精度微动转台 B-B 剖面图；

图6为本发明高精度微动转台主体与摆杆连接处 C-C 剖面图；

图7为本发明高精度微动转台连杆结构图；

图8为本发明高精度微动转台四连杆机构原理图。

图中：1—步进电机；2—电机支承座；3—轴承a；4—曲柄；5—连接轴a；7—连杆；8—轴承b；9—连接轴b；11—摆杆；12—转台主体；13—轴承安装座；14—轴承c；16—转台底座；18—底板；20—钢球；21—支承模块；22—支承柱；23—弹簧。

具体实施方式

下面结合附图并举实施例,对本发明进行详细描述。

如图1、图2、图3所示,本发明提供了一种无间隙连杆式机构的高精度微动转台,该微动转台包括驱动电机1、电机支承座2、转台主体12、转台底座16、底板18和连杆机构,其中连杆机构包括轴承a3、曲柄4、连接轴a5、连杆7、轴承b8、连接轴b9、摆杆11和轴承c14。所述的轴承a3和轴承b8采用精密角接触球轴承,轴承c14采用双列角接触球轴承。

安装关系如下。

转台主体12通过连杆机构与电机1相连。电机支承座2、转台底座16与底板18之间通过定位销连接,保证转台在转动过程中电机支承座2与转台底座16之间相对位置固定。

驱动电机1安装在电机支承座2上,其电机轴通过正交布置的凹端紧定螺钉与曲柄4固连,曲柄4通过面对面布置的轴承a3与连接轴a5相配合;连接轴a5的两端安装端盖,即轴承a3两端通过端盖施加预紧力从而消除轴承间隙;连接轴a5中部通过凹端紧定螺钉与连杆7的一端相连,连杆7另一端通过凹端紧定螺钉与连接轴b9连接;连接轴b9通过轴承b8与摆杆11一端连接,连接轴b9的两端也安装端盖;轴承b8也通过端盖施加预紧力消除轴承间隙,施加预紧力的轴承a3和轴承b8保证转台实现正反向无间隙转动。上述中的端盖采用了全封闭设计,防止工作时杂物掉进转台内部。

如图4、图5所示,上述连杆机构为悬臂结构,为了保证转台在整个工作过程中电机轴、连接轴a5、连接轴b9以及转台主体12中心轴线平行,所述高精度微动转台在悬臂的变形端设计了支承结构,所述支承结构包括钢球20、支承模块21、支承柱22和弹簧23,钢球20通过支承模块21安装在电机支承座2上并与连接轴a5沉孔的位置相对应,支承柱22安装在连接轴a5的沉孔内;弹簧23套装在支承柱22的外圆上,其两端分别与连接轴a5的沉孔底面和钢球20抵触,即其一端抵住连接轴a5的沉孔底面,另一端抵住钢球20,由此产生的反作用力用以抵消悬臂结构的自重,从而消除悬臂引起的结构变形。

如图6所示,摆杆11的一端为圆柱形,另一端为方形,且转台主体12上开有方孔,即摆杆11的另一端与转台主体12通过方孔与方轴之间的过盈配合实现无间隙刚性连接,转台主体12与面对面配置的轴承c14

内圈进行配合，轴承c14的外圈与轴承安装座13配合，轴承安装座13与转台底座16通过螺钉连接，其中轴承安装座13下端面与转台底座16上端面通过加工公差保证二者在施加合适预紧力的同时正好接触，施加的预紧力使轴承内外圈产生挤压变形，从而消除了轴承间隙，保证在转台转动过程中由于轴承间隙引起的跳动最小。

如图7所示，曲柄4与连杆7设计了凹口，以避免所述曲柄与连杆之间的干涉，进而增加转台转动范围。

在上述中，在电机支承板2上表面装有光电传感器组件，用于曲柄4转动过程中的限位。

工作原理

如图8所示，转台通过电机输出扭矩作为转台转动的动力，驱动电机1的输出轴带动曲柄4转动，曲柄4带动安装在其上的连接轴a5，从而带动连杆7摆动；连杆7的摆动带动连接轴b9转动，连接轴b9的转动带动摆杆11摆动，从而带动转台主体12转动，即电机扭矩通过曲柄4、连接轴a5、连杆7、连接轴b9以及摆杆11将动力传递到转台主体12上。摆杆11的摆动带动转台主体12在一定角度范围内进行转动，其中四连杆机构的输入/输出传递公式为

$$\psi = \pi - (a_1 + a_2)$$

$$a_1 = \arctan \frac{a\sin\varphi}{1 - a\cos\varphi}$$

$$a = \arccos \frac{1 + a^2 + c^2 - b^2 - 2a\cos\varphi}{2fc}$$

由于在微装配或者微操作作业中，需要的调整量往往是很小的，所以，转台的输出角度不需要太大。在本发明中，根据传递公式选取输入/输出关系中线性度最好的一段对应的转动范围作为转台的工作空间，所以转台的初始位置设定在如图8所示位置，电机输入角度为±30°，相对应的转台主体转动角度为+15°，完全满足装配过程中微位姿调整的需求。

以上仅为本发明的较佳实施例而已，并非用于限定本发明的保护范围。凡在本发明的精神和原则之内所作的任何修改、等同替换、改进等，均应包含在本发明的保护范围之内。

（说明书附图省略）

2.7.3 解析

本申请提供了一种无间隙连杆式机构的高精度微动转台，主要用于解决现有微动转台精度低、体积大的技术问题。

该技术交底书在权利要求书部分的缺陷如下。

（1）《专利法》第二十六条规定：权利要求书应当以说明书为依据，清楚、简要地限定要求专利保护的范围。《专利审查指南》第二部分第二章3.2.2节对关于权利要求书清楚性的问题进行了详细的规定。其中规定，在一般情况下，权利要求中不得使用"约""等"等类似的用语，这类用语通常会使权利要求的范围不清楚。在本案例技术交底书的权利要求1中出现了"主要包括连杆主体……等结构"。

（2）《专利审查指南》第二部分第二章2.3节规定：权利要求的保护范围是由权利要求中记载的全部内容作为一个整体限定的，因此每一项权利要求只允许在其结尾处使用句号。而本案例技术交底书的权利要求1中出现了两处句号。

（3）《专利法实施细则》第二十二条规定：发明或者实用新型的从属权利要求应当包括引用部分和限定部分，按照下列规定撰写：引用部分：写明引用的权利要求的编号及其主题名称；限定部分：写明发明或者实用新型附加的技术特征。从属权利要求的引用部分应当写明引用的权利要求的编号，其后应当重述引用的权利要求的主题名称。本案例技术交底书的权利要求2~10均为权利要求1的从属权利要求，其主题应当与所引用的权利要求1的主题名称一致，均为"无间隙连杆式机构的高精度微动转台"。

（4）独立权利要求1缺少必要技术特征。《专利法实施细则》第二十条规定，独立权利要求应当从整体上反映发明或实用新型的技术方案，记载解决技术问题的必要技术特征。本申请涉及一种无间隙连杆式机构的高精度微动转台，以解决现有技术中高精度微动转台精度低、体积大或控制算法要求较高、造价高等问题。因此，在本发明中将连杆机构运用于微动转台，通过对连杆机构的配置消除轴承间隙，有效提高精度。由此可见，连杆机构的组成及与微动转台中其他各部件的连接关系是不可缺少的技术特征，而在技术交底书给出的权利要求1中，只给出了连杆机构的部分组成，没有描述其连接关系，所属领域技术人员通过该技术特征无法获知连杆机构是如何实现无间隙转动的。即独立权利要求1缺少必要技术特征，应当将权利要求3中记载的连杆机构如何实现无间隙转动的技术特征补充入独立权利要求 1。

（5）技术交底书给出的权利要求书多处出现了效果性及功能性的限定，如权利要求 5 中，"所述双列角接触球轴承通过……消除间隙，保证转台的运动精度。"权利要求 6 中，"保证转台在转动过程中……相对位置固定。"权利要求 7 中，"以避免所述曲柄与……转动范围。"不符合《专利法》第二十六条规定的，权利要求书应当以说明书为依据，清楚、简要地限定要求专利保护的范围。通常，对产品权利要求来说，应当尽量避免使用功能或者效果特征来限定发明。

在技术交底书的说明书部分，其撰写方式和顺序均符合《专利法实施细则》第十七条的规定：包括了技术领域、背景技术、发明内容、附图说明和具体实施方式 5 个部分。其中技术领域写明了该微动转台属于微操作与微机电技术领域。

背景技术中客观地指出了目前国内外在高精度微动转台的研究成果，以及这些研究成果的优缺点。

发明内容部分需要写明该发明要解决的技术问题、技术方案和有益效果。该发明所有解决的技术问题是"保证转台运动的高精度以及正反向运动精度一致，转台能够提供较大的轴向承载力，刚性以及运动平稳性好，精度很高，能满足微装配作业中对零件姿态的精确调整。"在技术方案上，技术交底书中没有记载该高精度微动转台各组成部件之间的连接关系，致使所属技术领域的技术人员不清楚如何采用这些零部件解决其技术问题。如在技术交底书中记载的"在驱动上，将连杆机构成功应用于微动转台，配置了适当的传动比并且在四连杆机构的铰链处对高精度角接触球轴承进行了预紧"，所属技术领域技术人员不清楚如何将连杆机构应用于微动转台，该连杆机构的具体形式，以及配置了怎样的传动比；这些内容均导致了技术方案的不清楚。针对该发明创造，在描述其技术方案时，应以所属技术领域的技术人员能够实现为基准，清楚、完整地描述该发明解决其技术问题所采取的技术方案的技术特征。具体而言，首先该无间隙连杆式机构的高精度微动转台的组成包括驱动电机、电机支承座、转台主体、转台底座、底板和连杆机构；其中连杆机构为组件，应描述其组成，连杆机构包括轴承 a、曲柄、连接轴 a、连杆、轴承 b、连接轴 b、摆杆和轴承 c。然后描述其各零部件之间的安装关系和位置关系："安装关系：驱动电机通过电机支承座固定在底板上，其电机轴与曲柄固连，……，摆杆的另一端与转台主体通过方孔与方轴之间的过盈配合实现无间隙刚性连接。"通过对其安装关系的描述，能够清楚获知如何将连杆机构应用于微动转台。在技术方案中还可以给出包含其他附加技术特征的进一步改进的技术方案，如在微动转台中增加支承结构、光电传感器组件；对微动转台中采用的轴承型号进行限定等。最后在有益效果中，结合其结构特征，分析说明采用该种结构形式的微动转台所带来的技术效果，通常有益效果应与所要解决的技术问题相对应。

附图说明中写明申请文件中各幅图的图名，并对图示的内容作简要介绍，并用列表的方式对附图中具体零部件的名称列表说明。

对于产品的发明，在具体实施方式部分详细描述产品的机械构成，说明各组成之间的相互关系。对于可动作的产品，只描述其构成不能使所属技术领域的技术人员理解和实现发明或者实用新型的，还应当说明其动作过程。同时对照附图描述发明的优选具体实施方式时，使用的附图标记或符号应当与附图中所示的一致，并放在相应的技术名称后面，不加括号。在申请人提供的技术交底书中，将附图标记放在了括号内。

2.8 案例 8 一种适用于小子样情形的权重确定方法

2.8.1 技术交底书

一种适用于小子样情形的权重确定方法

技术领域

本发明涉及一种新的因素重要性权重确定方法，本方法应用非参数统计和回归分析等统计方法进行影响产品质量诸因素的重要性权重的确定。在航天领域中，可以用来确定影响航天产品质量的关键特性。

背景技术

权重是表示因素重要性的相对数值。在综合评价中权重可以定义为元素对于整体贡献的相对重要程度。权重的确定归为决策论范畴。

权重的确定方法主要有两大类：主观赋权法、客观赋权法。主观赋权法是决策者根据自己的经验及对各属性的主观重视程度进行赋权的方法，主要有点估计法（统计平均法）、判断矩阵法（两两比较法、优先次序矩阵法）、层次分析法、德尔菲法等。客观法指单纯利用属性的客观信息确定权重的方法，主要有熵值法（熵权信息法）、变异系数法、主成分分析法等。

主观赋权法是由专家根据自己的经验和对实际的判断给出的，选取的专家不同，得到的权重就不同。该方法的优点是专家可根据实际问题，较为合理地确定各分量的重要性，且操作较为简便，不受各因素的样本量限制，在数据量不足时有优势。但该类方法的缺点也是明显的：专家评分统计平均法（德尔菲法）和因果矩阵法没有应用科学的统计分析和假设检验方法，主观随意性大，且并未因增加专家数量和仔细选取专家而得到根本改善，故在个别情况下采用主观赋权可能与实际情况存在较大的差异；而层次分析法虽然对多个因素的专家评分结果进行了一致性检验，但需要对所有因素两两之间进行重要性比较，在需要赋权的因素较多时，这种评分方法难度较大，可信度较差，不如直接让专家按1~9标度打分，但目前按1~9标度打分确定重要性权重的德尔菲法和因果矩阵法都直接对专家评分结果进行相加和平均，没有对评分结果进行统计检验，受专家主观因素影响过大。

客观赋权法的原始数据来源于各指标的实际数据，具有绝对的客观性。但在航天领域中，有时会因为所取样本不够大或不够充分，最重要的分量不一定具有最大的权重，不重要的分量可能具有较大的权重；且当要考虑的因素较多时，客观赋权法收集数据的工作量太大，不现实。最好先筛选出需要收集数据的因素，从而提高工作效率。

对于影响因素权重的确定方法研究工作，主要是一些高校学者的研究工作。

[1] 宋光兴，邹平. 多属性群决策中决策者权重的确定方法 [J]. 系统工程，2001，19（4）：83-89.

[2] 吴云燕，华中生，查勇. AHP群决策权重的确定与判断矩阵的合并 [J]. 运筹与管理，2003，12（4）：16-21.

[3] 徐泽水. 群组决策中专家赋权方法研究 [J]. 应用数学与计算数学学报，2001，15（1）：19-22.

[4] 曾雪兰，吉建华，吴小欢. 基于相容性指标的聚类分析专家赋权法 [J]. 广西大学学报（自然科学版），2007，25（6）：146-147.

[5] 冯俊文. 确定相对决策权重的链比较法 [J]. 系统工程与电子技术，2004，26（3）：341-344.

在实际确定指标权重的过程中，可以将主观赋权法和客观赋权法的优势结合起来，我们称之为组合赋权法。目前，缺乏这类组合赋权法，有个别文献从理论上研究了组合赋权法，但工程上可操作性不强，未见工程应用。

本发明的技术解决问题是：克服主观赋权法和客观赋权法的缺点，综合两者的优点，提供一种容易操作的主客观组合赋权法，解决影响因素重要性权重的确定问题。

发明内容

1. 本发明所要解决的技术问题

本发明的目的是解决目前工程领域在应用主观赋权法进行权重确定时，仅靠多位专家主观评分再进行统计平均的方法因没有进行统计检验而主观性过大的不足；另外，在经济社会领域广泛应用的因子分析和主成分分析法需要大量的数据支持，在工程领域尤其是航天领域不可行。本发明先利用非参数统计检验方法进行因素筛选，再利用相关系数比确定权重比，部分解决了样本量不足的问题。

本发明提出一种对专家主观评分进行统计检验，以确定各因素重要性是否有显著差异，进而利用不同因素评分值的秩和之比或因素与响应变量的相关系数之比作为因素的权重比，最后进行归一化确定各因素的权重。

2. 技术方案

本发明是一种利用统计方法确定各因素重要度权重的方法，分三步确定因素权重，每一步都采用了创新的方法。第一步利用克鲁斯卡尔-沃利斯检验、第二步利用MWW检验法和秩和概念、第三步利用回归分析中的相关系数确定权重，这些思想未见用于其他权重确定方法相关文献中。

第一步：利用克鲁斯卡尔-沃利斯检验确定因素之间是否有显著差异；当检验结论是因素之间有显著差异时，转入第二步，否则转入第三步。

第二步：当检验结果显示不同因素之间有显著差异时，利用MWW检验确定重要性显著不同的因素对 (A_i, A_j)，并利用 A_i 和 A_j 的评分值在所有评分值组成序列中的秩和之比作为因素的权重比。

第三步：对于不能确定为重要性显著不同的因素对，进行一定量的数据收集，计算两种因素与响应变量之间的相关系数，相关系数越大说明该因素对响应变量影响程度越高，该因素越重要，应赋以较大权重，相关系数的比值作为两种因素的权重之比。

第四步：综合以上三步得到的各因素的权重比，进行归一化，得到各因素的重要性权重。

本权重确定方法的流程图如图1所示。

在本发明中,用到以下几个方法和概念。

1) 秩和

假设我们想检验 n 个专家对 m 个不同因素评分结果是否有显著差异,假设第 j 个专家对第 i 个因素的重要度评分结果为 k。

其中,$j=1,z,\cdots,n$,$i=1,z,\cdots,m$,k 按照因素的重要程度按 1~9 标度,1 为重要性最低,9 为重要性最高。

将所有 mn 个评分结果从小到大排序得一个序列,第 i 个因素评分结果的秩和指 n 个专家对第 i 个因素的 n 个评分值在该序列中的次序之和,某评分值在该序列中的次序称为该评分值的秩。

2) 克鲁斯卡尔-沃利斯检验

克鲁斯卡尔-沃利斯检验用于检验 3 个以上的因素之间是否有显著差异。在本问题中,即检验 3 个以上因素的专家打分结果之间是否有显著差异,检验的假设可写成如下形式:

H_0:所有因素专家打分结果相同;

H_1:并非所有因素专家打分结果均相同。

克鲁斯卡尔-沃利斯检验统计量以每个样本的秩和为基础,用下式计算:

$$W = \left[\frac{12}{n_T(n_T+1)} \sum_{i=1}^{m} \frac{R_i^2}{n_i} \right] - 3(n_T+1) \tag{1}$$

式中:m 为待赋权因素的个数;n_T 为所有样本的个体总数,此处 $n_T = nm$;R_i 为因素 i 的秩和,所谓因素 i 的秩和为将所有 nm 个专家打分从小到大排序,属于第 i 个因素的 n 个分数的秩的和,某个分数的秩即该分数在这个从小到大的排序中的次序,若多个分数相同则取其平均数为秩。所有分数中最小的分数秩为 1,最大的分数秩为 nm。在各个因素的重要性相同的原假设下,W 抽样分布近似服从自由度为 $m-1$ 的卡方分布。

当 W 值大于自由度为 $m-1$ 的卡方分布的右侧 $\alpha=0.05$ 临界值时,拒绝原假设,认为各因素之间存在显著差异。

3) 曼-惠特尼-威尔科克森检验(MWW 检验)

MWW 检验是检验两个因素评分结果之间是否有显著差异的有效方法。其步骤是将多个专家对某两个因素的评分结果的混合数据从低到高进行排序,分别计算两个因素下诸评分结果的秩和,再根据两个因素各自的评分值个数 n_1 和 n_2,查 Wilcoxon 秩和检验表(见附表),确定秩和

的拒绝域上下限 T_1 和 T_2,当两因素中的秩和较小值小于 T_1 或较大值大于 T_2,则认为两因素的评分结果显著不同,否则不能认为两因素评分结果显著不同。

4) 相关系数

相关系数是表征某因素对响应变量影响程度大小的统计量,假设因素 X 对响应变量 Y 有影响,例如随着 X 的值增加,Y 有明显增加的趋势,则相关系数应为一个正数,两者的关系越接近一条直线,则相关系数的绝对值越接近 1。

设收集到因素 X 与响应变量 Y 的 s 个数据对 (x_i, y_i),相关系数 r 的求法为

$$r = \left(\sum_{i=1}^{s} (x_i - \bar{x})(y_i - \bar{y}) \right) / \sqrt{\sum_{i=1}^{s} (x_i - \bar{x})^2 \sum_{i=1}^{s} (y_i - \bar{y})^2} \qquad (2)$$

式中:r 的绝对值越大说明因素 X 与响应变量 Y 的关系越密切,因素 X 应赋以较大的重要性权重。

3. 有益效果

本发明结合主观赋权法和客观赋权法的优势,既充分利用了专家经验,又不完全依赖专家打分结果,而是利用秩和的概念,并首次结合了非参数统计假设检验和回归分析理论,增加了因素权重计算结果的稳定性和合理性,综合了主观赋权法和客观赋权法各自的优点。

该发明与现有方法相比优点如下。

(1) 由于专家打分的主观性,如果利用现有德尔菲法或统计平均法仅以专家评分结果取平均值作为权重,会因为专家的知识背景等个人因素而使最终结果有较大差异。此时,首先对所有专家的打分结果进行统计检验,只有检验结论是"因素间有显著差异"时,我们方可利用专家打分结果求权重;如果不能得出"因素间有显著差异"的结论,则认为专家的打分结果不能说明因素间有显著差异,只能采用其他客观赋权法。这样就一定程度上减少了专家评分受人为因素的影响程度。

(2) 采用秩和之比取代常规评分法中的分值比作为不同因素的重要性权重比可以增加所得权重结果的鲁棒性(权重结果随打分结果的不同而波动的程度)。由于专家评分的主观性,实际因素的重要性评分值可能与专家评分值有些出入,例如某因素 A "特别重要"对应分值 9,另一因素 B "非常重要"对应分值 6,如果按分值之比 3∶2 作为权重比,因素 B 可能被看轻,而用秩和的方法赋权只根据分值的排序(相对大小)确定权重而不看重其绝对大小,鲁棒性更好,受专家主观因素影响较小。

（3）对于检验结果无法得到因素重要性显著不同的结论时，采用基于客观数据的回归分析法求其与响应变量的相关系数，利用相关系数大小体现因素的重要性，这样可以只对一小部分因素收集试验数据，也不需要因子分析、主成分分析所需要的大样本量数据，适用于工程领域。

附图说明

图1为本权重确定方法流程图。

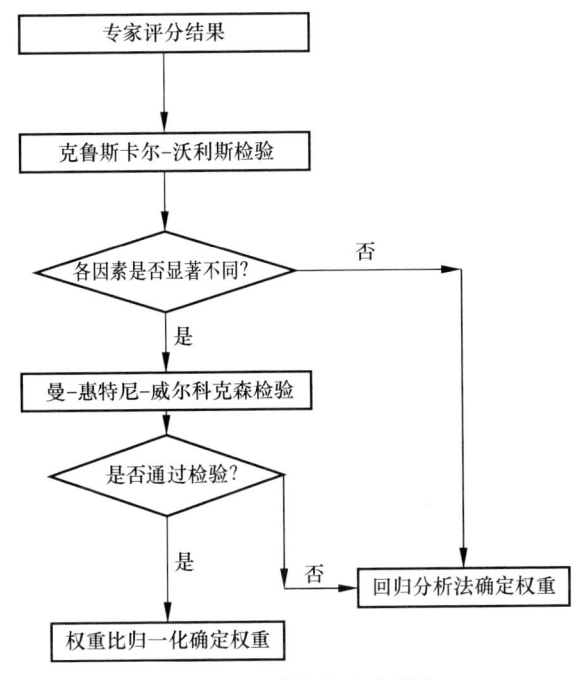

图1 权重确定方法流程图

实施方式

首先明确可能影响因变量的所有因素，假设有 m 个，分别为 A_1，…，A_m，找 n 名在相应领域有较强理论基础和工作经验的专家，对各因素对因变量的影响程度按1~9标度评分，其中1表示不重要，9表示特别重要，1~9重要性依次提高。得到评分矩阵：$C=(c_{ij})_{m \times n}$，其中 c_{ij} 是第 j 个专家对第 i 个因素重要性的评分结果。下面是确定因素权重的具体实施过程。

第一步：对收集到的评分矩阵进行统计检验，以确定各个因素的评分值之间是否有显著差异，对于 $m \geq 3$ 的情形，通过克鲁斯卡尔-沃利斯检验因素之间是否有显著差异，计算检验统计量：

$$W = \left[\frac{12}{n_T(n_T+1)}\sum_{i=1}^{m}\frac{R_i^2}{n_i}\right] - 3(n_T+1)$$

式中：m 为待赋权因素的个数；n_T 为所有样本的个体总数，此处 $n_T = nm$；R_i 为因素 i 的秩和，所谓因素 i 的秩和为将所有 nm 个专家打分从小到大排序得到向量 $c = (c_{(1)}, \cdots, c_{(mn)})$，属于第 i 个因素的 n 个分数的秩和，若多个分数相同则取其秩的平均数为秩。所有分数中最小的分数秩为 1，最大的分数秩为 nm，在各因素的重要性相同的原假设下，统计量 W 近似服从自由度为 $m-1$ 的卡方分布。

当 W 值大于自由度为 $m-1$ 的卡方分布的右侧 $\alpha = 0.05$ 临界值时，拒绝原假设，认为各因素之间存在显著差异，从而进行第二步。

第二步：将各因素的评分结果与秩和最小因素的评分结果进行 MWW 检验，确定是否可以认为参与检验的两因素之间有显著差异，检验方法如下：

将 n 个专家对某两个因素 A、B 评分得到的 $2n$ 个数据从低到高进行排序得向量 d，分别计算 A 和 B 各自 n 个评分结果在 d 中的秩和。根据 A 的评分值样本量 $n_1 = n$ 和 B 的评分值样本量 $n_2 = n$，查 Wilcoxon 秩和检验表（部分见附表），确定秩和的拒绝域上下限 T_1 和 T_2，当两因素的秩和中的较小值小于 T_1 或较大值大于 T_2 时，则认为两因素的重要性权重显著不同，否则不能认为两因素重要性权重显著不同。

在本问题中，以在所有 mn 个评分结果组成的排序向量 c 中评分值秩和最小的因素为基准，其他因素依次对其进行 MWW 检验，对与秩和最小的因素相比重要性权重显著不同的因素，为增加权重结果的鲁棒性，不采用统计平均法而采用两因素的秩和之比作为权重比，这里的秩和是某因素的 n 个评分值在所有评分值从小到大排序组成的 $m \times n$ 维向量 c 中的秩和。

设秩和最小的因素 A_i 的 n 个评分结果在 c 中的秩和为 a_i，因素 A_j 相应的秩和为 a_j，则因素 A_i 和 A_j 的权重比为 $a_i : a_j$，依次确定各因素与秩和最小因素 A_i 的权重比，得到所有因素的权重比，由权重之和为 1，进行归一化，得到各因素的权重。

若某因素 A_p 与秩和最小因素 A_i 进行 MWW 检验所得结论是两因素无显著差别，则进行第三步。

第三步：利用相关系数确定权重比。

因素 A_p 和因变量 Y 之间的相关系数，设收集到因素 A_p 与响应变量 Y 的 s 个数据对 (x_i, y_i)，相关系数 r 可用下式计算：

$$r = \left(\sum_{i=1}^{s}(x_i - \bar{x})(y_i - \bar{y})\right) \bigg/ \sqrt{\sum_{i=1}^{s}(x_i - \bar{x})^2 \sum_{i=1}^{s}(y_i - \bar{y})^2}$$

式中：r 的绝对值越大说明因素 X 与响应变量 Y 的关系越密切，因素 X 应赋以较大的重要性权重。收集两个不同因素（如温度、湿度）与响应变量（如产品寿命）的数据，分别计算两因素与响应变量的相关系数，两相关系数的绝对值之比作为两因素的权重比。

经过以上 3 步，我们总能得到不同因素的重要性权重之比，经过归一化，可以得到各因素的重要性权重。

下面以一个范例说明本发明所提出的方法。

假设 4 个因素：环境温度、湿度、振动频率和压力是对产品寿命有影响的因素，请甲、乙、丙、丁 4 位专家对 4 个因素的重要程度从最不重要到特别重要按 1~9 标度打分，得到评分矩阵如表 1 所示。

表 1 专家评分矩阵

专家\因素	温度	振动频率	湿度	压力
甲	9	6	8	3
乙	8	7	7	3
丙	9	5	5	5
丁	7	4	3	4

第一步：本问题中因素个数 $m=4$，专家数 $n=4$，样本总数 $n_T = nm = 16$，16 个评分值从小到大排序组成的向量：

$$c = (3,3,3,4,4,5,5,5,6,7,7,7,8,8,9,9)$$

温度因素 4 个评分值在 c 中的秩和为 $R_1 = 15.5 + 15.5 + 13.5 + 11 = 55.5$，同理可得 $R_2 = 31.5$，$R_3 = 33.5$，$R_4 = 15.5$，$n_i = 4$，$i = 1,2,3,4$，代入以上数值，有

$$W = \left[\frac{12}{n_T(n_T+1)} \sum_{i=1}^{m} \frac{R_i^2}{n_i}\right] - 3(n_T + 1) = 8.945$$

自由度 4−1=3 的卡方分布的右侧 $\alpha=0.05$ 分位数 $X_3^2(0.05)=7.81$，因为 8.94>7.81，所以拒绝原假设，认为各因素的重要性权重有显著差异。

第二步：本例中秩和最小的因素是压力因素，所以以压力为基准，其他 3 个因素依次与其进行 MWW 检验。

（1）看温度与压力因素，所有 8 个评分值组成的排序向量为 (3,3,4,5,7,8,9,9)，其中压力因素对应的 4 个评分值的秩和为 $1.5\times2+3+4=10$，温度因素秩和为 26，较小的秩和值为 $T=10$，查 Wilcoxon 秩和表得到 $n_1=n_2=4$ 时，拒绝域为 $T\leq12$，拒绝域为 10 落在拒绝域中，所以认为两因素之间有显著差异，两因素的权重比为

$$R_1:R_4=55.5:15.5 \qquad(3)$$

（2）振动频率与压力因素，评分值排序向量 (3,3,4,4,5,5,6,7)，压力因素对应的 4 个评分值秩和 $1.5+1.5+3.5+5.5=12$，振动频率因素秩和为 24，较小的秩和 $T=12$ 落在拒绝域中，认为两因素之间有显著差异，两因素权重比为

$$R_2:R_4=31.5:15.5 \qquad(4)$$

（3）湿度与压力因素，所有 8 个评分值组成的排序向量为 (3,3,3,4,5,5,7,8)，其中压力因素对应的 4 个评分值的秩和为 $2+2+4+5.5=13.5$，湿度因素对应的 4 个评分值的秩和为 22.5，两者中较小的秩和为 $T=13.5$，未落入拒绝域 $T\leq12$ 中，所以不能认为两组评分值之间有显著差异，转入第三步，收集数据，利用相关系数确定权重比。

经过前面两步我们知道了温度、振动频率和压力因素的权重比，经过统计检验后利用秩和之比作为权重比，克服了评分法受专家主观因素影响较大的弊端，并大大缩小了需要收集试验数据进行相关性分析的因素数量。

第三步，收集湿度数据和压力数据及相应的产品寿命数据，分别计算湿度与产品寿命的相关系数和压力与产品寿命的相关系数。湿度-寿命与压力-寿命的数据如表 2 和表 3 所示。

表 2　湿度-寿命数据表

变量＼序号	湿度 $T/℃$	寿命 W/h
1	50	10 000
2	60	12 000
3	70	13 000
4	80	12 500
5	90	16 000

表3　压力-寿命数据表

变量＼序号	压力 P/kPa	寿命 U/h
1	100	7 000
2	130	5 000
3	140	4 500
4	160	4 900
5	190	3 500

下面由式（2）计算相关系数。

湿度与寿命的相关系数：

$$r_1 = \Big(\sum_{i=1}^{s}(t_i - \bar{t})(w_i - \bar{w})\Big) \Big/ \sqrt{\sum_{i=1}^{s}(t_i - \bar{t})^2 \sum_{i=1}^{s}(w_i - \bar{w})^2} \tag{5}$$

将表2中的数据代入上式可得，$r_1 = 0.941$。

压力与寿命的相关系数：

$$r_2 = \Big(\sum_{i=1}^{s}(p_i - \bar{p})(u_i - \bar{u})\Big) \Big/ \sqrt{\sum_{i=1}^{s}(p_i - \bar{p})^2 \sum_{i=1}^{s}(u_i - \bar{u})^2} \tag{6}$$

将表3中的数据代入上式可得，$r_2 = -0.913$。

取相关系数的绝对值之比为0.941∶0.913作为湿度与压力的重要性权重之比。综合第二步得到的式（3）、（4），得到温度、振动频率、湿度、压力四因素对产品寿命的重要性权重之比为55.5∶31.5∶16∶15.5，进行归一化，得到四因素的权重向量为（0.47，0.26，0.14，0.13）。

本发明所述方法是一种将专家打分、统计推断和数据分析相结合的方法，综合了主观赋权法和客观赋权法的优点，适用于工程领域。

2.8.2　专利文件申请稿

一种适用于小子样情形的权重确定方法

技术领域

本发明涉及一种权重确定方法，具体涉及一种适用于小子样情形的权重确定方法，属于产品质量技术领域。

背景技术

权重是表示因素重要性的相对数值。在综合评价中权重可以定义为元素对于整体贡献的相对重要程度。权重的确定归为决策论范畴。

权重的确定方法主要有两大类：主观赋权法、客观赋权法。主观赋权法是决策者根据自己的经验及对各属性的主观重视程度进行赋权的方法，主要有点估计法（统计平均法）、判断矩阵法（两两比较法、优先次序矩阵法）、层次分析法、德尔菲法等。客观法指单纯利用属性的客观信息确定权重的方法，主要有熵值法（熵权信息法）、变异系数法、主成分分析法等。

主观赋权法是由专家根据自己的经验和对实际的判断给出的，选取的专家不同，得到的权重就不同。该方法的优点是专家可根据实际问题，较为合理地确定各分量的重要性，且操作较为简便，不受各因素的样本量限制，在数据量不足时有优势。但该类方法的缺点也是明显的，专家评分统计平均法（德尔菲法）和因果矩阵法没有应用科学的统计分析和假设检验方法，主观随意性大，且并未因增加专家数量和仔细选取专家而得到根本改善，故在个别情况下采用主观赋权可能与实际情况存在较大的差异；而层次分析法虽然对多个因素的专家评分结果进行了一致性检验，但需要对所有因素两两之间进行重要性比较，在需要赋权的因素较多时，这种评分方法难度较大，可信度较差，不如直接让专家按1~9标度打分，但目前按1~9标度打分确定重要性权重的德尔菲法和因果矩阵法都直接对专家评分结果进行相加和平均，没有对评分结果进行统计检验，受专家主观因素影响过大。

客观赋权法的原始数据来源于各指标的实际数据，具有绝对的客观性。但在航天领域中，有时会因为所取样本不够大或不够充分，最重要的分量不一定具有最大的权重，不重要的分量却可能具有较大的权重，且当要考虑的因素较多时，客观赋权法收集数据的工作量太大，不现实，最好先筛选出需要收集数据的因素，从而提高工作效率。

在实际确定指标权重的过程中，可以将主观赋权法和客观赋权法的优势结合起来，称之为组合赋权法，这种组合赋权法在工程上可操作性不强。

发明内容

有鉴于此，本发明提供了一种适用于小子样情形的权重确定方法，应用非参数统计和回归分析等统计方法进行影响产品质量诸因素的重要性权重的确定，在航天领域中，可以用来确定影响航天产品质量的关键特性。

一种适用于小子样情形的权重确定方法，具体步骤如下：

确定影响产品质量的所有因素，假设有 m 个，分别为 A_1，…，A_m，有 n 个专家分别根据每个因素对产品质量的影响程度按 1~9 标度评分，其中 1 表示不重要，9 表示特别重要，1~9 重要性依次提高，得到评分矩阵 $C=(c_{ij})_{m\times n}$，其中 c_{ij} 是第 j 个专家对第 i 个因素重要性的评分结果；

第一步：对收集到的评分矩阵进行克鲁斯卡尔-沃利斯统计检验，以确定每个因素的评分值之间是否有显著差异，对于 $m\geq 3$ 的情形，通过克鲁斯卡尔-沃利斯检验判断每个因素之间是否有显著差异，并根据式（1）计算检验统计量：

$$W = \left[\frac{12}{n_T(n_T+1)}\sum_{i=1}^{m}\frac{R_i^2}{n_i}\right] - 3(n_T+1) \tag{1}$$

式中：n_T 为所有评分的总个数，此处为 $n\times m$；n_i 为因素 i 的评分数；R_i 为因素 i 中各评分值的秩和。

当 W 值大于自由度为 $m-1$ 的卡方分布 $\alpha=0.05$ 的临界值时，则认为各因素之间存在显著差异，执行第二步；否则认为各因素之间没有显著差异，执行第三步；

第二步：将各因素的评分结果依次与秩和最小因素的评分结果进行曼-惠特尼-威尔科克森检验，确定参与检验的两因素之间是否有显著差异，检验方法如下：

①设秩和最小因素为 A_i，选择一个因素设为 A_j，将 n 个专家对两个因素评分得到的 $2n$ 个数据从低到高进行排序得向量 $\boldsymbol{d}$，分别计算两个因素各自的 n 个评分结果在 $\boldsymbol{d}$ 中的秩和；

②根据因素 A_i 的评分值样本量 $n_1=n$ 和因素 A_j 的评分值样本量 $n_2=n$，通过查询 Wilcoxon 秩和检验表，确定秩和的拒绝域下限 T_1 和上限 T_2；

③当第①步得到两因素的秩和中的较小值小于 T_1 或较大值大于 T_2 时，认为两因素的重要性权重显著不同，则执行第④步；否则不能认为两因素重要性权重显著不同，则执行第三步，利用回归分析中的相关系数确定权重比；

④设秩和最小的因素 A_i 的 n 个评分结果在 c 中的秩和为 a_i，因素 A_j 相应的秩和为 a_j，则得到两个因素的权重比为 $a_i:a_j$；

⑤循环第①~④步依次将其他因素的评分结果与秩和最小因素 A_i 的评分结果进行检验，直到所有因素都检验完；

第三步：针对第二步检验后重要性权重没有显著不同的两个因素设为 A_i 和 A_p，利用两个因素和因变量 Y 之间的相关系数确定权重比，具体为：

设收集到因素 A_i 与因变量 Y 的 s 个数据对 (x_i, y_i)，则相关系数 r 可表示为

$$r_i = \left(\sum_{i=1}^{s}(x_i-\bar{x})(y_i-\bar{y})\right) \Big/ \sqrt{\sum_{i=1}^{s}(x_i-\bar{x})^2 \sum_{i=1}^{s}(y_i-\bar{y})^2} \qquad (2)$$

式中：$\bar{x}$ 和 $\bar{y}$ 为 s 个数据对 (x_i, y_i) 中 x 和 y 的平均值；

同理，求得因素 A_p 和因变量 Y 之间的相关系数 r_p，两个相关系数的绝对值之比作为两因素的权重比；

第四步：由于所有因素的权重之和为1，将得到的所有因素的权重比进行归一化，则得到每个因素的权重。

有益效果

（1）由于专家打分的主观性，如果利用现有德尔菲法或统计平均法仅以专家评分结果取平均值作为权重，会因为专家的知识背景等个人因素而使最终结果有较大差异。此时，首先对所有专家的打分结果进行统计检验，只有检验结论是"因素间有显著差异"时，方可利用专家打分结果求权重；如果不能得出"因素间有显著差异"的结论，则认为专家的打分结果不能说明因素间有显著差异，只能采用其他客观赋权法。这样就一定程度上减少了专家评分受人为因素的影响程度。

（2）采用秩和之比取代常规评分法中的分值比作为不同因素的重要性权重比可以增加所得权重结果的鲁棒性（权重结果随打分结果的不同而波动的程度），由于专家评分的主观性，实际因素的重要性评分值可能与专家评分值有些出入，如某因素 A"特别重要"对应分值9，另一因素 B"非常重要"对应分值6，如果按分值之比 3:2 作为权重比，因素 B 可能被看轻。而用秩和的方法赋权只根据分值的排序（相对大小）确定权重而不看重其绝对大小，稳定性更好，受专家主观因素影响较小。

（3）对于检验结果无法得到因素重要性显著不同的结论时，采用基于客观数据的回归分析法求其与响应变量的相关系数，利用相关系数大小体现因素的重要性，这样可以只对一小部分因素收集试验数据，也不需要因子分析、主成分分析所需要的大样本量数据，适用于工程领域。

附图说明

图1为本发明适用于小子样情形的权重确定方法的流程图。

具体实施方式

下面结合附图并举实施例,对本发明进行详细描述。

如图1所示,本发明提供了一种适用于小子样情形的权重确定方法,该权重确定方法具体步骤如下。

确定影响因变量的所有因素,假设有 m 个,分别为 A_1,…,A_m,有 n 个专家分别根据每个因素对因变量的影响程度按1~9标度评分,其中1表示不重要,9表示特别重要,1~9重要性依次提高,得到评分矩阵 $C = (c_{ij})_{m \times n}$,其中 c_{ij} 是第 j 个专家对第 i 个因素重要性的评分结果。

第一步:对收集到的评分矩阵进行克鲁斯卡尔-沃利斯统计检验,以确定每个因素的评分值之间是否有显著差异,对于 $m \geq 3$ 的情形,通过克鲁斯卡尔-沃利斯检验判断每个因素之间是否有显著差异,并根据下式计算检验统计量:

$$W = \left[\frac{12}{n_T(n_T+1)} \sum_{i=1}^{m} \frac{R_i^2}{n_i} \right] - 3(n_T + 1) \qquad (1)$$

式中:n_T 为所有评分的总个数,此处为 $n \times m$;n_i 为因素 i 的评分数;R_i 为因素 i 中各评分值的秩和,所谓因素 i 的秩和为将所有 $n \times m$ 个专家打分从小到大排序得到向量 $\boldsymbol{c} = (c(1), \cdots, c(m \times n))$,计算第 i 个因素的 n 个评分的秩和,评分的秩即为评分在 $\boldsymbol{c}$ 中的位置序号,如对于评分 x 来说,$\boldsymbol{c}$ 中有多个 x,则将所有 x 的位置序号平均值作为 x 的秩;所有评分值中最小的评分秩为1,最大的评分秩为 $n \times m$,在各因素的重要性相同的原假设下,统计量 W 近似服从自由度为 $m-1$ 的卡方分布。

当 W 值大于自由度为 $m-1$ 的卡方分布 $\alpha = 0.05$ 的临界值时,则认为各因素之间存在显著差异,执行第二步;否则认为各因素之间没有显著差异,执行第三步。

第二步:将各因素的评分结果依次与秩和最小因素的评分结果进行曼-惠特尼-威尔科克森检验(MWW)检验,确定参与检验的两因素之间是否有显著差异,检验方法如下。

①设秩和最小因素为 A_i,选择一个因素设为 A_j,将 n 个专家对两个因素评分得到的 $2n$ 个数据从低到高进行排序得向量 $\boldsymbol{d}$,分别计算两个因素各自的 n 个评分结果在 $\boldsymbol{d}$ 中的秩和。

②根据因素 A_i 的评分值样本量 $n_1 = n$ 和因素 A_j 的评分值样本量 $n_2 = n$,通过查询 Wilcoxon 秩和检验表,确定秩和的拒绝域下限 T_1 和上限 T_2。

③当第①步得到两因素的秩和中的较小值小于 T_1 或较大值大于 T_2 时,则认为两因素的重要性权重显著不同,则执行第④步;否则不能认为两因素重要性权重显著不同,则执行第三步,利用回归分析中的相关系数确定权重比。

④设秩和最小的因素 A_i 的 n 个评分结果在 c 中的秩和为 a_i,因素 A_j 相应的秩和为 a_j,则得到两个因素的权重比为 $a_i : a_j$。

⑤循环第①~④步依次将其他因素的评分结果与秩和最小因素 A_i 的评分结果进行检验,直到所有因素都检验完。

上述中,以在所有 $m \times n$ 个评分结果组成的排序向量 c 中评分值秩和最小的因素为基准,其他因素依次与其进行 MWW 检验,对与秩和最小的因素相比重要性权重显著不同的因素,为增加权重结果的鲁棒性,不采用统计平均法而采用两因素的秩和之比作为权重比,这里的秩和是某因素的 n 个评分值在所有评分值从小到大排序组成的 $m \times n$ 维向量 c 中的秩和。

第三步:针对第二步检验后重要性权重没有显著不同的两个因素设为 A_i 和 A_p,利用两个因素和因变量 Y 之间的相关系数确定权重比,具体为:

设收集到因素 A_i 与因变量 Y 的 s 个数据对 (x_i, y_i),则相关系数 r 可表示为

$$r_i = \left(\sum_{i=1}^{s}(x_i - \bar{x})(y_i - \bar{y})\right) / \sqrt{\sum_{i=1}^{s}(x_i - \bar{x})^2 \sum_{i=1}^{s}(y_i - \bar{y})^2} \quad (2)$$

式中:$\bar{x}$ 和 $\bar{y}$ 为 s 个数据对 (x_i, y_i) 中 x 和 y 的平均值。

同理,求得因素 A_p 和因变量 Y 之间的相关系数 r_p,两个相关系数的绝对值之比作为两因素的权重比。

r 的绝对值越大说明因素与因变量 Y 的关系越密切,即该因素应赋以较大的重要性权重。

第四步:由于所有因素的权重之和为 1,将得到的所有因素的权重比进行归一化,则得到每个因素的权重。

下面以一个范例说明本发明所提出的方法。

假设 4 个因素:环境温度、湿度、振动频率和压力是对产品寿命有影响的因素,请甲、乙、丙、丁 4 位专家对 4 个因素的重要程度从最不重要到特别重要按 1~9 标度打分,得到评分矩阵如表 1 所示。

表 1 专家评分矩阵

专家 因素	温度	振动频率	湿度	压力
甲	9	6	8	3
乙	8	7	7	3
丙	9	5	5	5
丁	7	4	3	4

第一步：本例中因素个数 $m=4$，专家数 $n=4$，评分总数 $n_T = n \times m = 16$，16 个评分值从小到大排序组成的向量为

$$c = (3, 3, 3, 4, 4, 5, 5, 5, 6, 7, 7, 7, 8, 8, 9, 9)$$

温度因素 4 个评分值在 c 中的秩和为 $R_1 = 15.5 + 15.5 + 13.5 + 11 = 55.5$，9 在 c 中的位置序号为 15 和 16，即 9 的秩为 $\frac{15+16}{2} = 15.5$，8 在 c 中的位置序号为 13 和 14，即 8 的秩为 $\frac{13+14}{2} = 13.5$，7 在 c 中的位置序号为 10、11 和 12，即 7 的秩为 $\frac{10+11+12}{3} = 11$，同理可得 $R_2 = 31.5$，$R_3 = 33.5$，$R_4 = 15.5$，$n_i = 4$，$i = 1, 2, 3, 4$，将以上数值代入式 (1)，得到 $W = 8.945$。

自由度 $4-1=3$ 的卡方分布的右侧 $\alpha = 0.05$ 分位数 $X_3^2(0.05) = 7.81$，因为 8.94 > 7.81，即认为各因素的重要性权重有显著差异。

第二步：从表 1 中可以看出秩和最小的因素是压力因素，所以以压力为基准，其他三个因素依次与其进行 MWW 检验。

（1）将温度与压力因素进行检验，则所有 8 个评分值组成的排序向量为 (3, 3, 4, 5, 7, 8, 9, 9)，其中压力因素对应的 4 个评分值的秩和为 $1.5 \times 2 + 3 + 4 = 10$，温度因素秩和为 26，较小的秩和值为 $T = 10$，当 $n_1 = n_2 = 4$ 时查 Wilcoxon 秩和表得到拒绝域为 $T \leq 12$，拒绝域为 10 落在拒绝域中，所以认为两因素之间有显著差异，两因素的权重比为

$$R_1 : R_4 = 55.5 : 15.5 \tag{3}$$

（2）将振动频率与压力因素进行检验，评分值排序向量为 (3, 3, 4, 4, 5, 5, 6, 7)，压力因素对应的 4 个评分值秩和 $1.5 + 1.5 + 3.5 + 5.5 = 12$，振动频率因素秩和为 24，较小的秩和 $T = 12$ 落在拒绝域中，认为两因素之间有显著差异，两因素权重比为

$$R_2 : R_4 = 31.5 : 15.5 \tag{4}$$

（3）将湿度与压力因素进行检验，评分值的排序向量为（3，3，3，4，5，5，7，8），压力因素对应的4个评分值的秩和为 $2+2+4+5.5=13.5$，湿度因素对应的4个评分值的秩和为22.5，两者中较小的秩和为 $T=13.5$，未落入拒绝域 $T \leq 12$ 中，所以不能认为两组评分值之间有显著差异，转入第三步。

经过上述第一步和第二步我们知道了温度、振动频率和压力因素的权重比，经过统计检验后利用秩和之比作为权重比，克服了评分法受专家主观因素影响较大的弊端，并大大缩小了需要收集试验数据进行相关性分析的因素数量。

第三步：收集湿度数据和压力数据及相应的产品寿命数据，分别计算湿度与产品寿命的相关系数、压力与产品寿命的相关系数，如表1和表2所示。

表2　湿度-寿命数据表

序号 \ 变量	湿度 T/℃	寿命 W/h
1	50	10 000
2	60	12 000
3	70	13 000
4	80	12 500
5	90	16 000

表3　压力-寿命数据表

序号 \ 变量	压力 P/kPa	寿命 U/h
1	100	7 000
2	130	5 000
3	140	4 500
4	160	4 900
5	190	3 500

根据式（2）计算湿度、压力和寿命的相关系数，分别为 $r_1 = 0.941$，$r_2 = -0.913$。

取相关系数的绝对值之比为 $0.941 : 0.913$ 作为湿度与压力的重要性权重之比。综合第二步得式（3）和式（4），得到温度、振动频率、湿度、压力4个因素对产品寿命的重要性权重之比为 $55.5 : 31.5 : 16 : 15.5$，进行归一化，得到4个因素的权重向量为（0.47，0.26，0.14，0.13）。

> 上述所述的方法是一种将专家打分、统计推断和数据分析相结合的方法，综合了主观赋权法和客观赋权法的优点，适用于工程领域。
> 　　以上仅为本发明的较佳实施例而已，并非用于限定本发明的保护范围。凡在本发明的精神和原则之内所作的任何修改、等同替换、改进等，均应包含在本发明的保护范围之内。
> 　　（说明书附图省略）

2.8.3　解析

《专利法》第二条规定：实用新型，是对产品、方法或者其改进所提出的新的技术方案。即实用新型只保护产品，有关方法的发明创造只能申报发明专利。

《专利法》第二条规定：发明，是对产品、方法或者其改进所提出的新的技术方案，本申请涉及一种小子样情形的权重确定方法，该申请虽然是对方法及其改进所提出的新的技术方案，但该方法用于对影响产品质量的诸多因数的重要性进行权重的确定，其实质为对产品的质量进行改进，因此属于机械领域常见的方法专利。由此可见，在机械专利实务方面，不能仅仅考虑有关产品的发明创造，还应学会对有关方法发明创造的理解和撰写。

具体到本申请的技术交底书，在形式上，从技术领域、背景技术、发明内容、附图说明到具体实施方式均对该方法进行了介绍；但存在以下问题。

(1)《专利法实施细则》第十七条第（二）项规定：背景技术：写明对发明或者实用新型的理解、检索、审查有用的背景技术；有可能的，并引证反映这些背景技术的文件。在《专利审查指南》第二部分第二章 2.2.3 节对说明书背景技术的撰写要求进行了详细的描述。在背景技术中引证非专利文件时，不能仅简单地写出该文件的标题和出处，如 宋光兴，邹平. 多属性群决策中决策者权重的确定方法. 系统工程, 2001, 19 (4)：83-89 等；应当对所引证文件中涉及申请的内容进行简单的介绍，以便于审查员对专利申请的理解和检索。同时，"本发明要解决的技术问题"部分应记载在说明书的发明内容部分，而不是背景技术中。

(2)《专利法实施细则》第十七条第（三）项规定：发明内容：写明发明或者实用新型所要解决的技术问题以及解决其技术问题所采用的技术方案；并对照现有技术写明发明或者实用新型的有益效果。本申请技术交底书的发明内容在形式上符合该要求，包含了技术问题、技术方案和有益效果 3 个部分。但是，《专利法实施细则》第十七条第（三）项所说的写明发明或者实用新型解决其技术问题所采用的技术方案是指清楚、完整地描述发明或实用新型解决其技术问题所采取的技术方案的技术特征。在技术方案这一部分，至少应反映包含全部必要技术特征的技术方案。必要技术特征是指，发明或实用新型为解决其技术问题所不可缺少的技术特征，其总和足以构成发明或实用新型的技术方案，使之区别于背景技术中所述的其他技术方案。

本申请的"适用于小子样情形的权重确定方法"包括4个步骤，但技术交底书中没有对每步内容进行清楚完整的介绍，如第一步中记载有"当检验结论是因素之间有显著差异时，转入第二步，否则转入第三步"，但本领域技术人员不清楚什么情况认为各因素之间有显著差异，什么情况下认为各因素之间没有显著差异。第二步中记载有"利用MWW检验确定重要性显著不同的因素对（A_i，A_j）"，但本领域技术人员不清楚如何采用MWW进行检验。第三步中没有记载如何确定权重比。通过技术交底书中记载的技术方案，所属技术领域的技术人员不能实现该发明。该技术交底书中在对该方法所采用的四个步骤进行笼统的介绍后，又分别对步骤中所用到的"秩和""MWW检验""克鲁斯卡尔-沃利斯检验"进行了介绍，但上述3个概念明显是现有技术，且说明书中对这3个概念的介绍内容也是现有技术，没有与本发明的技术方案相结合，本发明所要保护的技术方案应是如何将上述概念运用到权重确定的流程中，最终实现对各因数权重的确定。同时，发明内容中不能出现"本权重确定方法的流程图如图1所示"的字句。

（3）有附图的，在附图说明书部分应当写明各附图的图名，而具体的流程图应当作为说明书附图，不能将附图直接放在说明书的附图说明部分。

通过技术交底书中的内容可知，本发明所要解决的技术问题是：提供一种适用于小子样情形的权重确定方法，应用非参数统计和回归分析等统计方法进行影响产品质量诸因素的重要性权重的确定，在航天领域中，可以用来确定影响航天产品质量的关键特性。因此，在技术方案中应写明该方法的具体步骤，使所属技术领域的技术人员通过该步骤能够解决其技术问题。具体为：在技术方案中详细描述如何对确定影响产品质量的所有因素进行分析，最终确定每个因素的权重。如代理人撰写的申请文件中记载的。

第一步：对收集到的评分矩阵进行克鲁斯卡尔-沃利斯统计检验，以确定每个因素的评分值之间是否有显著差异。由于克鲁斯卡尔-沃利斯统计检验为所属技术领域技术人员的公知常识，可以不必详述如何进行克鲁斯卡尔-沃利斯统计检验；但对检验统计量的分析是本申请所特有的，因此应详述其分析过程及结果"当W值大于自由度为$m-1$的卡方

分布 $\alpha=0.05$ 的临界值时，则认为各因素之间存在显著差异，执行第二步；否则认为各因素之间没有显著差异，执行第三步"。

第二步是将各因素的评分结果依次与秩和最小因素的评分结果进行曼-惠特尼-威尔科克森检验，确定参与检验的两因素之间是否有显著差异。虽然曼-惠特尼-威尔科克森检验是现有技术，但具体怎样对本申请中的各因素进行曼-惠特尼-威尔科克森检验不是所属技术领域技术人员的公知常识，因此应当详述其检验方法。

第三步是针对第二步检验后重要性权重没有显著不同的两个因素设为 A_i 和 A_p，利用两个因素和因变量 Y 之间的相关系数确定权重比，详述确定权重比的具体方法。

第四步是通过归一化，则得到每个因素的权重；而归一化处理是所属技术领域技术人员的公知常识，因此不必详述。

通过上述步骤，便可清楚、完整地描述该发明，所属技术领域的技术人员依据该步骤能够实现其发明。

2.9 案例9 一种液压凿岩机的凿岩控制系统

2.9.1 技术交底书

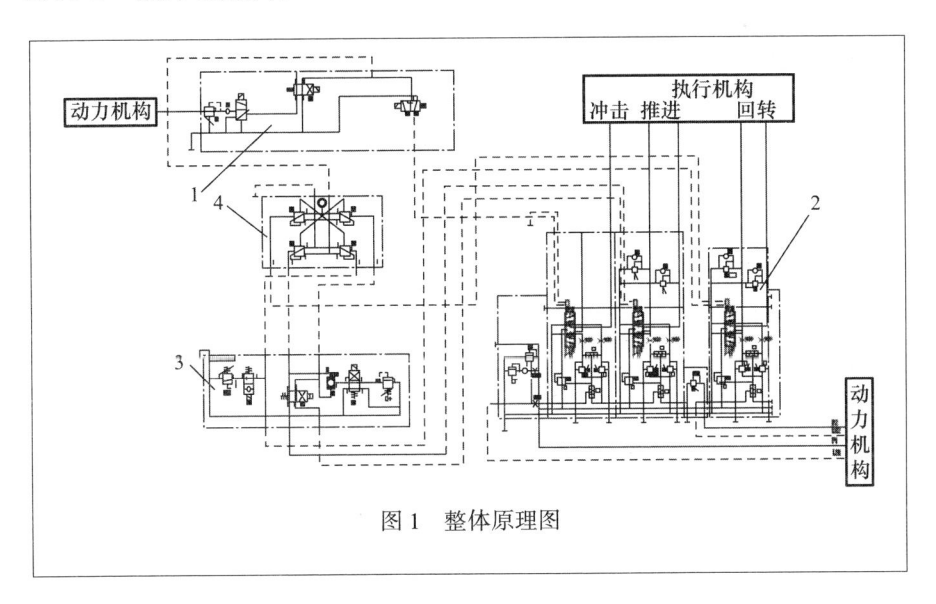

图 1 整体原理图

图 2 先导油源块的原理图

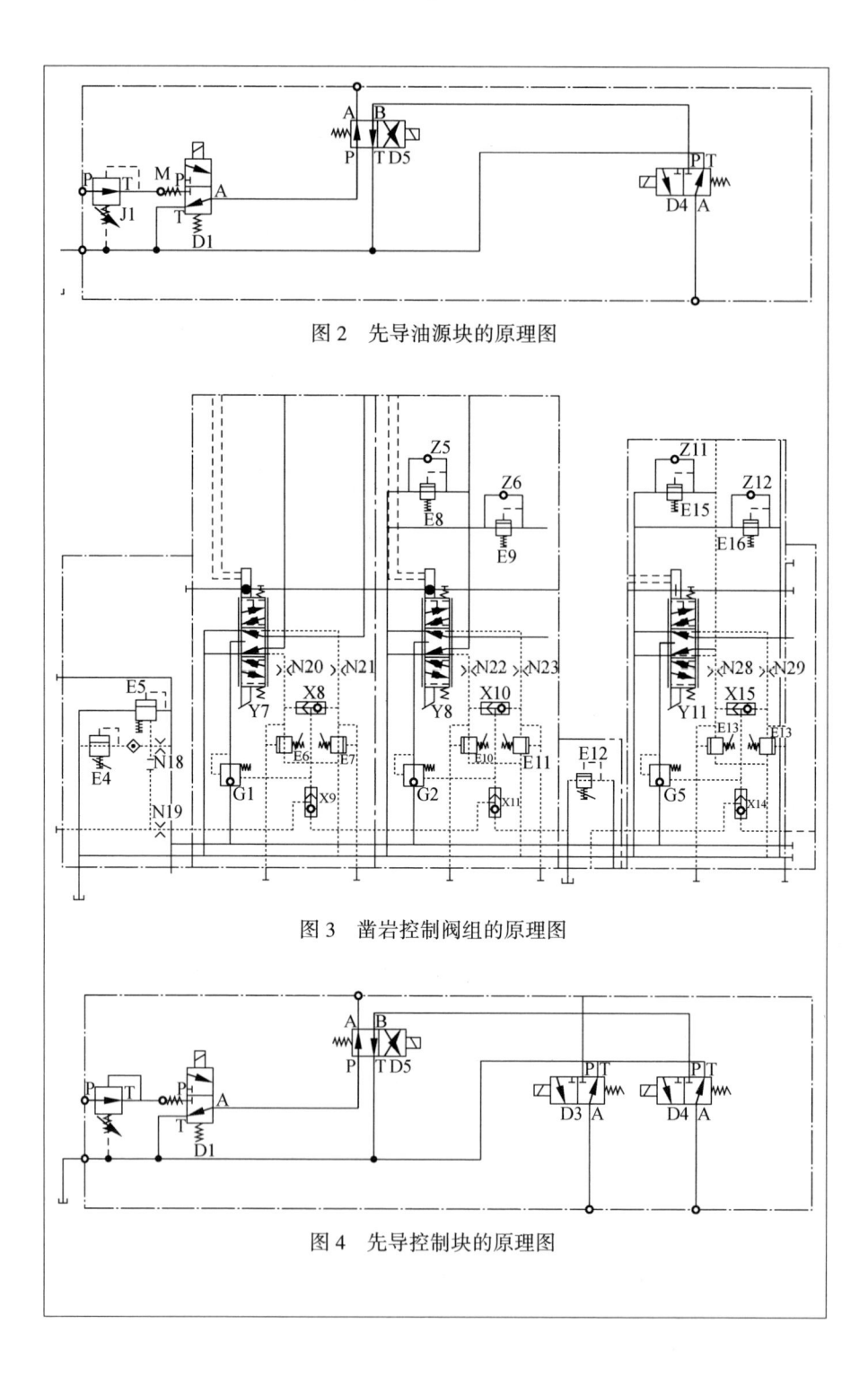

图 3 凿岩控制阀组的原理图

图 4 先导控制块的原理图

图 5　先导阀的原理图

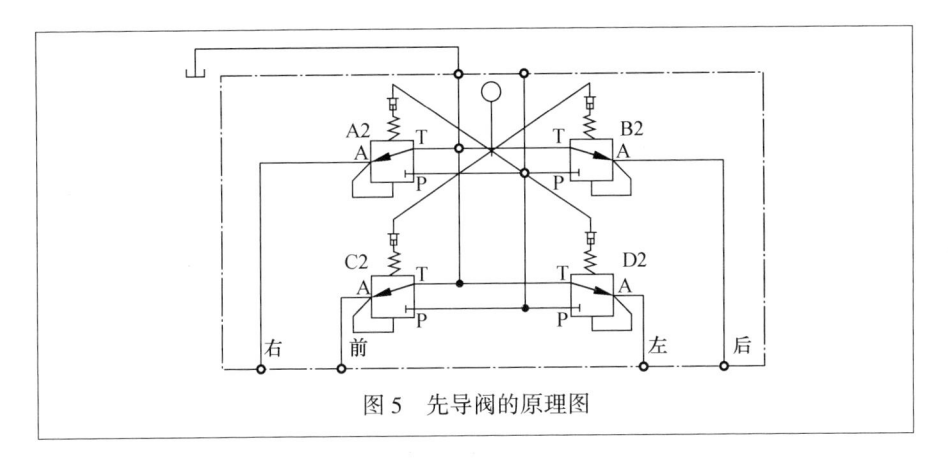

2.9.2　专利文件申请稿

一种液压凿岩机的凿岩控制系统

技术领域

本发明涉及一种控制系统，具体涉及一种液压凿岩机的凿岩控制系统，属于液压控制领域。

背景技术

液压凿岩机广泛应用于矿山采掘、隧道掘进和工程建筑领域，国内外对于凿岩机自动控制系统的研究也越来越多。凿岩控制系统是凿岩机的重要组成部分，在现有技术中，凿岩控制系统较复杂且其自动化程度不高，造成了控制成本增加和控制精度不高的问题，同时也给凿岩机的操作人员带来不便。

发明内容

本发明提供了一种液压凿岩机的凿岩控制系统，能够通过一只手柄控制凿岩机的推进、冲击及回转。

一种液压凿岩机的凿岩控制系统，该凿岩控制系统包括动力机构、执行机构、先导油源块、凿岩控制阀组、先导控制块、先导阀。其中，动力机构包括 3 只负载敏感控制的变量泵，变量泵上有压力口 P、P1、P2 和负载敏感控制口 LS1、LS2，根据负载敏感控制口 LS1、LS2 反馈的负载所需压力，驱动变量泵的动力口 P1、P2 提供所需压力油；

先导油源块包括 3 个电磁换向阀 D1、D4、D5，先导油源块接受动力机构提供的压力油，减压后给其他阀组提供控制压力油，且电磁换向阀 D4 给凿岩控制阀组的液控换向阀提供先导控制信号。

凿岩控制阀组包括两只过载溢流阀、三联液控换向阀、3个压力补偿阀、6个限制AB压力的LS限压阀、4只AB口压力缓冲补油阀。一旦负载压力超过设定值，过载溢流阀开启，让一部分泵流量直接回油箱。三联液控换向阀的先导控制口接收来自先导油源块、先导控制块及先导阀的先导控制压力信号，并根据该控制信号分别控制执行机构，实现冲击、推进及回转。压力补偿阀无论负载变化，还是其他模块并联同时驱动，能够维持主阀芯的压降不变，同时工作互不干涉。4只AB口压力缓冲补油阀用于在过载或产生气隙时保护各执行机构。

先导控制块包括3个电磁换向阀、两只溢流阀、一只梭阀，先导控制块接受来自先导阀提供的压力油，并给凿岩控制阀组的液控换向阀提供先导控制信号。

先导阀包括4个减压阀芯和一只手柄，手柄的推动方向控制四个减压阀芯的通断，且手柄偏移的角度控制减压阀输出压力大小。先导阀接受来自先导油源块提供的先导力油并给先导控制块提供压力油，先导阀还给凿岩控制阀组的液控换向阀提供先导控制信号。

所述的先导油源块中电磁换向阀D1、D4均为二位三通电磁换向阀，电磁换向阀D5为二位四通电磁换向阀；电磁换向阀D1的工作口D1-P与动力机构的动力口P连通的油路上串联一个减压阀J1和一个弹簧复位单向阀M，电磁换向阀D1的工作口D1-A与电磁换向阀D5的工作口D5-P连通，电磁换向阀D5的工作口D5-B分别和电磁换向阀D4-P及先导阀的进油口连通，电磁换向阀D5的工作口D5-B分别与先导阀中减压阀A2、B2、C2、D2的工作口A2-P、B2-P、C2-P、D2-P连通。

所述的凿岩控制阀组包括三位液控换向阀Y7、Y8、Y11，先导溢流阀E4，过载溢流阀E5、E12，LS限压阀E6、E7、E10、E11、E13、E14，缓冲阀E8、E9、E15、E16，节流阀N18、N19、N20、N21、N22、N23、N28、N29，压力补偿阀G1、G2、G5，补油阀Z5、Z6、Z11、Z12，梭阀X8、X9、X10、X11、X14、X15。其中：

液控换向阀Y7的工作口Y7-A和Y7-B分别与工作口Y7-X1和Y7-X2在液压换向阀Y7内部连通，工作口Y7-B与执行机构连通；工作口Y7-X1和Y7-X2所在油路上分别经过节流阀N20、LS限压阀E6和节流阀N21、LS限压阀E7后与油箱连通，梭阀X8的一个进油口接在节流阀N20和LS限压阀E6之间，梭阀X8的另一个进油口接在节流N21和LS限压阀E7之间，梭阀X8的出油口接在梭阀X9的一个进油口上，压力补偿阀 G1 串联在动力机构的动力口 P1 和液压换向阀 Y7 的工作口 Y7-P 之间，压力补偿阀 G1 的控制口接在梭阀 X8 和梭阀 X9 之间，梭阀 X9 的出油口所在油路串接节流阀 N19 后与动力机构的负载敏感控制口 LS1 连通。

液控换向阀 Y8 的工作口 Y8-A 和 Y8-B 分别与工作口 Y8-X1 和 Y8-X2 在液压换向阀 Y8 内部连通，工作口 Y8-A 和 Y8-B 与执行机构连通；补油阀 Z5 和缓冲阀 E8 并联后串接在工作口 Y8-A 和执行机构之间，补油阀 Z6 和缓冲阀 E9 并联后串接在工作口 Y8-B 和执行机构之间；工作口 Y8-X1 和 Y8-X2 所在油路上分别经过节流阀 N22、LS 限压阀 E10 和节流阀 N23、LS 限压阀 E11 后与油箱连通，梭阀 X10 的出油口接在梭阀 X11 的一个进油口上，压力补偿阀 G2 串联在动力机构的动力口 P1 和液压换向阀 Y8 的工作口 Y8-P 之间，压力补偿阀 G2 的控制口接在梭阀 X10 和梭阀 X11 之间，梭阀 X11 的出油口所在油路串接梭阀 X9 后与动力机构的负载敏感控制口 LS1 连通。

液控换向阀 Y11 的工作口 Y11-A 和 Y11-B 分别与工作口 Y11-X1 和 Y11-X2 在液压换向阀 Y11 内部连通，工作口 Y11-A 和 Y11-B 与执行机构连通；补油阀 Z11 和缓冲阀 E15 并联后串接在工作口 Y11-A 和执行机构之间，补油阀 Z12 和缓冲阀 E16 并联后串接在工作口 Y11-B 和执行机构之间；工作口 Y11-X1 和 Y11-X2 所在油路上分别经过节流阀 N28、LS 限压阀 E13 和节流阀 N29、LS 限压阀 E14 后与油箱连通，梭阀 X15 的出油口接在梭阀 X14 的一个进油口上，压力补偿阀 G5 串联在动力机构的动力口 P2 和液压换向阀 Y11 的工作口 Y11-P 之间，压力补偿阀 G5 的控制口接在梭阀 X15 和梭阀 X14 之间，梭阀 X14 的出油口所在油路与负载敏感控制口 LS2 连通。

过载溢流阀 E12 的进油口并接在压力口 P2，P2 油路系统超压时过载溢流阀 E12 溢流与油箱连通；溢流阀 E5 的进油口并接在压力口 P1，过载溢流阀 E5 与先导溢流阀 E4 并联，P1 油路系统超压时过载溢流阀 E5 溢流与油箱连通。

先导阀的四个换向阀 A2、B2、C2、D2 均为可自动复位且带比例调节的减压阀，手柄向前推时，换向阀 C2 导通；手柄向后推时，换向阀 B2 导通；手柄向左推时，换向阀 D2 导通；手柄向右推时，换向阀 A2 导通。先导阀中换向阀 A2、B2、C2、D2 的工作口 A2-P、B2-P、C2-P、D2-P 分别与电磁换向阀 D5 的工作口 D5-B（先导油源）连通，换向阀 A2 的工作口 A2-A 与凿岩控制阀组中液控换向阀 Y11 的先导控制口 Y11-d2 连通，换向阀 B2 的工作口 B2-A 接在先导控制块中电磁换向阀 D6 的工作口 D6-T 和梭阀 X16 的 B 进油口连通，换向阀 C2 的工作口 C2-A 接在电磁换向阀 D6 的工作口 D6-P 和梭阀 X16 的 A 油口连通，换向阀 D2 的工作口 D2-A 与电磁换向阀 D9 的工作口 D9-连通。

先导控制块包括溢流阀 E17、溢流阀 E18、二位四通电磁换向阀 D6、二位四通电磁换向阀 D7、二位二通电磁换向阀 D9 及梭阀 X16。其中，电磁换向阀 D9 的出油口所在油路串联溢流阀 E17 后与油箱连通，电磁换向阀 D6 的工作口 D6-P 与梭阀 X16 的一个进油口连通，电磁换向阀 D6 的工作口 D6-Y 与梭阀 X16 的另一个进油口连通，梭阀 X16 的出油口与电磁换向阀 D7 的工作口 D7-P 连通，电磁换向阀 D7 的工作口 D7-A 所在油路串联溢流阀 E18 后与油箱连通；电磁换向阀 D9 的工作口 D9-P 与凿岩控制阀组中液控换向阀 Y11 的先导控制口 Y11-d1 连通，电磁换向阀 D6 的工作口 D6-A 与凿岩控制阀组中液控换向阀 Y8 的先导控制口 Y8-d2 连通，电磁换向阀 D6 的工作口 D6-B 与凿岩控制阀组中液控换向阀 Y8 的先导控制口 Y8-d1 连通。

有益效果

（1）本发明通过先导阀上手柄前后左右的偏置，并与先导控制块实现凿岩机的推进、冲击及回转各种组合动作，简化了控制操作程序，方便操作手操作。

（2）本发明采用压力补偿和负载敏感控制对执行机构的压力油进行优先选通并行控制，将压力较大的一路反馈至变量泵的负载敏感控制口，使变量泵能根据负载需求并行提供压力和流量，从而避免浪费，降低了能耗。

附图说明

图 1 为本发明一种液压凿岩机的凿岩控制系统原理图；
图 2 为本发明先导油源块原理图；
图 3 为本发明凿岩控制阀组原理图；
图 4 为本发明先导控制块原理图；
图 5 为本发明先导阀原理图。

图中：1—先导油源块；2—凿岩控制阀组；3—先导控制块；4—先导阀

具体实施方式

下面结合附图并举实施例，对本发明进行详细描述。

如图 1 所示，本发明提供了一种液压凿岩机的凿岩控制系统，该凿岩控制系统包括动力机构、执行机构、先导油源块 1、凿岩控制阀组 2、先导控制块 3、先导阀 4。其中，动力机构包括三只负载压力敏感控制的变量泵，变量泵上有动力口 P、P1、P2 和压力敏感控制口 LS1、LS2，根据压力敏感控制口 LS1、LS2 测量的负载所需的动力油压力，驱动变量泵的动力口 P1、P2 提供所需压力油。

如图 2 所示，先导油源块 1 包括 3 个电磁换向阀 D1、D4、D5，1 个减压阀 J1，弹簧复位单向阀 M。其中，电磁换向阀 D1、D4 均为二位三通电磁换向阀，电磁换向阀 D5 为二位四通电磁换向阀；电磁换向阀 D1 的工作口 D1-P 与动力机构的动力口 P 连通的油路上串联一个减压阀 J1 和一个弹簧复位单向阀 M，电磁换向阀 D1 的工作口 D1-A 与电磁换向阀 D5 的工作口 D5-P 连通，电磁换向阀 D5 的工作口 D5-B 与电磁换向阀 D4 的工作口 D4-P 连通。

如图 3 所示，凿岩控制阀组 2 包括三位七通液压换向阀 Y7、Y8、Y11，先导溢流阀 E4，过载溢流阀 E5、E12，LS 限压阀 E6、E7、E10、E11、E13、E14，缓冲阀 E8、E9、E15、E16，节流阀 N18、N19、N20、N21、N22、N23、N28、N29，压力补偿阀 G1、G2、G5，补油阀 Z5、Z6、Z11、Z12，梭阀 X8、X9、X10、X11、X14、X15。

液压换向阀 Y7 的工作口 Y7-A 和 Y7-B 分别与工作口 Y7-X1 和 Y7-X2 在液压换向阀 Y7 内部连通，工作口 Y7-B 与执行机构连通；工作口 Y7-X1 和 Y7-X2 所在油路上分别串联节流阀 N20、LS 限压阀 E6 和节流阀 N21、LS 限压阀 E7 后与油箱连通，梭阀 X8 的一个进油口接在节流阀 N20 和 LS 限压阀 E6 之间，梭阀 X8 的另一个进油口接在节流阀 N21 和 LS 限压阀 E7 之间，梭阀 X8 的出油口接在梭阀 X9 的一个进油口上，压力补偿阀 G1 串联在动力机构的动力口 P1 和液压换向阀 Y7 的工作口 Y7-P 之间，压力补偿阀 G1 的控制口接在梭阀 X8 的出油口和梭阀 X9 的一个进油口之间，梭阀 X9 的出油口所在油路串接节流阀 N19 后与动力机构的压力敏感控制口 LS1 连通。

液压换向阀 Y8 的工作口 Y8-A 和 Y8-B 分别与工作口 Y8-X1 和 Y8-X2 在液压换向阀 Y8 内部连通，工作口 Y8-A 和 Y8-B 与执行机构连通；补油阀 Z5 和缓冲阀 E8 并联后串接在工作口 Y8-A 和执行机构之间，补油阀 Z6 和缓冲阀 E9 并联后串接在工作口 Y8-B 和执行机构之间；工作口 Y8-X1 和 Y8-X2 所在油路上分别串联节流阀 N22、LS 限压阀 E10 和节流阀 N23、LS 限压阀 E11 后与油箱连通，梭阀 X10 的一个进油口接在节流阀 N22 和 LS 限压阀 E10 之间，梭阀 X10 的另一个进油口接在节流阀 N23

和 LS 限压阀 E11 之间，梭阀 X10 的出油口接在梭阀 X11 的一个进油口上。压力补偿阀 G2 串联在动力机构的动力口 P1 和液压换向阀 Y8 的工作口 Y8-P 之间，压力补偿阀 G1 的控制口接在梭阀 X10 的出油口和梭阀 X11 的一个进油口之间，梭阀 X11 的出油口与梭阀 X9 的另一个进油口连通。

液压换向阀 Y11 的工作口 Y11-A 和 Y11-B 分别与工作口 Y11-X1 和 Y11-X2 在液压换向阀 Y11 内部连通，工作口 Y11-A 和 Y11-B 与执行机构连通；补油阀 Z11 和缓冲阀 E15 并联后串接在工作口 Y11-A 和执行机构之间，补油阀 Z12 和缓冲阀 E16 并联后串接在工作口 Y11-B 和执行机构之间；工作口 Y11-X1 和 Y11-X2 所在油路上分别串联节流阀 N28、LS 限压阀 E13 和节流阀 N29、LS 限压阀 E14 后与油箱连通，梭阀 X15 的一个进油口接在节流阀 N28 和 LS 限压阀 E13 之间，梭阀 X15 的另一个进油口接在节流阀 N29 和 LS 限压阀 E14 之间，梭阀 X15 的出油口接在梭阀 X14 的一个进油口上。压力补偿阀 G5 串联在动力机构的动力口 P2 和液压换向阀 Y11 的工作口 Y11-P 之间，压力补偿阀 G5 的控制口接在梭阀 X15 的出油口和梭阀 X14 的一个进油口之间。梭阀 X14 的出油口与动力机构的压力敏感控制口 LS2 连通；过载溢流阀 E12 的进油口接在压力补偿阀 G5 和动力口 P2 之间，过载溢流阀 E12 的出油口与梭阀 X11 的另一个进油口连通并与油箱连通。

先导溢流阀 E4 的进油口串接节流阀 N18 后接在单向减压阀 G1 和动力油口 P1 之间，过载溢流阀 E5 与先导溢流阀 E4 和节流阀 N18 并联，先导溢流阀 E4 的出油口与油箱连通。

如图 4 所示，先导控制块 3 包括溢流阀 E17、E18，二位四通电磁换向阀 D6、D7、D9 及梭阀 X16。其中，电磁换向阀 D9 的出油口所在油路串联溢流阀 E17 后与油箱连通，电磁换向阀 D6 的工作口 D6-P 与梭阀 X16 的一个进油口连通，电磁换向阀 D6 的工作口 D6-Y 与梭阀 X16 的另一个进油口连通。梭阀 X16 的出油口与电磁换向阀 D7 的工作口 D7-P 连通，电磁换向阀 D7 的工作口 D7-A 所在油路串联溢流阀 E18 后与油箱连通。

如图 5 所示，先导阀 4 包括 4 个可自动复位且带比例调节的换向阀 A2、B2、C2、D2 和一个手柄，手柄控制四个换向阀的通断，手柄向前推时，换向阀 C2 导通；手柄向后推时，换向阀 B2 导通；手柄向左推时，换向阀 D2 导通；手柄向右推时，换向阀 A2 导通。手柄的推动方向控制相应的换向阀 A2、B2、C2、D2 的通断，并通过偏移角度控制换向阀的阀芯的开口大小。

整体连接关系：先导油源块 1 中电磁换向阀 D5 的工作口 D5-B 分别与先导阀 4 中换向阀 A2、B2、C2、D2 的工作口 A2-P、B2-P、C2-P、D2-P 连通，电磁换向阀 D4 的工作口 D4-A 与凿岩控制阀组 2 中的液控换向阀 Y7 的先导控制口 Y7-d1 连通。

先导阀 4 中换向阀 A2 的工作口 A2-A 与凿岩控制阀组 2 中的液控换向阀 Y11 的先导控制口 Y11-d2 连通，换向阀 B2 的工作口 B2-A 接在先导控制块 3 中电磁换向阀 D6 的工作口 D6-T 和梭阀 X16 的另一个进油口连通的油路上，换向阀 C2 的工作口 C2-A 接在电磁换向阀 D6 的工作口 D6-P 和梭阀 X16 的一个进油口连通的油路上，换向阀 D2 的工作口 D2-A 与电磁换向阀 D9 的工作口 D9-连通。

先导控制块 3 中电磁换向阀 D9 的工作口 D9-P 与凿岩控制阀组 2 中的液控换向阀 Y11 的先导控制口 Y11-d1 连通，电磁换向阀 D6 的工作口 D6-A 与凿岩控制阀组 2 中的液控换向阀 Y8 的先导控制口 Y8-d2 连通，电磁换向阀 D6 的工作口 D6-B 与凿岩控制阀组 2 中的液控换向阀 Y8 的先导控制口 Y8-d1 连通。

工作过程：电磁换向阀 D1 和 D5 得电后，电磁换向阀 D1 导通，电磁换向阀 D5 换向，压力油从动力口 P 流经减压阀 J1 减压后作为先导油源。

当电磁换向阀 D4 得电，电磁换向阀 D4 导通，由动力机构的动力口 P 提供的动力油通过电磁换向阀 D1、D5 后流入电磁换向阀 D4，从电磁换向阀 D4 流出的压力油进入凿岩控制阀组 2 中液控换向阀 Y7 的先导控制口，驱动液控换向阀 Y7 换向，由动力机构动力口 P1 提供的压力油经过液控换向阀 Y7 后进入执行机构，实现凿岩机冲击；同时，压力油通过节流阀 N21 的压力油经过梭阀 X8 将压力反馈给压力补偿阀 G1，还通过梭阀 X9 控制泵。

当手柄向前推时，换向阀 C2 导通，从电磁换向阀 D5 流出的压力油进入先导阀 4 阀体，经过换向阀 C2 后，进入先导控制块 3 的阀体并分成两路，一路经过电磁换向阀 D6 后进入凿岩主阀 2 的阀体，驱动液控换向阀 Y8 换向，液控换向阀 Y8 导通，由动力机构动力口 P1 提供的压力油经过液控换向阀 Y8 后进入执行机构，实现凿岩机推进；同时，压力油通过节流阀 N23 的压力油经过梭阀 X10 将压力反馈给压力补偿阀 G1，还通过梭阀 X11 控制泵。

当手柄向后推时，换向阀 B2 导通，从电磁换向阀 D5 流出的压力油进入先导阀 4 阀体，经过换向阀 B2 后，进入先导控制块 3 的阀体并分成两路。一路经过电磁换向阀 D6 后进入凿岩主阀 2 的阀体，驱动液控换向阀 Y8 换向，液控换向阀 Y8 导通，由动力机构动力口 P1 提供的压力油经过液控换向阀 Y8 后进入执行机构，实现凿岩机倒退；同时，通过节流阀 N22 的压力油经过梭阀 X10 将压力反馈给压力补偿阀 G1，还通过梭阀 X11 控制泵。另一路经过梭阀 X16、电磁换向阀 D7、溢流阀 E18 后流回油箱。

当手柄向左推时，换向阀 D2 导通，从电磁换向阀 D5 流出的压力油进入先导阀 4 阀体，经过换向阀 D2 后，进入先导控制块 3 的阀体并分成两路：一路经过电磁换向阀 D9、溢流阀 E17 流回油箱；另一路直接从先导控制块 3 流出后进入凿岩主阀 2 的阀体，驱动液控换向阀 Y11 换向，液控换向阀 Y11 导通，由动力机构动力口 P2 提供的压力油经过液控换向阀 Y11 后进入执行机构，实现凿岩机正转。同时，压力油经过节流阀 N28 后，通过梭阀 X15 将压力反馈给压力补偿阀 G5，还通过梭阀 X14 控制泵。

当手柄向右推时，换向阀 A2 导通，从电磁换向阀 D5 流出的压力油进入先导阀 4 阀体，经过换向阀 A2 后，进入凿岩主阀 2 的阀体，驱动液控换向阀 Y11 换向，液控换向阀 Y11 导通，由动力机构动力口 P2 提供的压力油经过液控换向阀 Y11 后进入执行机构，实现凿岩机反转；同时，压力油经过节流阀 N29 后，通过梭阀 X15 将压力反馈给压力补偿阀 G5，还通过梭阀 X14 控制泵。

以上仅为本发明的较佳实施例而已，并非用于限定本发明的保护范围。凡在本发明的精神和原则之内所作的任何修改、等同替换、改进等，均应包含在本发明的保护范围之内。

（说明书附图省略）

2.9.3 解析

本申请涉及一种控制系统，申请人在最初的技术交底书中只给出了该系统的整体原理图及各主要功能模块的原理图，没有介绍具体的技术方案及相关的背景技术。通过技术交底书给出的整体原理图可知，该系统是由若干个泵以及阀门组成，为对该发明作出清楚、完整的说明，使所属技术领域的技术人员能够实现，在说明书中应对该系统的组成及各组成部分之间的关系进行详细的描述，与机械产品专利的撰写方式类似。因此，该系统虽然属于液压控制领域，但可以按照机械专利实务的思路进行撰写。

为使申请文件符合《专利法》和《专利法实施细则》的相关要求，应按《专利法实施细则》第十七条规定的方式和顺序撰写说明书。首先应确定该申请的发明名称，发明名称应当简短、准确地表明发明专利申请要求保护的主题和类型。本申请的控制系统为一种液压凿岩机的凿岩控制系统，针对现有技术中凿岩控制系统复杂且自动化程度不高，使得控制成本增加和控制精度低，同时也给凿岩机的操作人员带来不便等问题。因此，确定其发明名称为"一种液压凿岩机的凿岩控制系统"。

说明书应当包括下列内容。

(1) 技术领域。该控制系统为一种液压凿岩机的凿岩控制系统，属于液压控制领域。

(2) 背景技术。写明对该发明的理解、检索、审查有用的背景技术，并且尽可能引证反映这些背景技术的文件。在本申请中，液压凿岩机被广泛应用于矿山采掘、隧道掘进和工程建筑领域。在现有技术中，凿岩控制系统较复杂且其自动化程度不高，这就造成了控制成本增加和控制精度不高的问题，同时也给凿岩机的操作人员带来不便。

(3) 发明内容。本部分应当清楚、客观地写明要解决的技术问题、技术方案以及有益效果。本申请所要解决的技术问题是：如何提供一种自动化程度高、控制精度高且便于操作的凿岩控制系统。所采用的技术方案即提供一种能够通过一只手柄控制凿岩机的推进、冲击及回转的凿岩控制系统，该控制系统的组成及其连接关系是实现其功能的必要技术特征。其所能达到的技术效果是简化了控制操作程序，方便操作手操作，同时还能够降低能耗。

在明确了该申请所要求解决的技术问题、解决其技术问题采用的技术方案以及所能达到的技术效果后，需要按照《专利法》及《专利法实施细则》的相关规定进行专利申请文件的撰写。《专利法》第二十六条规定：说明书应当对发明或者实用新型作出清楚、完整的说明，以所属技术领域的技术人员能够实现为准；必要的时候，应当有附图。摘要应当简要说明发明或者实用新型的技术要点。具体到本申请，该凿岩控制系统包括动力机构、执行机构、先导油源块、凿岩控制阀组、先导控制块和先导阀。其中，动力机构、凿岩控制阀组、先导油源块均为组件，为在说明书中对其进行清楚、完整的说明，应先分别对上述几个组件及模块分别进行描述，包括其组成部分和各组成部分之间的连接关系："动力机构包括3只负载敏感控制的变量泵，变量泵上有压力口P、P1、P2和负载敏感控制口

LS1、LS2、……。先导油源块包括 3 个电磁换向阀 D1、D4、D5，先导油源块接受动力机构提供的压力油，……。凿岩控制阀组包括两只过载溢流阀、三联液控换向阀、3 个压力补偿阀、6 个限制 AB 压力的 LS 限压阀、4 只 AB 口压力缓冲补油阀。一旦负载压力超过设定值，……4 只 AB 口压力缓冲补油阀，用于在过载或产生气隙时保护各执行机构。先导控制块包括 3 个电磁换向阀、2 只溢流阀、1 只梭阀，先导控制块接受来自先导阀提供的压力油，并给凿岩控制阀组的液控换向阀提供先导控制信号。先导阀包括 4 个减压阀芯和 1 只手柄，……，先导阀还给凿岩控制阀组的液控换向阀提供先导控制信号。"然后，再描述该系统的整体连接关系。最后，在有益效果部分，结合该系统的特点，描述其与现有技术相比所具有的效果："通过先导阀上手柄前后左右的偏置，并与先导控制块实现凿岩机的推进、冲击及回转各种组合动作，简化了控制操作程序，方便操作手操作""采用压力补偿和负载敏感控制对执行机构的压力油进行优先选通并行控制，将压力较大的一路反馈至变量泵的负载敏感控制口，使变量泵能根据负载需求并行提供压力和流量，从而避免浪费，降低了能耗。"

（4）附图说明中，写明各幅附图的图名，并对图示内容作简要说明。同时可采用列表方式对附图中具体零部件的名称列表说明。本申请中，为便于对该系统的理解，应至少包括该系统的整体结构图以及先导油源块、凿岩控制阀组、先导控制块和先导阀的原理图。

（5）在具体实施方式部分，对照附图详细写明该控制系统的优选方式，为便于对技术方案的理解，还可对其工作过程进行详细描述："工作过程：电磁换向阀 D1 和 D5 得电后，电磁换向阀 D1 导通，电磁换向阀 D5 换向，压力油从动力口 P 流经减压阀 J1 减压后作为先导油源。当电磁换向阀 D4 得电，电磁换向阀 D4 导通，……，由动力机构动力口 P1 提供的压力油经过液控换向阀 Y7 后进入执行机构，实现凿岩机冲击，同时，通过节流阀 N21 的压力油经过梭阀 X8 将压力反馈给压力补偿阀 G1，还通过梭阀 X9 控制泵。当手柄向前推时，换向阀 C2 导通，……，由动力机构动力口 P1 提供的压力油经过液控换向阀 Y8 后进入执行机构，实现凿岩机推进；同时，通过节流阀 N23 的压力油经过梭阀 X10 将压力反馈给压力补偿阀 G1，还通过梭阀 X11 控制泵。当手柄向后推时，换向阀 B2 导通，……；另一路经过梭阀 X16、电磁换向阀 D7、溢流阀 E18 后流回油箱。当手柄向左推时，换向阀 D2 导通，……；同时，压力油经过节流阀 N28 后，通过梭阀 X15 将压力反馈给压力补偿阀 G5，还通过梭阀 X14 控制泵。当手柄向右推时，换向阀 A2 导通，……，通过梭阀 X15 将压力反馈给压力补偿阀 G5，还通过梭阀 X14 控制泵。"

2.10 实例 10 拥有主被动模式的上肢康复训练系统

2.10.1 技术交底书

一种基于磁粉离合器的新型上肢康复训练装置

背景技术

我国老龄化不断加剧，北京市已经成为在全国率先跨入老龄社会的城市之一，与此同时一些常见中老年疾病（如中风、偏瘫、老年痴呆）患者和残疾患者的康复治疗也给家庭和社会发展带了巨大的压力。目前，偏瘫上肢康复训练的传统方法是医师对患者进行手把手的训练。这种训练方式存在如下一些问题：①一名治疗师只能同时对一名患者进行运动训练，训练效率低下，并且由于治疗师自身的原因，可能无法保证患者得到足够的训练强度，治疗效果多取决于治疗师的经验和水平；②不能精确控制和记录训练参数（运动速度、轨迹、强度等），不利于治疗方案的确定和改进；③康复评价指标不够客观，不利于偏瘫患者神经康复规律的深入研究；④不能向患者提供实时直观的反馈信息，训练过程不具吸引力，患者被动接受治疗，参与治疗的主动性不够。可以看出，如果单靠医师进行康复训练，无疑会制约康复训练效率的提高和方法的改进。因此，应该开拓更先进的偏瘫康复训练手段，或是把更先进的技术引入到偏瘫康复治疗领域。随着计算机技术发展，计算机与认知康复领域的结合已经从理论研究进入应用产品开发，成为国内外研究应用的热点。特别是 20 世纪 90 年代后，虚拟现实（Virtual Reality）技术的出现，更促进了计算机技术和认知科学更高层次的结合，在认知障碍康复评定和训练方面表现出了传统方法无法比拟的优势。同时，欠驱动康复机器人作为医疗机器人的一个重要分支，其研究贯穿了康复医学、生物力学、机械学、机械力学、电子学、材料学、计算机科学以及机器人学等诸多领域，已经成为国际机器人领域的一个研究热点。

在现有的康复机器人中，清华大学申请的200810180055.X号中国专利"一种训练平面可调式上肢偏瘫康复机器人装置"中设计了一种上肢康复机器人装置。此装置包括座椅、底座、训练平面、安装在训练平面上的机械臂、腕部固定托架以及控制系统，还包括一个用于调节训练平面相对于地面的高度，以及训练平面与水平面的夹角的训练平面调节装置。虽然此装置能完成一定的康复功能，但其训练内容单调，对于康复患者来说十分枯燥，不是很人性化。另外，由于其直接采用电机驱动整个装置，而电机在训练过程中很可能有短时间不正常的冲激响应，会加重患者的肢体损伤，不利于患者的康复训练。

而我们之前申请的201110021987.1号中国专利"基于磁粉制动器的上肢康复装置"中设计了一种以磁粉制动器为驱动设备的上肢康复装置。此装置包括机箱、控制箱、调节主箱、显示器支架、机械臂、显示器和机器人底座。虽然整个设备的娱乐性和安全性较好，但是由于仅仅采用磁粉制动器的被动驱动方式，只能在患者操作手臂时，通过机械臂给患者一个阻力作用，使得患者只能做被动和阻尼模式的康复训练，而无法做由机械臂带动患者手臂的主动模式的康复训练，这样不仅导致康复训练效果不佳，也不利于远程控制平台的搭建。另外，由于机械臂在连接处并不共轴，以至于在设计康复训练游戏时，根据编码器采集到的角度值，很难计算出手柄的准确位置。

发明目的

针对所述现有技术中的问题，我们设计出一种新型的基于磁粉离合器的上肢康复装置。此装置不但应该继承和发展现有技术中的优点，如可调节训练平面相对于地面的高度、人性化的康复训练界面、不错的安全性，还应该克服其缺点，如无法控制机械臂以带动患者手臂完成主动模式的康复训练和机械臂各连杆在连接处不共轴的问题。

发明方案

在图1中，该上肢康复装置整体包括显示器1、显示器支架2、康复装置底座4、机械臂5、带有力测量功能的手柄6和主轴整体部分7。其中，显示器支架2和康复装置底座4通过螺栓3连接。

在图2和图3中，整个机械臂5为平行连杆机构，其中为了稳定整个机械臂的中心，防止机械臂向另一端倾斜，平衡块8通过滚动轴承9和12与连杆关节10和11相连接。连杆13一端通过紧固螺钉安装在连杆关节 11 上，另一端也通过紧固螺钉安装在主轴连杆关节 14 上。同理，连杆 21 与连杆关节 25 和主轴连杆关节 14 相连。而连杆 20 穿过连杆关节 16，一端通过紧固螺钉安装在连杆关节 10 上，另一端安装在连杆关节 22 上，同时，连杆关节 16 通过紧固螺钉固定在与连杆关节 14 相对应的位置上。连杆 26 的安装方法与连杆 20 相类似，也是穿过连杆 24，一端安装在连杆关节 23 上；另一端与带有力测量功能的手柄 6 相连。最后，在连杆关节 17 通过滚动轴承 18 与连杆关节 16 连接以后，连杆 19 的一端通过紧固螺钉安装在连杆关节 17 上，并且另一端也与主轴连杆关节 15 相连，这样整个上肢康复设备的机械臂就设计并组装完成。

在图 4~图 6 中，两个电机驱动轴部分通过同步齿形带 36 与中间的主轴部分传动。其中，主轴内轴 29 通过主轴内轴滚动轴承 53 和 56 穿过主轴外轴 30，主轴外轴 30 则通过主轴外轴滚动轴承 54 和 55 穿过主轴轴承座 31 和 32。外轴带轮 33 和内轴带轮 57 分别通过螺钉 62 和 63 固定在主轴外轴 30 和主轴内轴 29 上。为了完成对康复装置的三自由度调整，设计了手轮 34。手轮 34 通过旋紧螺母 58 固定在了蜗杆 64 上，蜗杆 64 则通过角接触轴承 59 和 65 固定在蜗杆轴承座 60 和 66 上，并同时通过螺纹副与蜗轮 61 相传动。为了使整个主轴部分稳定住，将伸缩杆 35 插在康复装置底座 4 上并用紧固螺钉固定。最后，所有的支架结构如主轴轴承座 31 和 32、蜗杆轴承座 60 和 66 都通过多个紧固螺钉固定在左侧支架板 48 和右侧支架板 49 上，而为了更稳定地固定主轴，这两个支架板都固定在了固定板 50 上。为了能调整两个电机轴以拉紧同步齿轮带，设计了张紧调节板 51，并通过旋转螺栓 52 来调整整个电机轴的位置。

图 7 描述的是整个电机轴部分结构。其中，带轮轴 67 一端通过多个紧固螺钉固定在编码器轴盖 37 上，另一端也通过紧固螺钉固定在磁粉离合器 43 的输出轴上，整个带轮轴 67 都通过滚动轴承 71 和 72 穿过轴承支架 39 和 42，小带轮 40 则用紧固螺钉固定在带轮轴 67 上。同时，整个编码器 38 的空心轴通过紧固螺钉与编码器轴盖 37 相固定，并因此与带轮轴 67 相固定。编码器固定板 68 则将编码器 38 整体固定在轴承支架 39 上。整个磁粉离合器 43 的法兰输出端通过螺钉 69 和联轴器 45 的一端相连，电机 47 的输出轴则通过销与联轴器 45 的另一端相连。磁粉离合器 43 固定在磁粉离合器固定板 44 上，电机 47 则固定在电机固定板 46 上；同时，

所有的固定板如轴承支架71和72、磁粉离合器固定板44和电机固定板46都通过螺钉固定在电机轴整体固定板41上。为了增加电机轴部分的运行稳定度和减小各固定板的承受应力，在磁粉离合器固定板44和电机固定板47中间又加了两块筋板70，并也固定在电机轴整体固定板41上。

具体应用时，首先为了使患者使用舒服，转动手轮34调整整个机械臂的倾斜角度与患者的高度和位置相适应。具体过程是手轮34转动的同时也使和其连接在一起的蜗杆64转动，而蜗轮61会随着蜗杆64上外螺纹的平移和转动而转动，此时整个工作平台也会转动一个角度，这个角度的大小由患者的高度和位置来定。另外，通过调整伸缩杆35和康复装置底座4相连的紧固螺钉位置也可以调节平台的高度，这和调节平台的角度一起，提高了患者的舒适度。然后调节螺栓52和另一个对应的螺栓到合适的位置，使两个拉紧同步齿形带的张紧度适当，保证同步带良好的传动性。具体过程是由于螺栓底部会顶着固定板50的侧面，所以当旋紧螺栓52时，张紧调节板51会被推到固定板50，同时也会带着和电机轴整体固定板41固定在一起的电机轴向远离主轴的方向移动。同理，当旋出螺栓52时，电机轴就会向靠近主轴的方向运动。当电机轴到达适当的位置时，旋紧固定板50上的紧固螺钉就可以固定住电机轴了。此后，开始患者正式的康复训练过程。患者的手握住带有力测量功能的手柄6，既可以拉动手柄6按照显示器1中的虚拟游戏来运动，也可以让机械臂5带动患者的手臂完成另一种康复训练。两者的共同之处就是都要通过机械臂5各连杆之间的转动副来传递力和运动。不同之处在于前者是手柄6随患者的手的运动而运动，同时此运动传递到主轴上；而后者是电机47的转动通过联轴器45传动到磁粉离合器43上，磁粉离合器43则传输出一个固定转矩到带轮轴37上。前者是主轴的转动通过同步齿形带传递到带轮轴上，后者则是带轮轴的转动传递到主轴上，两者都通过共轴的编码器测出带轮轴的转动角度和转动速度。通过数字信号处理（DSP）实时计算带轮轴的转动角度，可以得出手柄6的实际位置数据，将此数据传输给计算机，可以将患者的手臂运动轨迹体现在上肢康复训练游戏中，并和力传感器数据一起供医生分析以设计更适合的训练方案。

有益效果

首先，由于采用了磁粉离合器与交流伺服电机相配合的驱动方式，不但有效隔离了患者和康复装置间的相互作用，具有较好的安全性，而且相对以往设备，又提供了对康复患者的主动作用力，使机械臂可以带动患者手臂做主动模式的康复训练。另外，因为改进了机械臂的连接部分，使得控制机械臂到达指定位置的运动误差减小，所以这样使通过虚拟现实技术制作的游戏界面中的控制目标位置能更准确地对应现实中的患者手臂的实际位置。

附图说明

本发明共有附图7张。

图1为上肢康复装置整体视图；

图2为上肢康复装置机械臂整体视图；

图3为上肢康复装置机械臂下视图；

图4为上肢康复装置主轴整体部分前视图；

图5为上肢康复装置主轴整体部分后视图；

图6为上肢康复装置主轴整体部分半剖视图；

图7为上肢康复装置电机驱动轴整体部分半剖视图。

图中：1—显示器；2—显示器支架；3—螺栓；4—康复装置底座；5—机械臂；6—带有力测量功能的手柄；7—主轴整体部分；8—平衡块；9，12，18，27，28，71，72—滚动轴承；10，11，16，17，22，23，24，25—连杆关节；13，19，20，21，26—连杆；14，15—主轴连接关节；29—主轴内轴；30—主轴外轴；31—主轴轴承座；32—主轴轴承座；33—外轴带轮；34—手轮；35—伸缩杆；36—同步齿形带；37—编码器轴盖；38—编码器；39—轴承支架；40—小带轮；41—电机轴整体固定板；42—轴承支架；43—磁粉离合器；44—磁粉离合器固定板；45—联轴器；46—电机固定板；47—电机；48—左侧支架板；49—右侧支架板；50—固定板；51—张紧调节板；52—螺栓；53—主轴内轴滚动轴承；54—主轴外轴滚动轴承；55—主轴外轴滚动轴承；56—主轴内轴滚动轴承；57—内轴带轮；58—螺母；59—角接触轴承；60—蜗杆轴承座；61 蜗轮；62，63，69—螺钉；64—蜗杆；65—角接触轴承；66—蜗杆轴承座；67—带轮轴；68—编码器固定板；70—筋板。

本发明的技术关键点和欲保护点如下。

使上肢康复装置的机械臂具有带动患者手臂进行主动康复训练的新式的驱动功能，此驱动方式由磁粉离合器与交流伺服电机配合完成。

说明书附图

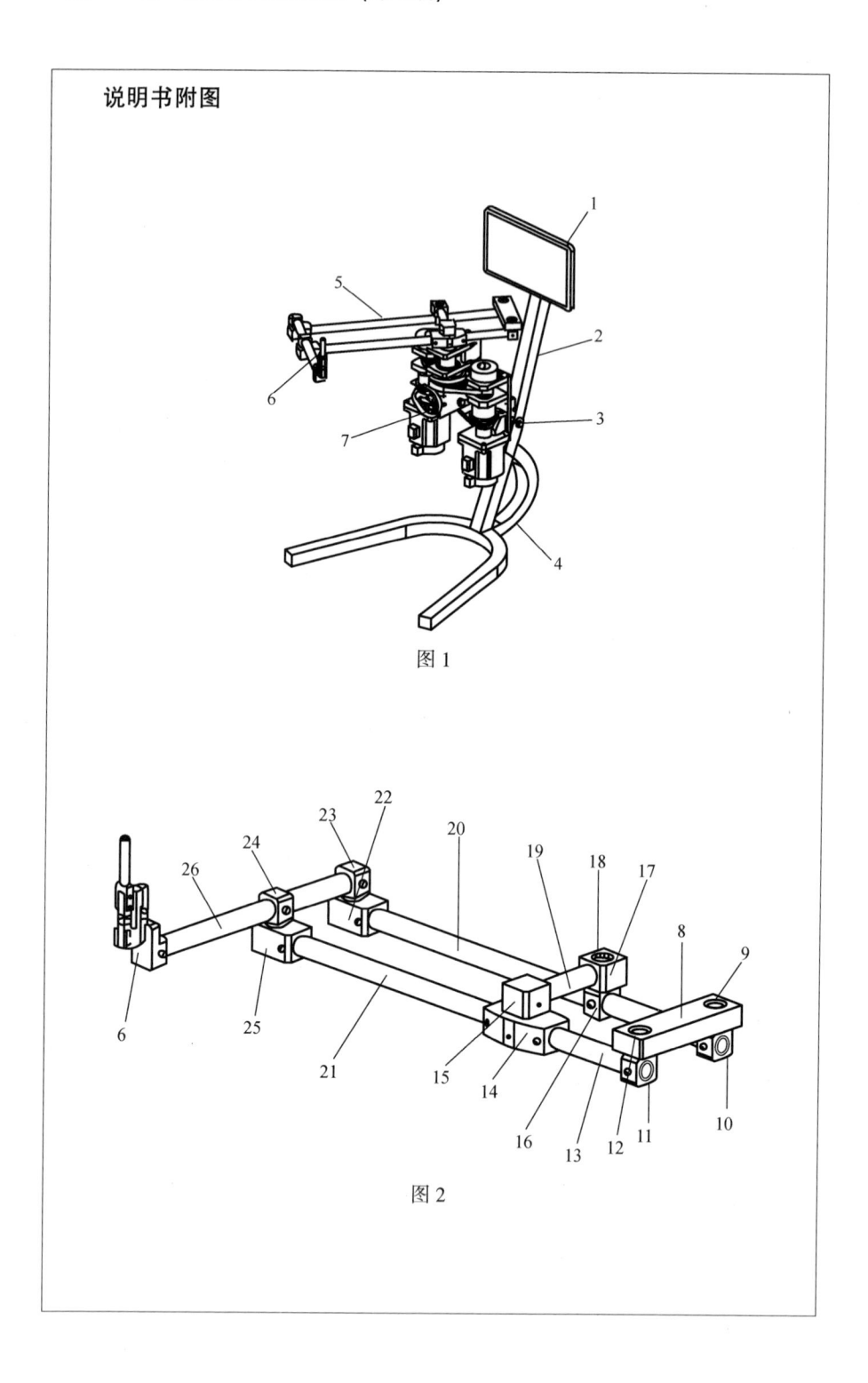

图 1

图 2

第 2 章　机械专利撰写　　131

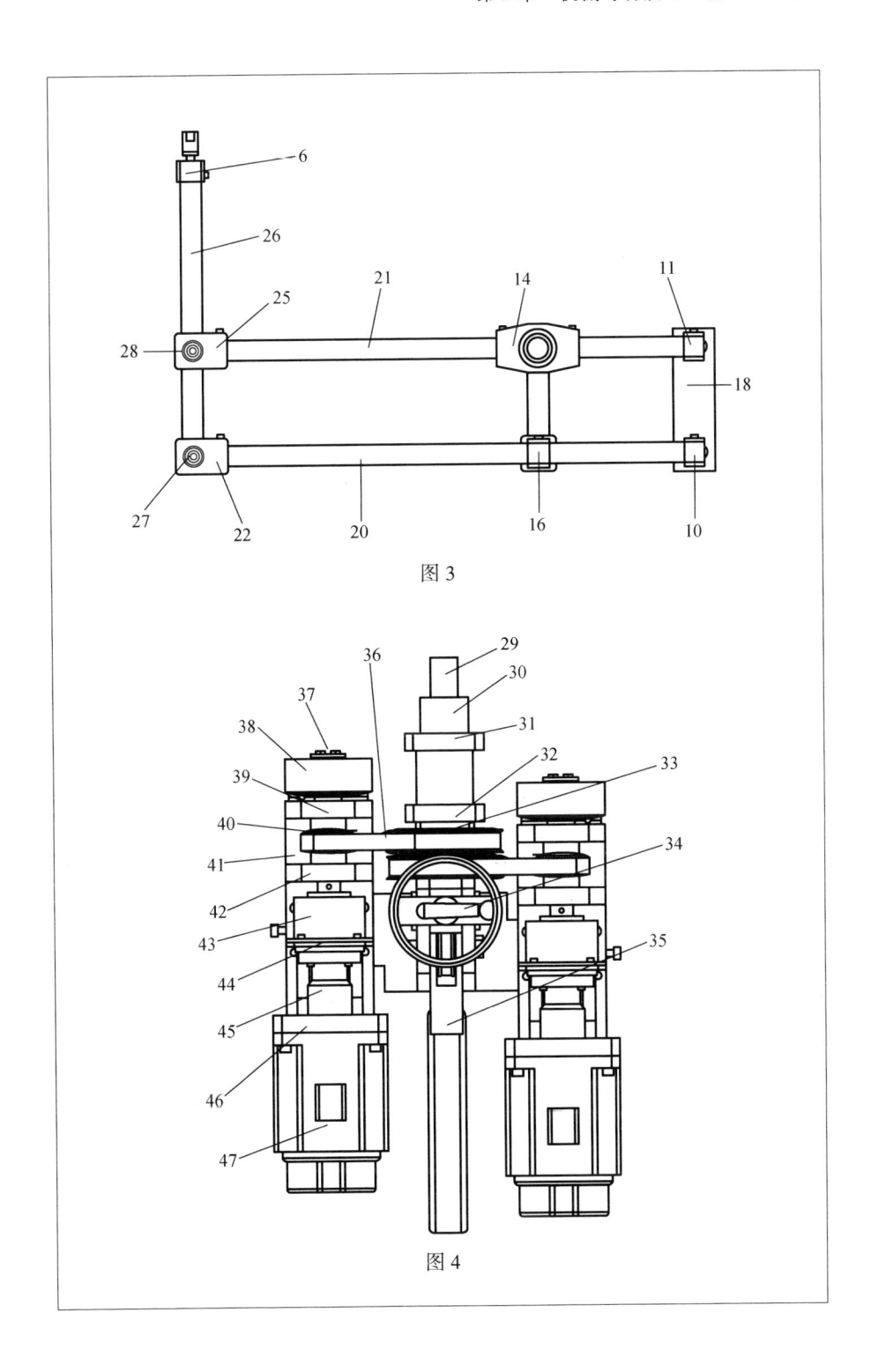

图 3

图 4

图 5

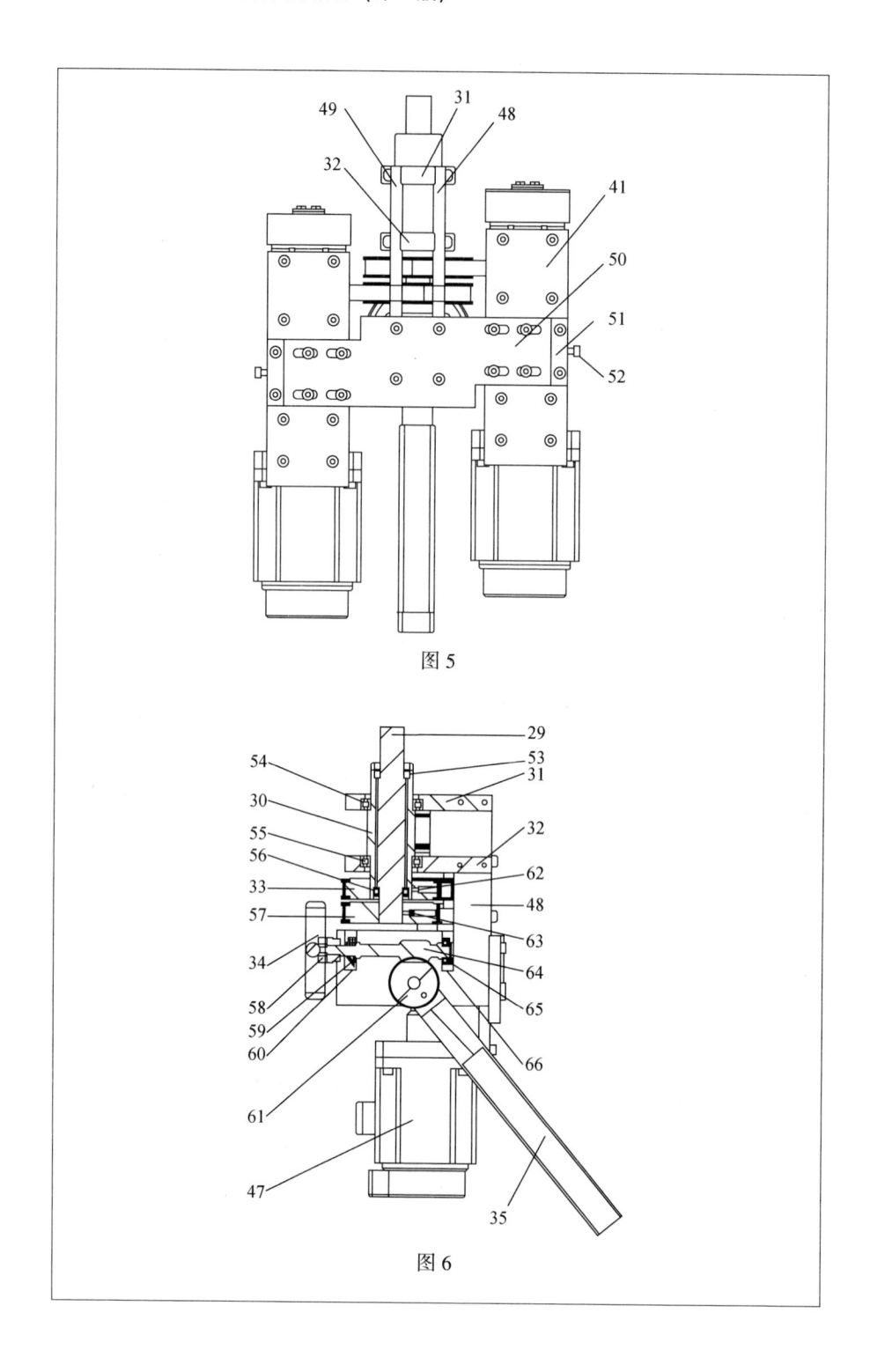

图 6

图 7

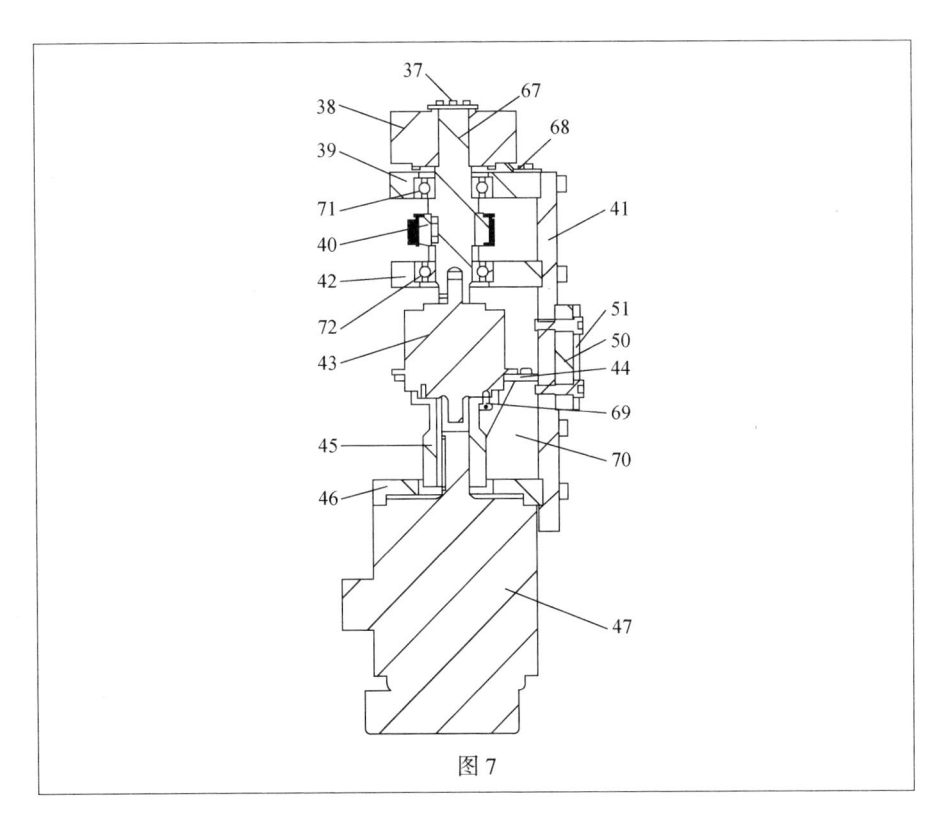

2.10.2 专利文件申请稿

拥有主被动模式的上肢康复训练系统

技术领域

本发明属于医疗器械技术领域，涉及一种康复训练系统，特别涉及一种拥有主被动模式的上肢康复训练系统。

背景技术

一些常见中老年疾病（如中风、偏瘫、老年痴呆）患者和残疾患者的康复治疗的传统方法是医师对患者进行手把手的训练。这种训练方式存在如下一些问题：① 一名治疗师只能同时对一名患者进行运动训练，训练效率低下，并且由于治疗师自身的原因，可能无法保证患者得到足够的训练强度，治疗效果多取决于治疗师的经验和水平；② 不能精确控制和记录训练参数（运动速度、轨迹、强度等），不利于治疗方案的确定和改进；③ 康复评价指标不够客观，不利于偏瘫患者神经康复规律的深入研究；④ 不能向患者提供实时直观的反馈信息，训练过程不具吸引力，患者被动接受治疗，参与治疗的主动性不够。中国专利申请201110021987.1号给出了一种"基于磁粉制动器的上肢康复装置"，包括机箱、控制箱、调节主箱、显示器支架、机械臂、显示器和底座。虽然整个设备的娱乐性和安全性较好，但是由于仅仅具有被动驱动方式，只能在康复训练时通过机械臂给患者一个阻力作用，患者只能做被动和阻尼模式的康复训练，而不能由机械臂带动患者手臂进行主动模式的康复训练，不能达到较好的康复训练效果。

发明内容

本发明的目的：提供一种拥有主动、被动两种训练模式的上肢康复训练系统，从而实现更佳的康复训练效果。

本发明的技术方案：一种拥有主被动模式的上肢康复训练系统，包括手柄、机械臂、主轴、编码器、计算机、显示器、电机、离合器、联轴器、带轮、带轮轴、同步齿形带、康复装置底座。其中，手柄带有力测量功能，计算机包括信号采集模块、控制模块、评估报告模块、阈值判断模块及游戏数据库。

连接关系：手柄安装在机械臂一端，机械臂的另一端与主轴相连，主轴通过带轮及同步齿形带与带轮轴相连。带轮轴顶端安有编码器，带轮轴的下端与离合器固定。离合器与电机通过联轴器相连。主轴与支架的前侧面固连，支架的上端安装显示器，支架的下端与康复装置底座相连。计算机接收由手柄及编码器发出的信号，并控制电机与离合器的运动。计算机与显示器相连，显示器通过支架与康复装置底座相连。计算机内包含的信号采集模块接收由手柄及编码器发出的信号，对信号进行处理后，信号采集模块将信息传送到控制模块。控制模块一方面将信息传送给阈值判断模块和评估报告模块，一方面控制电机与离合器运动，同时输出信号给显示器。

工作过程

主动模式如下。

第一步：首先调整机械臂至适合位置，将上肢放在机械臂上，并握住手柄。

第二步：从计算机的游戏数据库调取与治疗方案相适应的游戏，游戏画面出现在在显示器上，提示患者操作步骤；同时，由计算机的控制模块根据该治疗方案的相关参数发出信号给电机和离合器，使其产生一个力矩，该力矩通过带轮、带轮轴、同步齿形带经主轴传给机械臂，机械臂带动手柄围绕主轴做平面运动。在训练过程中,手柄采集患者被施力的信息,编码器采集机械臂经主轴传递给带轮、带轮轴、同步齿形带的转角信息,将信息通过计算机内的信号采集模块进行处理后,经控制模块同时传送给阈值安全模块和评估报告模块。阈值安全模块将信号与事先设定的阈值进行对比,若超出阈值,阈值安全模块将会启动安全措施,发送停止信号给控制模块,控制模块同时发送停止信息给离合器及电机,完成安全保护措施;如果在阈值范围之内,阈值安全模块将发送信号给控制模块,控制模块命令离合器和电机按设定的治疗方案正常运转;同时,控制模块将由信号采集模块收集的受力信息及转角信息发送给评价报告模块,评估报告模块记录所有康复训练过程中产生的信息,按设定模式形成报告,供患者或相关人员参考。

被动模式如下:

第一步:根据患者的情况,对计算机内的阈值安全模块设定范围。

第二步:调整机械臂至适合位置,将上肢放在机械臂上,并握住手柄。

第三步:工作人员从计算机的游戏数据库调取与治疗方案相适应的游戏,游戏画面显示在显示器上,提示患者操作步骤;同时,由计算机的控制模块根据该治疗方案的相关参数发出信号传输给电机和离合器,使其按照治疗方案产生一个阻力矩,该阻力矩通过带轮、带轮轴、同步齿形带经主轴传给机械臂上的手柄,使患者感受到阻力影响。阻力传输给手柄,患者根据阻力施加反方向作用力,手柄测得施力值,同时编码器采集机械臂经主轴传递给带轮、带轮轴、同步齿形带的转角信息,将信息通过计算机内的信号采集模块进行处理后,经控制模块同时传送给阈值安全模块和评估报告模块,阈值安全模块将信号与事先设定的阈值进行对比,若超出阈值,阈值安全模块将会启动安全措施,发送停止信号给控制模块,控制模块同时发送停止信息给离合器及电机,完成安全保护措施;如果在阈值范围之内,阈值安全模块将发送信号给控制模块,控制模块命令离合器和电机按设定的治疗方案正常运转;同时,控制模块将由信号采集模块收集的受力信息及转角信息发送给评价报告模块,评估报告模块记录所有康复训练过程中产生的信息,按设定模式形成报告,供患者或相关人员参考。

本发明相对以往设备,提供了对康复患者的主动作用力,使机械臂可以带动患者手臂做主动模式的康复训练,系统具有安全保护性能,并可输出训练报告；整个系统设有可调节角度和高度的装置，可以针对患者条件调整，以达到更好的康复训练效果。

附图说明

图 1 为本发明结构示意图；

图 2 为本发明的一个实施例机械结构图；

图 3 为本发明实施例中机械臂结构图；

图 4 为本发明实施例中电机、离合器、主轴等的主视图；

图 5 为图 4 的后视图；

图 6 为图 4 的右剖视图；

图 7 为图 4 的半剖视图；

图 8 为本发明实施例中主轴与机械臂连接结构图。

图中：106—显示器；102—机械臂；101—手柄；103—主轴；104—编码器；105—计算机；8—平衡块；10，11，16，17，22，23，24，25—连杆关节；13，19，20，21，26—连杆；14，15—连接关节；18—滚动轴承；29—主轴内轴；30—外主轴；33—外轴带轮；34—手轮；35—伸缩杆；36—同步齿形带；104—编码器；39—轴承支架；40—小带轮；41—电机轴整体固定板；44—离合器固定板；45—联轴器；46—电机固定板；107—电机；48—左侧支架板；49—右侧支架板；50—固定板；51—张紧调节板；52—螺栓；61—蜗轮；64—蜗杆；67—带轮轴；68—编码器固定板。

具体实施方式

现结合附图对本发明进行进一步说明和解释。

图 2 为本发明的一个实施例机械结构图。其中，手柄：手柄 101 具有力测量功能，安装在机械臂 102 上，其能将测力值传输到计算机 105 的信号采集模块，信号采集模块将信号处理后，传输给控制模块内的评估报告模块，形成报告。

机械臂：机械臂 102 为平行连杆机构，平衡块 8 通过滚动轴承与连杆关节 10 和 11 相连接。连杆 13 一端通过紧固螺钉安装在连杆关节 11 和 14 上；连杆 21 与连杆关节 25 和 14 相连；连杆 20 穿过连杆关节 16，安装在连杆关节 10 和 22 上，连杆关节 16 固定在与连杆关节 14 相对应的位置上；连杆 26 穿过连杆关节 24 安装在连杆关节 23 上，其另一端与手柄 101 相连；连杆关节 17 通过滚动轴承 18 与连杆关节 16 连接以后，连杆 19 安装在连杆关节 17 和 15 上，机械臂 102 上的连接关节 15 和 14 分别与内主轴 29 和外主轴 30 相固连。

主轴：主轴 103 包括内主轴 29 和套在其外的外主轴 30，主轴 103 安有一伸缩杆 35 插在康复装置底座上并用紧固螺钉固定，主轴 103 通过主轴轴承座固定在侧支架板上。

编码器：编码器 104 为两套，通过带轮轴 67 紧固在两套离合器 108 的输出轴上，输出轴与主轴 103 通过小带轮 40、同步齿形带 36 相连，机械臂 102 转动时的角度通过主轴 103 与编码器 104 的连接，可由编码器 104 测得。

离合器：离合器 108 为两套，通过联轴器 45 与两套电机 107 相连。

电机：电机 107 为两套，一个电机驱动轴通过小带轮 40、同步齿形带 36、外轴带轮 33 与外主轴 30 传动，一个电机驱动轴通过小带轮、同步齿形带、内轴带轮与内主轴 29 传动。

计算机：计算机 105 包括信号采集模块、控制模块、阈值安全模块、评估记录模块，游戏数据库。

信号采集模块收集由手柄 101 及编码器 104 传送的信号，处理后，将信号传送给控制器内的阈值安全模块及评估记录模块；控制模块控制电机 107 和离合器 108 的运转；若超出阈值，阈值安全模块将会启动安全措施，发送信号给控制模块，控制模块发送制动指令给离合器 108 及电机 107，完成安全保护措施；如果在阈值范围之内，阈值安全模块将发送信号给控制器正常运转；其中阈值为患者对手柄 101 施加的最大力值及操作机械臂的最大转角值。游戏数据库预存多种不同等级的康复训练游戏。

每套电机 107、编码器 104、离合器 108 的连接关系为：电机轴通过紧固螺钉固定在离合器 108 的输出轴上，小带轮 40 固定在带轮轴 67 上，编码器 104 的空心轴与带轮轴 67 的一端相固定，带轮轴 67 的另一端与离合器 108 的输出轴固定，编码器固定板 68 将编码器 104 整体固定在轴承支架 39 上，离合器 108 的法兰输出端和联轴器 45 的一端相连，电机 107 的输出轴则通过销与联轴器 45 的另一端相连。离合器 108 固定在离合器固定板 44 上，电机 107 固定在电机固定板 46 上，所有的固定板都通过螺钉固定在电机轴整体固定板 41 上。手轮 34 固定在蜗杆 64 上，蜗杆 64 固定在蜗杆轴承座上，通过螺纹副与蜗轮 61 传动。主轴轴承座、蜗杆轴承座通过多个紧固螺钉固定在左侧支架板 48 和右侧支架板 49 上，这两个支架板固定在固定板 50 上，通过张紧调节板 51 上的旋转螺栓 52 可以调整整个电机轴的位置。

工作方式如下：

患者首先需调节机械臂 102 的角度与高度，通过转动手轮 34 带动蜗杆 64，蜗轮 61 会随着蜗杆 64 上外螺纹转动，调节机械臂 102 的角度；调整伸缩杆 35 与康复装置底座固连处设有紧固螺钉位置，可调节机械臂 102 的高度。患者接着调整伸缩杆 35 在康复装置底座 4 的位置使与伸缩杆连接的主轴整体与机械臂部分成仰角 45°作前后调整，调整后用限位装置将其固定；如发现该康复装置的同步齿形带不合适，则旋紧螺栓 52，张紧调节板 51 会被推离固定板 50，同时也会带着和电机轴整体固定板 41 固定在一起的电机轴向远离主轴 103 的方向移动；当旋出螺栓 52 时，电机轴就会向靠近主轴的方向运动。当电机轴到达适当的位置时，旋紧固定板 50 上的紧固螺钉就可以固定住电机轴。通过调整旋转螺栓调节同步齿轮带的张紧度，使其符合需要。患者将手臂放在机械臂 102 上并握住手柄 101。

被动训练模式下，工作人员从计算机 105 的游戏数据库调取游戏，游戏画面显示在显示器 106 上，提示患者操作步骤；同时，由计算机 105 的控制模块发出信号传输给电机 107 和离合器 108，使其按照治疗方案产生阻力矩，阻力矩通过两套电机 107 的驱动轴部分通过小带轮 40 与同步齿形带 36 连接分别驱动内主轴 29 和外主轴 30 传给机械臂 102 上的手柄 101，使患者感受到阻力影响。主轴 103 传给机械臂 102 上的手柄 101，使患者感受到阻力影响。阻力传输给手柄 101，患者根据阻力施加反方向作用力，手柄 101 测得施力值；同时，编码器 104 采集机械臂 102 的转角信息，将信息通过计算机 105 内的信号采集模块进行信号后，经控制模块同时传送给阈值安全模块和评估报告模块。阈值安全模块将信号与事先设定的阈值进行对比，若超出阈值，阈值安全模块将会启动安全措施，发送停止信号给控制模块，控制模块同时发送停止信息给离合器 108 及电机 107，完成安全保护措施；如果在阈值范围之内，阈值安全模块将发送信号给控制模块，控制模块命令离合器 108 和电机 107 按设定的治疗方案正常运转；同时，控制模块将由信号采集模块收集的受力信息及转角信息发送给评价报告模块，评估报告模块记录所有康复训练过程中产生的信息，按设定模式形成报告，供患者或相关人员参考。

主动训练模式下，可将患者手臂放在具有力测量功能的手柄 101 上，并从计算机 105 的数据库内调取康复方案，游戏画面出现在在显示器 106 上，提示患者操作步骤；同时，由计算机 105 的控制模块发出信号给电机 107 和离合器 108 按照治疗方案产生一个力矩，力矩通过两套电机 107 的驱动轴部分通过小带轮40与同步齿形带36连接分别驱动内主轴29和所述外主轴30传给机械臂102上的手柄101，机械臂102带动手柄101围绕主轴103做平面运动；在训练过程中，手柄101采集患者被施力的信息，编码器104采集机械臂102的转角信息，通过计算机105内的信号采集模块进行信号处理后，经控制模块同时传送给阈值安全模块和评估报告模块。阈值安全模块将信号与事先设定的阈值进行对比，若超出阈值，阈值安全模块将会启动安全措施，发送停止信号给控制模块，控制模块同时发送停止信息给离合器108及电机107，完成安全保护措施；如果在阈值范围之内，阈值安全模块将发送信号给控制模块，控制模块命令离合器108和电机107按设定的治疗方案正常运转；同时，控制模块将由信号采集模块收集的受力信息及转角信息发送给评估报告模块，评估报告模块记录所有康复训练过程中产生的信息，按设定模式形成报告，供患者或相关人员参考。

以上仅为本发明的较佳实施例而已，并非用于限定本发明的保护范围。凡在本发明的精神和原则之内，所作的任何修改、等同替换、改进等，均应包含在本发明的保护范围之内。

说明书附图

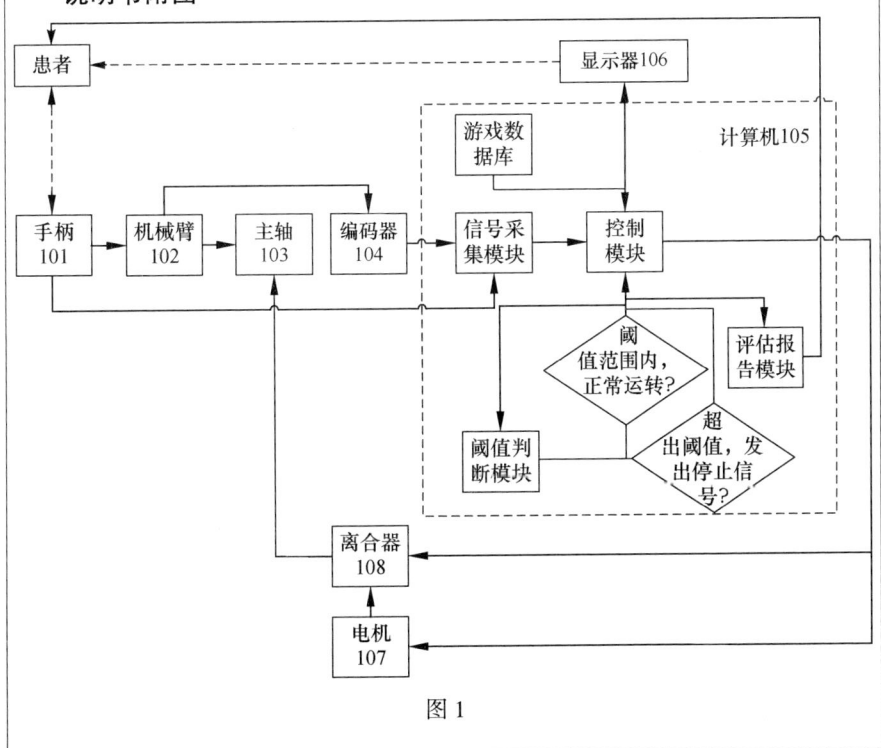

图1

图 2

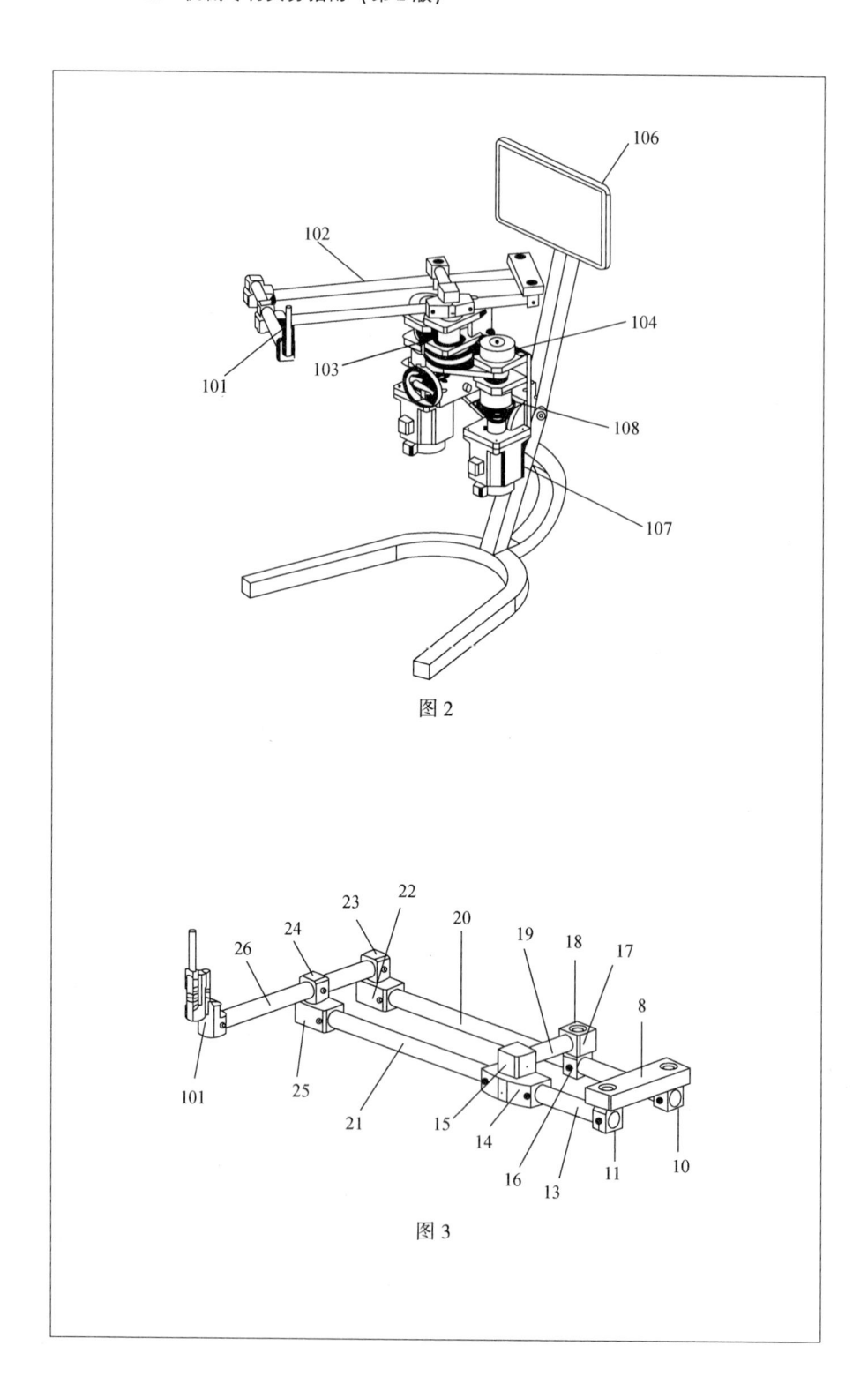

图 3

第 2 章　机械专利撰写　　141

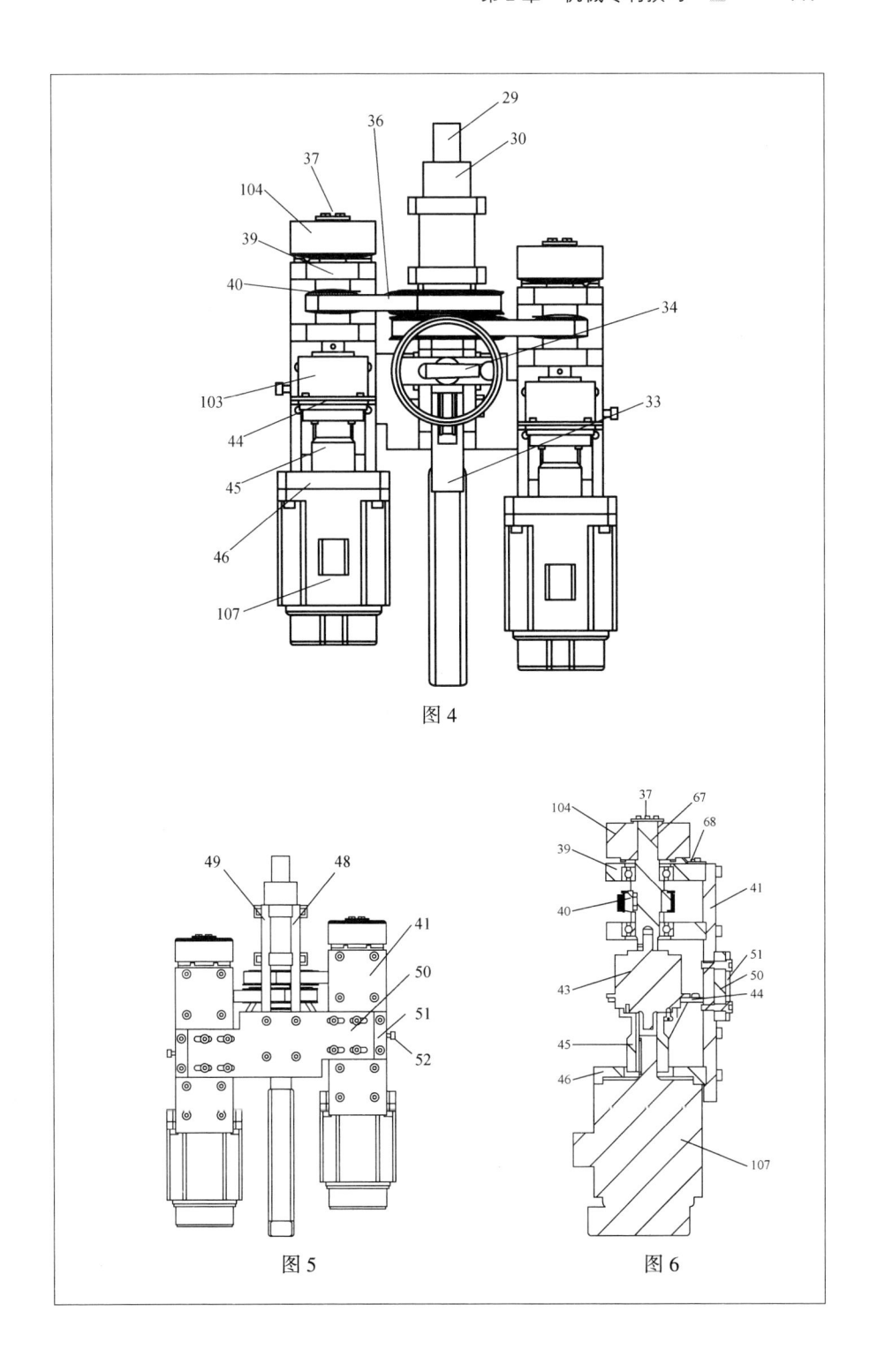

图 4

图 5

图 6

图 7

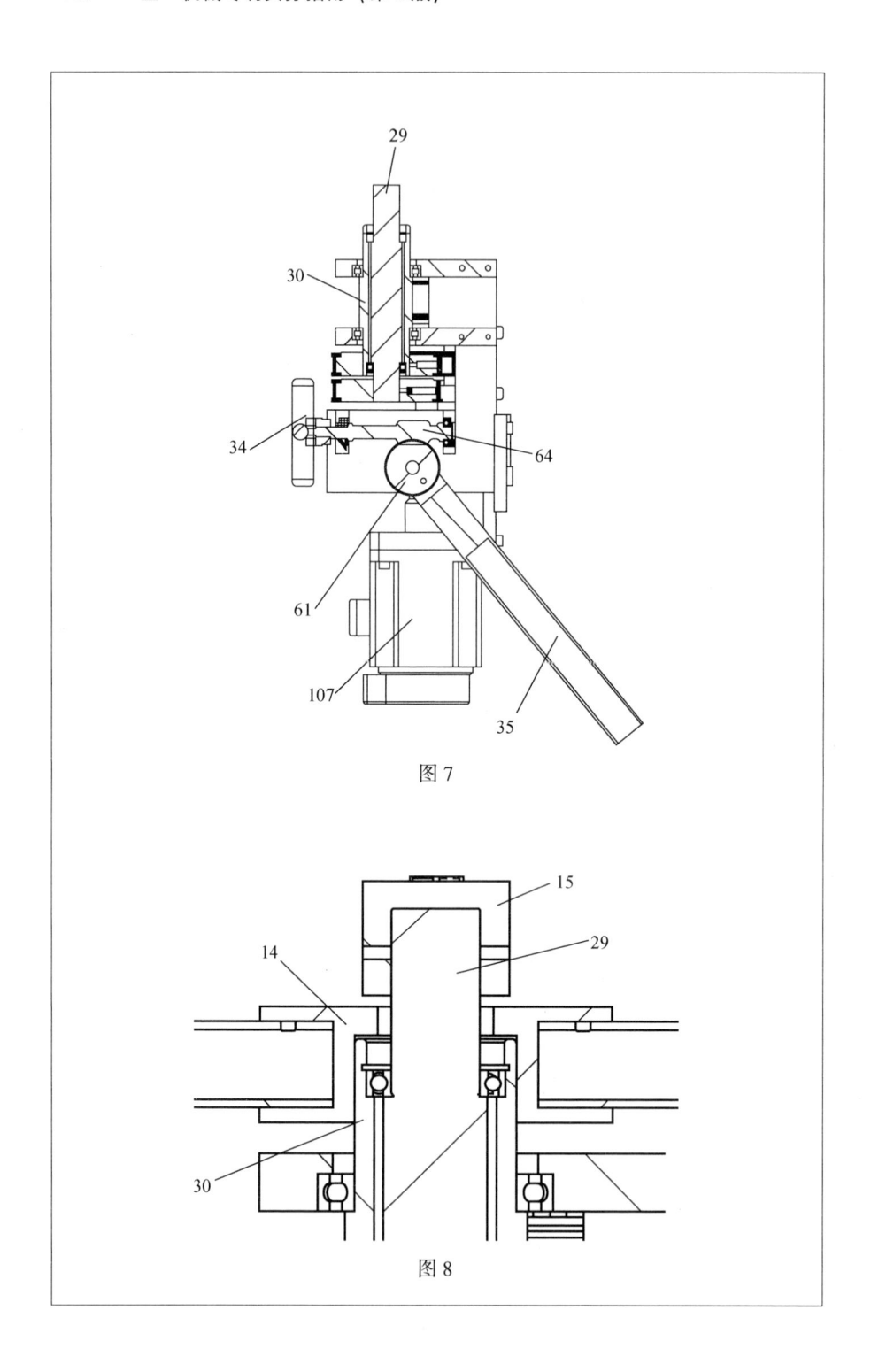

图 8

2.10.3 解析

在本申请的技术交底书中，提供了"一种基于磁粉离合器的新型上肢康复训练装置"，属于产品发明专利。通过技术交底书中提供的背景技术以及所要解决的技术问题可知，传统的以磁粉制动器为驱动设备的上肢康复装置由于仅仅采用磁粉制动器的被动驱动方式，只能在患者操作手臂时，通过机械臂给患者一个阻力作用，使得患者只能做被动和阻尼模式的康复训练，而无法做由机械臂带动患者手臂的主动模式的康复训练，导致康复训练效果不佳。而本申请中提供上肢康复训练装置具有带动患者手臂进行主动康复训练的新式的驱动功能；由此可知，本申请与传统基于磁粉离合器的上肢康复训练装置区别在于增加了主动康复训练模式。发明名称应当简短、准确地表明发明专利申请要求保护的主题和类型。"基于磁粉离合器"这一特征并不能使本申请与现有技术形成区别，因此，为更准确地表明本发明专利申请要求保护的主题，将其发明名称修改为"拥有主被动模式的上肢康复训练系统"。

《专利法》第二十六条规定：说明书应当对发明或者实用新型作出清楚、完整的说明，以所属技术领域的技术人员能够实现为准；必要的时候，应当有附图。《专利法》第二十六条规定：权利要求书应当以说明书为依据，清楚、简要地限定要求专利保护的范围。《专利法实施细则》第十七条对说明书的撰写方式和顺序作了更为详细的规定。说明书和权利要求书是记载发明或者实用新型及确定其保护范围的法律文件，虽然发明或实用新型专利权的保护范围是以其权利要求书的内容为准，但说明书及附图是可以用于解释权利要求的内容的。因此，说明书是否满足清楚、完整、能够实现的条件对专利权的授予以及专利权保护范围的确定有着极其重要的影响。

在本申请的技术交底书中，发明人提供了本申请所要解决的技术问题、采用的技术方案以及该技术方案带来的技术效果，并结合附图描述了该上肢康复装置的具体结构。通过技术交底书中的内容可知，应按照下述方式和顺序撰写说明书。

（1）技术领域。本申请要求保护的上肢康复训练系统属于医疗器械技术领域。

（2）背景技术。引证现有的技术文件客观地指出现有技术中存在的缺陷和问题，现有的上肢康复训练系统不能由机械臂带动患者手臂进行主动模式的康复训练，不能达到较好的康复训练效果。

（3）发明内容。写明发明所要解决的技术问题、技术方案以及技术效果。本申请的上肢康复训练系统克服了现有的上肢康复训练系统无法控制机械臂以带动患者手臂完成主动模式的康复训练的问题，但在技术交底书的技术方案部分仅描述了具体的机械结构，没有介绍如何控制该结构以实现主动模式的康复训练，所属领域技术人员在仅知道其机械结构的条件下，也无法获知实现主动模式的康复训练的方法。所属技术领域的技术人员采用该技术方案无法解决其提出的技术问题，即所属技术领域的技术人员按照说明书记载的内容，无法实现该技术方案，解决其技术问题，并产生预期的技术效果。

因此，为清楚完整地描述该技术方案，首先应对介绍该系统的组成，"包括手柄、机械臂、主轴、编码器、计算机、显示器、电机、离合器、联轴器、带轮、带轮轴、同步齿形带、康复装置底座"。然后介绍其各组成部分之间的连接关系："连接关系为：手柄安装在机械臂一端，机械臂的另一端与主轴相连，……，信号采集模块将信息传送到控制模块，控制模块一方面将信息传送给阈值判断模块和评估报告模块，另一方面控制电机与离合器运动，同时输出信号给显示器。"

但仅依据该连接关系，所属技术领域的技术人员还是不清楚该系统是如何拥有主动、被动两种训练模式的；因此，还应详述该系统的工作原理，即该系统分别在主动模式和被动模式下的工作原理。

主动模式如下。

第一步：首先调整机械臂至适合位置，将上肢放在机械臂上，并握住手柄。

第二步：从计算机的游戏数据库调取与治疗方案相适应的游戏，……；同时，控制模块将由信号采集模块收集的受力信息及转角信息发送给评价报告模块，评估报告模块记录所有康复训练过程中产生的信息，按设定模式形成报告，供患者或相关人员参考。

被动模式如下。

第一步：根据患者的情况，对计算机内的阈值安全模块设定范围。

第二步：调整机械臂至适合位置，将上肢放在机械臂上，并握住手柄。

第三步：工作人员从计算机的游戏数据库调取与治疗方案相适应的游戏，游戏画面显示在显示器上，提示患者操作步骤；……；同时，控制模块将由信号采集模块收集的受力信息及转角信息发送给评价报告模块，评估报告模块记录所有康复训练过程中产生的信息，按设定模式形成报告，供患者或相关人员参考。"

然后在有益效果部分，清楚、客观地表明给发明直接带来的技术效果。

（4）附图说明。该部分写明各幅附图的图名，并且对图示的内容作简要说明。在本申请中，由于该上肢康复训练装置中涉及控制过程，为直观地表明该装置各组成部分与控制模块之间的关系，在说明书附图中增加了其模块化的结构示意图，即控制原理图。

（5）具体实施方式。结合附图详细说明其优选的实施方式。

通过以上分析可知，本申请虽然属于有关产品的发明专利，但由于对该产品的控制方法是解决其技术问题必不可少的技术手段，因此在撰写时不能单纯地只描述其机械部件的连接关系，应综合考虑其解决技术问题必不可少的技术内容，使所属技术领域的技术人员能够实现。

第3章

机械专利答复审查意见

《专利法》第三十五条规定：发明专利申请自申请日起3年内，国务院专利行政部门可以根据申请人随时提出的请求，对其申请进行实质审查。对发明专利申请进行实质审查的目的在于确定发明专利申请是否应当被授予专利权，特别是确定其是否符合《专利法》有关新颖性、创造性和实用性的规定。

对发明专利进行实质审查后，审查员认为该申请不符合《专利法》及其实施细则的有关规定的，会通知申请人，要求其在指定的期限内陈述意见或者对其申请进行修改。审查员发出审查意见通知书和申请人的答复可能反复多次，直到申请被授予专利权、被驳回、被撤回或者视为被撤回。

审查员在以审查意见通知书的形式将审查的意见和倾向性结论通知申请人时，在审查意见通知书的正文中，会依据《专利法》及《专利法实施细则》具体阐述审查的意见，明确、具体、清楚地指出申请中存在的问题。申请人在接到审查意见通知书后，应在其指定的期限内陈述意见或者对其申请进行修改。

《专利法》第三十三条对修改的内容与范围作出了规定：申请人可以对其专利申请文件进行修改，但是，对发明和实用新型专利申请文件的修改不得超出原说明书和原权利要求书记载的范围。《专利法实施细则》第五十一条对答复审查意见通知书时的修改方式作出了规定：申请人在收到国务院专利行政部门发出的审查意见通知书后对专利申请文件进行修改的，应当针对通知书指出的缺陷进行修改。在实质审查程序中，为了使申请符合《专利法》及《专利法实施细则》的规定，对申请文件的修改可能会进行多次。在进行修改时，应严格按照上述两项法条的规定，否则，修改文本会不予接受。

在答复审查意见通知书时应注意以下几点。

（1）严格遵守答复期限。在审查意见通知书中，审查员会指定答复期限。答复第一次审查意见通知书的期限为 4 个月，针对审查员再次发出的审查意见通知书的答复期限为 2 个月。申请人在规定期限内不能答复的，应当在期限届满前，请求延长期限，并提交延长期限请求书。

（2）针对审查意见通知书的内容，逐条进行答复。答复可以同意审查员的意见，按审查意见对申请进行修改；也可以不同意审查员的意见，并陈述申请人的意见和理由。

（3）对申请文件的修改在实质内容上不得超出原说明书和原权利要求书记载的范围。

3.1 一种真空或压力标准装置之间量值比对的方法

3.1.1 案例简介

在真空计量或者压力计量领域，由于标准装置搬运不方便，通常采用传递标准的方式开展标准装置之间的量值比对工作，传递标准的测量不确定度会对比对结果带来较大影响。如果不通过传递标准而将标准装置直接连接起来进行比对，保证建立的标准压力不随时间变化，将会降低测量结果的测量不确定度。但是，由于装置各自配备的进气系统和抽气系统的相互影响，将装置直接连接起来在装置之间同时建立相同的压力显然是不可能的。

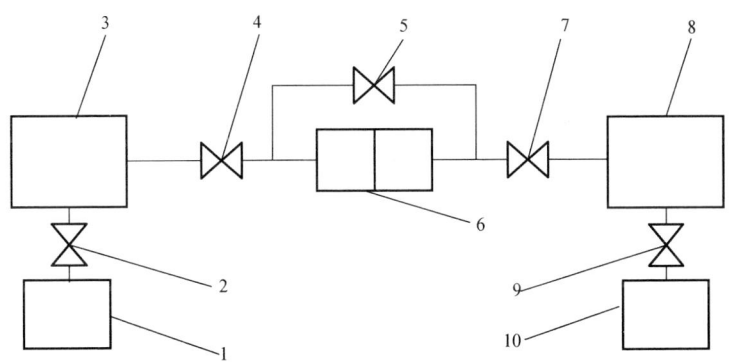

图 1

为解决现有技术中存在的问题，发明人作出发明创造，并递交了发明名称为"一种真空或压力标准装置之间量值比对的方法"的专利申请，该方法采用零点指示器解决了真空或压力标准装置之间量值比对的同时性问题，消除了比对时装置之间的相互影响，测量不确定度小。权利要求1如下：

1. 一种真空或压力标准装置之间量值比对的方法，步骤如下：

①启动第一抽气系统（1）和第二抽气系统（10），启动第一真空或压力标准装置（3）和第二真空或压力标准装置（8），打开第一真空阀门（2）、第四真空阀门（7）和第五真空阀门（9），启动零点指示器（6）至工作状态，对第一真空或压力标准装置（3）、零点指示器（6）和第二真空或压力标准装置（8）及其连接管道抽气；

②当第一真空或压力标准装置（3）和第二真空或压力标准装置（8）抽至本底压力时，对第一真空或压力标准装置（3）和第二真空或压力标准装置（8）分别调零，并记录零点指示器（6）的零点示值 p_0；

③通过第二真空或压力标准装置（8）的进气系统将其调节到目标压力点 p_t，同时通过第一真空或压力标准装置（3）的进气系统将其调节到与第二真空或压力标准装置（8）相同的压力点；

④关闭第三真空阀门（5），打开第二真空阀门（4）；

⑤微调第一真空或压力标准装置（3）的进气系统，使得零点指示器（6）的示值和步骤（2）中零点示值 p_0 有最小的偏离；

⑥记录第一真空或压力标准装置（3）的示值 p_3、零点指示器（6）的示值 p_6 和第二真空或压力标准装置（8）的示值 p_8；

⑦重复步骤(3)~(6)，共测量 n 组数据，其中 $n \geq 6$；

⑧关闭第二真空阀门（4），打开第三真空阀门（5）；

⑨关闭第一真空或压力标准装置（3）的进气系统和第二真空或压力标准装置（8）的进气系统，将第一真空或压力标准装置（3）与第二真空或压力标准装置（8）抽至本底压力；

⑩当第一真空或压力标准装置（3）和第二真空或压力标准装置（8）抽至本底压力时，对第一真空或压力标准装置（3）和第二真空或压力标准装置（8）分别调零，并记录零点指示器（6）的零点示值 p'_0；

⑪关闭第一真空阀门（2）、第三真空阀门（5）、第四真空阀门（7）和第五真空阀门（9）；

⑫关闭第一真空或压力标准装置（3）、第二真空或压力标准装置（8）和零点指示器（6）；

⑬数据处理及判定：如果 0 包含在 $\dfrac{d \pm 2u(d)}{p_t}$ 范围内，说明两个真空或

压力标准装置具有很好的一致性；反之，说明两个真空或压力标准装置不具有很好的一致性；其中，p_t 为目标压力点，d 为第一真空或压力标准装置（3）在所述目标压力点 p_t 的平均偏差，$u(d)$ 为测量不确定度。

3.1.2 审查意见

审查员对该专利申请进行实质审查后，指出权利要求1不清楚，不符合《专利法》第二十六条的规定。《专利法》第二十六条规定：权利要求书应当以说明书为依据，清楚、简要地限定要求专利保护的范围。

审查意见如下：

审查员指出权利要求1中记载的"零点指示器"不属于本领域的技术用语，同时说明书中的记载内容与权利要求书一致，并未对其作更清楚的描述，因此导致权利要求1保护范围不清楚，不符合《专利法》第二十六条的规定。

3.1.3 审查意见答复

答复要点：由于原始申请文件中没有对"零点指示器"更清楚的说明，因此采用解释或举证的方式证明"零点指示器"为本领域的公知常识。

答复理由如下：

根据说明书第2页第2段中记载有："启动零点指示器至工作状态，对第一真空或压力标准装置、零点指示器和第二真空或压力标准装置及其连接管道抽气"，第3段中记载有："对第一真空或压力标准装置和第二真空或压力标准装置分别调零，并记录零点指示器的零点示值"，及说明书第3页第1行的公式 $(p_3)_{predicted} = p_8 - (p_6 - (p_0 + p_0')/2) \cdot CF$（式中，$p_8$ 为第二真空或压力标准装置的压力示值；p_6 为零点指示器的示值；$(p_0 + p_0')$ 为零点指示器的零点；CF 为零点指示器的校准系数）。由公式可知：本申请的方法是首先通过一台标准的压力示值和两台标准的压力差两个参数的测量，计算出另一台标准的标准压力值；然后通过该标准的示值和计算出的压力标准值实现两台标准之间的比对，而零点指示器测量的是两台标准之间的压力差。

根据上述步骤以及对公式的分析可以毫无疑义地确定本申请中零点指示器的功能是测量第一真空或压力标准装置和第二真空或压力标准装置之间的压力差。

> 对于本领域的技术人员来说，测量两台标准之间压力差的器件是差压计，由于差压计在调零之后和绝对零点存在微小偏差，并且每次调零后零点示值也不可能绝对相同。在标准比对工作中，测量很小的压力差时对差压计的零点性能要求较高，如测量压差为 5 Pa，由零点不稳定引入的压力为 1 Pa，对比对结果的影响就会相当大。综合上述原因，由于零点影响对标准比对结果的显著影响，在选择差压计时，要求差压计的零点稳定性很好，申请人为了突出表示对差压计的零点稳定性的特殊要求，在本申请中将差压计定义为零点指示器。
>
> 申请人认为以上陈述能够阐明该零点指示器的公知定义，差压计属于本领域公知的技术术语，因此权利要求 1 清楚，符合《专利法》第二十六条的规定。

3.1.4 解析

《专利法》第二十六条规定"权利要求书应当以说明书为依据，清楚、简要地限定要求专利保护的范围"。《专利审查指南》第二部分第二章 3.2.2 节对该条款进行了进一步的解释和说明。权利要求书是否清楚，对于确定发明要求的保护范围极为重要。权利要求应当清楚，首先是每项权利要求的类型应当清楚；其次是每项权利要求所确定的保护范围应当清楚。而权利要求的保护范围应当根据其所用词语的含义来理解。

一般情况下，权利要求中的用词应当理解为相关技术领域通常具有的含义。在特定情况下，如果说明书中指明了某词具有特定的含义，并且使用了该词的权利要求的保护范围由于说明书中对该词的说明被限定得足够清楚，这种情况也是允许的。但此时也应要求申请人尽可能修改权利要求，使得根据权利要求的表述即可明确其含义。

具体到本申请中，该方法所采用的装置中包括"零点指示器"，但"零点指示器"不属于所属领域的技术用语，所属领域技术人员不能明确获知其含义，从而导致了权利要求 1 保护范围不清楚。《专利法》第三十三条规定：申请人可以对其专利申请文件进行修改，但是对发明或实用新型专利申请文件的修改不得超出原说明书和权利要求书记载的范围。

由于在本申请的说明书中没有对"零点指示器"作出更清楚的描述，因此，在对审查意见进行答复时，为避免引起修改文件的超范围，应采取审查员的建议，在意见陈述书中通过申请文件中记载的内容阐述"零点指示器"的公知定义，并可结合现有技术（申请日以前公众能够获知的技内容）证明该说法属于所属领域的公知技术用语。

基于此原则，认真阅读申请文件后，通过申请文件中记载的零点指示器的工作原理可以毫无疑义地确定本申请中"零点指示器"的功能：所述"零点指示器"用于测量第一真空或压力标准装置和第二真空或压力标准装置之间的压力差。对于本领域的技术人员来说，测量两台标准之间压力差的器件是差压计；但在本申请中为了突出表示对差压计零点稳定性的特殊要求，将差压计定义为零点指示器。虽然"零点指示器"不属于所属领域的技术用语，但差压计属于本领域公知的技术术语，而且通过说明书中记载的内容所属领域技术人员能够清楚获知零点指示器的定义。《专利法》第五十九条中规定：发明或者实用新型专利权的保护范围以其权利要求的内容为准，说明书及附图可以用于解释权利要求的内容。由于说明书中对"零点指示器"的功能有清楚明确的描述，所属领域技术人员能够获知"零点指示器"具体含义，因此权利要求1是清楚的，符合《专利法》第二十六条的规定。

3.2 一种汽车用双锥轮无级变速器

3.2.1 案例简介

目前，全球范围内的能源消耗和环境污染日趋严重，汽车在消耗能源和排放废气等方面有着重要影响。因此，在全球很多汽车厂商通过不断改进和优化汽车结构，以期提高汽车的经济性和动力性，减少排放。作为汽车动力传动系统的核心部件——变速器更是受到人们的热切关注。目前，在汽车中，使用最多的变速器是手动变速器和自动变速器，由于这些变速器在行驶过程中需要频繁换挡，因此，发动机的工作很不稳定，在很多情况下不能使发动机工作在最佳的燃油消耗区域，不仅增加了油耗，而且造成了排放污染。而无级自动变速器能根据需要使发动机大多数情况下工作在高效区域，不仅节省了燃油，而且减少了排放。

现在国际上使用较多的无级变速器有链式无级变速器和带式无级变速器，这些变速器需要主动轮、从动轮、倒挡传动机构、液力变矩器等机构。很多无级变速器采用液压加压与调速机构，虽然技术很成熟，但缺点也是很明显，由于液压系统工作需要油泵，不仅损耗了功率，而且增加的液压系统使得整个系统变得复杂，零件多，对加工要求也高，在可靠性等方面有所下降。很多无级变速器都需要倒挡传动机构,这将使得整个系统的体积增加,结构复杂,布置不够紧凑。另外,大多数无级变速器传递的功率也较小。

为解决现有技术中存在的问题,发明人作出发明创造,并递交了名称为"一种汽车用双锥轮无级变速器"的专利申请,该方案无须增加倒挡传动机构就可以实现倒挡,并且从倒档到前进挡的整个传动比变化范围都可以实现连续变化。说明书中记载了如下方案。

如图1所示,一种汽车用双锥轮无级变速器,主体包括壳体9、输入轴1、输入滚轮2、输出行星架8、滚圈5、行星轮6、太阳轮7、双锥轮支架3、无级变速机构10、齿圈11、输出轴12和自加载滚动体。其中,自加载滚动体由对称的双锥轮4和钢球组成,双锥轮4的两个锥轮相对的底面上有环形且不连续的V形凹槽,钢球位于双锥轮的V形凹槽之间;一对自加载滚动体对称安装在双锥轮支架3上并且双锥轮4的左锥轮母线与右锥轮母线保持水平,无级变速机构与双锥轮支架3连接控制其在水平方向的位移;输入轴1水平安装在壳体9内的中央位置,输入滚轮2与输入轴1连接后并同时与双锥轮4的右锥轮面接触,滚圈5的左端与双锥轮4的左锥轮面相接触,滚圈5的右端与齿圈11配合,齿圈11与其内部的行星轮6相啮合;输入轴1的输出端连接太阳轮7,太阳轮7与行星轮啮合;行星轮6的输出行星架8连接与输入轴1同轴安装的输出轴12。

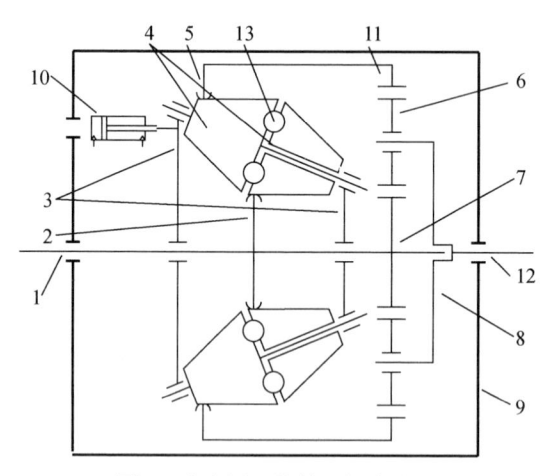

图1 汽车用双锥轮无级变速器

(1)功率传递过程。当功率流从发动机输入到变速器的输入轴1时,功率流将分成两路传递,一路通过输入轴1传递到输入滚轮2,然后由输入滚轮 2 传递到双锥轮 4 的右侧锥面，经自加载滚动体 13 传递到双锥轮 4 的左侧锥，而后通过双锥轮 4 的左侧锥面输出到滚圈 5，并通过滚圈 5 直接传递到齿圈 11，最后传递到行星轮 6；另一路通过输入轴 1 传递到太阳轮 7，而后由太阳轮 7 传递到行星轮 6。两路功率流最后都通过输出行星架 8 汇流输出到输出轴 12。

（2）无级变速过程。双锥轮 4 和双锥轮支架 3 相对位置固定，通过无级变速机构 10 使双锥轮支架 3 沿输入轴 1 轴线方向移动，从而分别改变了双锥轮 4 和输入滚轮 2 的接触位置以及双锥轮 4 和滚圈 5 的接触位置，同时也改变了接触位置处的双锥轮半径。由于两个接触位置的双锥轮半径变化规律是相反的，即一个接触位置处的双锥轮半径增大而另一个接触位置处的双锥轮半径减小，因此保证从输入滚轮 2 到滚圈 5 之间有足够大的传动比变化范围。由于接触位置的双锥轮半径是连续变化的，因此从输入滚轮 2 到滚圈 5 之间传动比的变化也是连续的，最后通过输出行星架 8 汇流，整个变速器也能得到连续变化的传动比整个双锥轮无级变速器被壳体 9 罩住，无级变速过程在壳体 9 内部进行。

本发明结构紧凑，输入与输出同轴，构件受力状态好，同时实现倒挡不需要另外增加额外的传动机构，无级变速结构简单，控制简便，传动效率高，使用寿命长。通过合理设计参数，可以使整个变速器与汽车需求相匹配。

3.2.2 审查意见

审查员对该专利申请进行实质审查后，指出说明书不符合《专利法》第二十六条的规定。《专利法》第二十六条规定：说明书应当对发明或者实用新型作出清楚、完整的说明，以所属技术领域的技术人员能够实现为准；必要的时候，应当有附图。摘要应当简要说明发明或者实用新型的技术要点。

审查意见如下：

在说明书中，申请人指出要解决的技术问题是"提供一种汽车用双锥轮无级变速器，无须增加倒挡传动机构就可以实现倒挡，并且从倒挡到前进挡的整个传动比变化范围都可以实现连续变化"。然而，在说明书中却并未对该变速器如何实现倒挡进行说明，因此本申请的说明书未对发明作出清楚、完整的说明，致使所属技术领域的技术人员不能实现该发明，不符合《专利法》第二十六条的规定。

3.2.3 审查意见答复

> 答复要点：在申请文件公开内容的基础上，提供证据证明审查员指出的"该变速器如何实现倒挡"的内容属于现有技术。
>
> 答复理由如下：
>
> 《坦克构造与设计（下册）》，（闫清东、张连弟、赵毓芹主编，北京理工大学出版社，2007年）第178页的行星机构转速关系式中公开了行星排的转速关系：$n_t + kn_q = (1+k)n_j$，其中，太阳轮、齿圈和行星架的转速分别为 n_t、n_q、n_j。
>
> 由此可以得出：当 $n_t + kn_q < 0$ 时，$n_j < 0$，倒挡；当 $n_t + kn_q = 0$ 时，$n_j = 0$，怠速；当 $n_t + kn_q > 0$ 时，$n_j > 0$，前进挡。调节变速机构传动比，即调节行星排齿圈转速 n_q，不仅能实现倒挡，而且能实现零速比的怠速工况。行星排的转速关系式属于变速机构设计领域的常用公式，因此未在说明书中进行推导和说明，但利用权利要求1的机构完全能实现说明书中记载的倒挡的功能。

3.2.4 解析

在审查意见通知书中，审查员认为以说明书记载的内容，所属技术领域的技术人员能够实现其发明目的。由于在说明书中未对该变速器如何实现倒挡进行说明，如果增加新的说明必然会引起修改文件的超范围，因此需在意见陈述中详细阐述依照说明书的内容是能够实现其发明目的的，或者举证说明说明书未公开的部分属于本领域的公知常识。

《专利法》第二十六条规定：说明书应当对发明或者实用新型作出清楚、完整的说明，以所属技术领域的技术人员能够实现为准。

即说明书对发明或者实用新型作出清楚、完整的说明，应当达到所属领域的技术人员能够实现的程度。也就是说，说明书应当满足充分公开发明或者实用新型的要求。

《专利审查指南》第二部分第二章2.2节对该项法条作了进一步的解释和说明。其中，所属技术领域的技术人员是指一种假设的"人"，假设他知晓申请日或者优先权日之前发明所属技术领域所有的普通技术知识，能够获知该领域中所有的现有技术，并且具有应用该日期之前常规实验手段的能力，但不具有创造能力。

说明书内容应当清楚，包括主题明确和表述准确。主题明确是指说明书应当从现有技术出发，明确地反映出发明或者实用新型想要做什么和如何去做，使所属技术领域的技术人员能够确切地理解该发明或者实用新型要求保护的主题。表述准确是指说明书应当使用发明或者实用新型所属技术领域的技术术语，不能含糊不清或模棱两可，导致所属领域的技术人员不能清楚、正确地理解该发明或者实用新型。

说明书内容应当完整指说明书应当包括有关理解、实现发明或者实用新型所需的全部技术内容。凡是所属技术领域的技术人员不能从现有技术中直接、唯一地得出的有关内容，均应当在说明书中描述。

能够实现是指所属技术领域的技术人员按照说明书记载的内容，就能够实现该发明或者实用新型的技术方案，解决其技术问题，并且产生预期的技术效果。说明书应当清楚地记载发明或者实用新型的技术方案，详细地描述实现发明或者实用新型的具体实施方式，完整地公开对于理解和实现发明或者实用新型必不可少的技术内容，达到所述技术领域的技术人员能够实现该发明或者实用新型的程度。

在本申请中，该发明要解决的技术问题是"提供一种汽车用双锥轮无级变速器，无须增加倒挡传动机构就可以实现倒挡，并且从倒挡到前进挡的整个传动比变化范围都可以实现连续变化"，并详细描述了能够解决该技术问题的双锥轮无级变速器的具体组成及各组成部分之间的连接关系。但是，审查员认为依据申请材料中记载的技术方案，所属技术领域的技术人员不清楚该变速器是如何实现倒挡的。在该无级变速器中，采用了由太阳轮、齿圈和行星架组成的行星机构，行星机构的转速关系式是所属技术领域技术人员的公知常识（为进一步证明其属于公知常识，提供了在申请日之前公开的技术文献中对行星机构转速关系式的描述）；通过行星机构的转速关系式能够明确获知该变速器的倒挡原理。因此，在答复该意见通知书时，只需附上相关的证明文件，证明说明书未公开的部分属于所属技术领域的公知常识；并进一步论述所属技术领域的技术人员依照申请文件中记载的技术方案结合该公知常识能够实现该发明即可。在此要注意的是，为避免修改超范围，只需在意见陈述书中进行有效的陈述，不用将证明文件中的相关内容添加到申请文件中。

3.3　一种小型连续式 CO_2 激光器

3.3.1　案例简介

目前，激光器已经广泛用于民用、航空、军事、雕刻、切割等行业。

在军事领域中，激光武器作为一种新概念武器，以其快速、灵活、精确和抗电磁干扰等优异性能，越来越受到世界多国的重视。鉴于激光武器的重要作用和地位，美国、俄罗斯、以色列和其他一些发达国家都投入了巨额资金，制定了宏大计划，组织了庞大的科技队伍，开发激光武器。目前，国内外激光部队的手持激光武器大多采用的是脉冲式，其需要庞大的电源来维持消耗。而且气体激光管工作时会产生大量热量，因此冷却系统非常重要。目前通常采用纯水冷的方式进行激光管的冷却，但这种方式的过冷却系统非常大。此外，其他种种原因也造成现有激光器的体积过于庞大，难以手持使用，并且难以在微型武器上实现长时间持续使用。

为解决现有技术中存在的问题，发明人作出发明创造，并递交了发明名称为"一种小型连续式CO_2激光器"的专利申请，该装置能够大幅减小激光器的体积和重量，延长其续航时间，且提高安全性，为手持使用提供了基础。权利要求1和权利要求2如下。

1. 一种小型连续式CO_2激光器，包括：激光器壳体，设置在激光器壳体中的电源、高频电路、升压变压器、CO_2激光管、水冷设备、风冷设备、静电吸收组件；

所述电源的正极依次串联泵开关、锁开关、发射开关后连接高频电路的电源正极，高频电路的电源负极连接电源负极；高频电路产生的高频振荡信号作为升压变压器的驱动信号；升压变压器采用填充聚碳酸酯的升压变压器，其根据驱动信号产生高压电输出给CO_2激光管的正极，CO_2激光管的负极连接电源负极；

水冷设备具体包括散热器、半导体制冷片、水冷换热器、水箱、循环水泵、第一温控开关；风冷设备包括鼓风式散热扇；

半导体制冷片的热端贴于散热器上，半导体制冷片的冷端贴于水冷换热器，第一温控开关贴在散热器连接半导体制冷片的一面，接近但不接触半导体制冷片；鼓风式散热扇的出风口位于散热器一侧，为散热器提供风冷源。水路方面，水冷换热器的两个水冷液接口其中一个通过管道连接水箱的水冷液出口，另一个通过管道连接CO_2激光管镜头处的水冷液入口；水箱的水冷液入口通过管道连接循环水泵的排水口，循环水泵的吸水口通过管道接入CO_2激光管尾部的水冷液出口。电路方面，循环水泵两个电源端的一端经由泵开关连接电源正极，循环水泵的另一端连接电源负极；鼓风式散热扇两个电源端的一端通过一风机开关连接电源正极，并且通过第一温控开关连接半导体制冷片，鼓风式散热扇的另一端与半导体制冷片并联后接入电源负极；所述第一温控开关为常关开关，其切换温度选取值为低

于半导体制冷片最高安全温度为 5~10 ℃;

静电吸收组件包括静电吸收线路控制开关、连接线路和多个发光二极管（LED 灯）；连接线路的长度至少绕激光器壳体内表面一周，如果激光器壳体为金属材质，则连接线路采用漆包线，如果激光器壳体为绝缘材质，则连接线路采用裸线；连接线路上串接多个 LED 灯；静电吸收线路控制开关也串接在连接线路上；连接线路两端分别连接电源的正负极，在连接线路与电源负极相接处，串接一线绕电阻。

2. 如权利要求 1 所述的激光器，其特征在于，所述半导体制冷片选用 TEC1-1270X 系列，其中 X 的取值为：根据 CO_2 激光管的输出功率 P，代入公式 (P/60%-P)/60%，得到半导体制冷片总功率 P_0，初步确定 X，使得 12×X 的乘积大于 P_0；选取初步确定的一个或一个以上的 TEC1-1270X 进行试验，并监测水箱温度，如果水箱温度稳定在 20~25 ℃，则选取当前实验所采用的 TEC1-1270X 作为本激光器的半导体制冷片。

说明书具体实施方式中针对半导体制冷片记载的内容如下。

针对半导体制冷片选用 TEC1-1270X 系列，X 的取值为记载的内容为：本实施例中，半导体制冷片采用 TEC1-1270X 系列，X 从 1~9 的整数中选取。X 的确定过程为：CO_2 激光管输出功率用 P（W）表示，CO_2 激光管的输出效率不超过 40%，即 60% 以上的能量都用来生热，因此生热功率 Q_p=P/40%-P。半导体制冷片的冷效率为 60%，如果将 CO_2 激光管全部生热抵消掉，半导体制冷片总功率 $P_0=Q_p/60\%=(P/40\%-P)/60\%$。

3.3.2 审查意见

审查员对该专利申请进行实质审查后，指出权利要求 1 得不到说明书的支持，不符合《专利法》第二十六条的规定。《专利法》第二十六条规定：权利要求书应当以说明书为依据，清楚、简要地限定要求专利保护的范围。

审查意见如下：

权利要求 2 中涉及"所述半导体制冷片选用 TEC1-1270X 系列，其中 X 的取值为：根据 CO_2 激光管（4）的输出功率 P，代入公式 (P/60%-P)/60%，得到半导体制冷片总功率 P_0，初步确定 X，使得 12×X 的乘积大于 P_0。"根据对说明书公开内容的理解，在本申请中，"CO_2 激光管输出功率采用 P(W) 表示，CO_2 激光管的输出效率不超过 40%，即 60% 以上的能量都用来生热，因此生热功率 $Q_p = P/40\% - P$。半导体制冷片的冷效率为 60%，如果将 CO_2 激光管全部生热抵消掉，半导体制冷片总功率 $P_0 = Q_p/60\% = (P/40\% - P)/60\%$"（见说明书 0041 段），目前，权利要求 2 所述技术方案无法从说明书充分公开的内容中得到或概括得出，不符合《专利法》第二十六条的规定。

3.3.3 审查意见答复

答复要点：由于原申请文件中权利要求 2 的撰写存在笔误，导致得不到说明书的支持，因此根据说明书记载的内容对权利要求书进行修改。

答复理由如下：

权利要求 2 中的"所述半导体制冷片选用 TEC1-1270X 系列，其中 X 的取值为：根据 CO_2 激光管的输出功率 P，代入公式 $(P/60\% - P)/60\%$，得到半导体制冷片总功率 P_0……"，由于本申请人的失误，将公式"$(P/40\% - P)/60\%$"误写为"$(P/60\% - P)/60\%$"，（具体见说明书第 7 页第一段第五行中的"半导体制冷片总功率 $P_0 = Q_p/60\% = (P/40\% - P)/60\%$"；因此，本申请人将权利要求 2 中的公式"$(P/60\% - P)/60\%$"修改为"$(P/40\% - P)/60\%$"。修改后的权利要求 2 符合《专利法》第二十六条的规定。

3.3.4 解析

《专利法》第二十六条规定"权利要求书应当以说明书为依据，清楚、简要地限定要求专利保护的范围"。《专利审查指南》第二部分第二章 3.2 节对《专利法》第二十六条作了进一步的阐述和说明：①权利要求书应当以说明书为依据，是指权利要求书应当得到说明书的支持。权利要求书中的每一项权利要求所要求保护的技术方案应当是所属技术领域的技术人员能够从说明书充分公开的内容中得到或概括得出的技术方案，并且不得超出说明书公开的范围。②权利要求应当清楚：一是指每一项权利要求应当清楚；二是指构成权利要求书的所有权利要求作为一个整体也应当清楚。每一项权利要求应当清楚包括每项权利要求的类型应当清楚和每项权利要求所确定的保护范围应当清楚。权利要求的保护范围应当根据其所用词语的含义来理解。一般情况下，权利要求中的用词应当理解为相关技术领域通常具有的含义。在特定情况下，如果说明书中指明了某词具有特定的含义，并且使用了该词的权利要求的保护范围由于说明书中对该词的说明被限定得足够清楚，这种情况也是允许的。但此时也应要求申请人尽可能修改权利要求，使得根据权利要求的表述即可明确其含义。

《专利法》第三十三条规定：申请人可以对其专利申请文件进行修改，但是，对发明或实用新型专利申请文件的修改不得超出原说明书和权利要求书记载的范围。原说明书和权利要求书记载的范围包括原说明书和权利要求书文字记载的内容和根据原说明书和权利要求书文字记载的内容以及说明书附图能直接地、毫无疑义地确定的内容。

在该审查意见通知书中，审查员依次对权利要求 2 提出了意见，其中权利要求 2 不符合《专利法》第二十六条中"权利要求书应当以说明书为依据"的规定。

关于审查员提出的权利要求 2 不符合《专利法》第二十六条规定的"以说明书为依据"的问题，通过比较权利要求书和说明书中的技术方案可知，权利要求书中记载的技术方案与说明书中不同，且无法从说明书充分公开的内容中得到或概括得出。通过对说明书公开内容的理解发现，权利要求书中记载的技术方案有误，因此，只需修改权利要求书中的技术方案使其与说明书一致即可。

3.4 一种零飞弧灭弧装置

3.4.1 案例简介

在断路器带负载分断的动作过程中，触头之间的电压引起空气介质放电，形成电弧。因此在断路器、接触器等开关中，通常都设置灭弧室来熄灭电弧，从而保证电气设备的安全运行。现有的灭弧室都是在内部设置一排灭弧栅片，对电弧进行切断和灭弧，栅片与隔弧罩之间留出一块空间用于阻挡电弧飞出灭弧室。但这种灭弧室存在的主要问题是：体积偏大，难以实现小体积、高分断和零飞弧。

为解决现有技术中存在的问题，发明人作出发明创造，并递交了发明名称为"一种零飞弧灭弧装置"的专利申请，该灭弧片和栅片配合使用，使断路器达到了零飞弧的效果，有效实现了断路器的小体积、高分断和零飞弧。

权利要求书记载如下。

1. 一种零飞弧灭弧装置，包括隔弧罩（1）、引弧片（3）、两个隔弧壁、两个或两个以上栅片（2）；两个隔弧壁的顶部与隔弧罩（1）可拆卸连接；引弧片（3）固接在两个隔弧壁的端部；其特征在于，还包括一组或一组以上灭弧片，所述灭弧片安装在栅片（2）顶部与隔弧罩（1）之间的空隙里，每组灭弧片从下到上依次为绝缘框（6）、灭弧板（4）和去游离网（5）；

在两个隔弧壁的内侧开有两对或两对以上的纵向插槽，两个或两个以上栅片（2）一正一反依次插在插槽内，为了尽量加长栅片（2）的长度，栅片的顶部可与绝缘框（6）接触，底部沿引弧片（3）的斜面呈阶梯状排列，以不与引弧片（3）接触为限；栅片的长度范围为灭弧室高度的1/2~2/3；

所述隔弧罩（1）为长方形板型结构，沿隔弧罩（1）横轴线加工有一个或一个以上的排气孔（10），在满足强度要求的前提下，在其侧面加工一个或一个以上与排气孔（10）相贯通的纵向通孔；

所述栅片（2）为长方形片状结构，其下边缘的中间位置设置有不对称的凹槽。

2. 如权利要求1所述的一种零飞弧灭弧装置，其特征在于，所述排气孔（10）的形状为斜槽、V形槽或X形槽；斜槽的倾斜角范围为100°~170°，V形槽或X形槽的一侧竖直，另一侧与纵轴倾斜，倾斜角的范围为100°~170°。

3. 如权利要求1所述的一种零飞弧灭弧装置，其特征在于，所述栅片（2）下边缘的中间位置设置有不对称的凹槽，凹槽由两段缺口组成，第一段缺口（7）为横向对称布置的长方形，在第一段缺口（7）的顶部设置第二段缺口（8），第二段缺口（8）为纵向不对称布置的梯形，其尾部为半圆形；第二段缺口（8）与第一段缺口（7）之间由圆弧光滑过渡，第一段缺口（7）与栅片（2）底边之间由圆弧光滑过渡。

4. 如权利要求3所述的一种零飞弧灭弧装置，其特征在于，所述各栅片上的凹槽顶部在同一高度，凹槽的长度为与引弧片（3）相邻栅片长度的1/3，其中第一段缺口（7）的长度为凹槽长度的3/5，第二段缺口（8）的长度为凹槽长度的2/5。

5. 如权利要求1、2或3所述的一种零飞弧灭弧装置，其特征在于，栅片（2）的两个侧边下端分别设置有凹下的限位台阶（9），限位台阶（9）卡在插槽的末端。

6. 如权利要求1、2或3所述的一种零飞弧灭弧装置，其特征在于，所述绝缘框（6）放置在栅片（2）顶部，绝缘框（6）为带孔的长方形框架。

7. 如权利要求1、2或3所述的一种零飞弧灭弧装置，其特征在于，所述灭弧板（4）放置在绝缘框上，灭弧板（4）为长方形结构，并沿横轴线开孔。

8. 如权利要求1、2或3所述的一种零飞弧灭弧装置，其特征在于，所述去游离网（5）装在灭弧板（4）上，去游离网（5）由一层或一层以上的灭弧网片组成。

9. 如权利要求1、2或3所述的一种零飞弧灭弧装置，其特征在于，所述灭弧板（4）和绝缘框（6）加工为一体。

10. 如权利要求1、2或3所述的一种零飞弧灭弧装置，其特征在于，所述去游离网（5）由不同目数的灭弧网片组成。

说明书
一种零飞弧灭弧装置

技术领域

本发明涉及一种灭弧装置，具体涉及一种零飞弧灭弧装置，属于低压电器设备。

背景技术

在断路器带负载分断的动作过程中，触头之间的电压引起空气介质放电，形成电弧。因此在断路器、接触器等开关中，通常都设置灭弧室来熄灭电弧，从而保证电气设备的安全运行。

现有的灭弧室都是在内部设置一排灭弧栅片，对电弧进行切断和灭弧，栅片与隔弧罩之间留出一块空间用于阻挡电弧飞出灭弧室。但这种灭弧室存在的主要问题是：体积偏大，难以实现小体积、高分断和零飞弧。

发明内容

有鉴于此，本发明提供一种零飞弧灭弧装置。该灭弧装置包括隔弧罩、引弧片、两个隔弧壁、栅片和一组或一组以上灭弧片。每组灭弧片包括绝缘框、灭弧板和去游离网。

其连接关系为：两个隔弧壁的顶部与隔弧罩可拆卸连接；在两个隔弧壁的内壁加工有两对或两对以上的纵向插槽，两个或两个以上栅片一正一反依次插装在插槽中。引弧片固定在两个隔弧壁的端部，引弧片为折弯的片状结构，一面竖直，另一面向灭弧室内部倾斜，并与竖直面形成钝角。一组或一组以上灭弧片安装在栅片顶部与隔弧罩之间。

所述隔弧罩为长方形结构，由绝缘材料制成，其厚度依据灭弧室的强度要求来确定，以不被分断时产生的气体冲开或损坏为限，一般为10~20 mm。为了使灭弧室内的气体能够更好地流通，增加散热效果，沿隔弧罩横轴线加工有一个以上排气孔。在保证强度的前提下，在隔弧罩的侧面加工一个或一个以上与排气孔相贯通的纵向通孔。在实际运用中，考虑到对排气方向的控制，排气孔的形状可设计为斜槽、V形槽或X形槽。所述斜槽与纵轴间的倾斜角范围为100°~170°，所述V形槽或X形槽的一侧竖直，另一侧与纵轴倾斜，倾斜角范围为100°~170°。在保证灭弧罩强度的前提下，排气孔的面积占整个灭弧罩面积的30%以上。

栅片为长方形的片状结构，其两个侧边末端分别设置有凹下的限位台阶，限位台阶卡在插槽内。为了增加栅片对电弧的冷却面积，栅片的长度应尽可能长，其顶部紧靠绝缘框，底部沿引弧片的斜面呈阶梯状排列，以不与引弧片接触为限；栅片的长度范围为灭弧室高度的1/2~2/3。

栅片下边缘的中间位置加工有不对称凹槽，各栅片上凹槽的顶部在同一个高度，凹槽的长度为与引弧片相邻栅片长度的1/4~1/2。所述凹槽由两段缺口组成，第一段缺口为横向对称布置的长方形，在第一段缺口的顶部设置第二段缺口，第二段缺口为纵向不对称布置的梯形，其尾部为半圆形。其中第一段缺口的长度为凹槽长度的1/2~7/10。第二段缺口与第一段缺口之间由圆弧光滑过渡，第一段缺口与栅片底边之间由圆弧光滑过渡。栅片在插槽内一正一反交错安装，即凹槽底部的凸起部分和凹陷部分相互错开。采用此结构的灭弧室能够有效地拉长电弧。

绝缘框为带孔的长方形结构，放置在栅片顶部，其作用是防止栅片之间的短路。

绝缘框上放置长方形灭弧板，在增加强度的同时能够更好的熄灭电弧，灭弧板为铁磁材料。灭弧板上分布较多气孔，气孔的大小和排布与栅片间隔相适应。灭弧板的厚度为1~5 mm，也可将灭弧板和绝缘框加工为一体。

去游离网放置在灭弧板上，其材料为铁磁网片，可以是一层或多层。去游离网由5~20层铁丝网叠成，叠后仍具有可透气性，优选目数为10~25目。去游离网还可由不同目数的灭弧网片组成。

有益效果

栅片列阵底部呈阶梯状排列，并正反交叉安装，有利于电弧的拉长、冷却和熄灭，提高分断能力。由于灭弧板和去游离网均为铁磁材料，在电弧出现时能产生很强的感应磁场，将电弧拉出灭弧栅片；同时，感应磁场产生的力能将可能从喷弧口喷出的电弧拉回到灭弧室内，从而防止电弧通过灭弧罩上的喷弧口飞出。灭弧片和栅片的配合使用，使断路器达到了零飞弧的效果，有效实现了断路器的小体积、高分断和零飞弧。

附图说明

图 1 为本发明的剖视图；

图 2 隔弧罩的结构示意图；

图 3 为栅片正反交错放置的结构示意图；

图 4 为灭弧板的结构示意图；

图 5 为绝缘框的结构示意图。

图中：1—隔弧罩；2—栅片；3—引弧片；4—灭弧板；5—去游离网；6—绝缘框；7—第一段缺口；8—第二段缺口；9—限位台阶；10—排气孔。

具体实施方式

下面结合附图并举实施例，对本发明进行详细描述。

本发明提供一种零飞弧灭弧装置，如图 1 所示。该灭弧装置包括隔弧罩 1、引弧片 3、两个隔弧壁、栅片 2、绝缘框 6、灭弧板 4 和去游离网 5。

其连接关系为：两个隔弧壁顶部的凸起与隔弧罩 1 底面的凹槽相配合，实现对隔弧罩 1 定位，并通过螺钉将两个隔弧壁与隔弧罩 1 固接。两个隔弧壁的内壁加工有 16 对纵向插槽，15 个栅片 2 一正一反依次插装在插槽中，引弧片 3 为折弯的片状结构，且一面竖直，另一面向左下方倾斜，并与竖直面形成钝角，引弧片 3 插装在两个隔弧壁最右端的插槽中。栅片 2 顶部与隔弧罩 1 之间的空隙里从下到上依次装有绝缘框 6、灭弧板 4 和去游离网 5。

隔弧罩 1 的结构如图 2 所示，为了增加灭弧室的透气通道，同时控制隔弧罩 1 内气流的方向，沿隔弧罩 1 横轴线加工有 8 个倾斜的排气孔 10，排气孔 10 与纵轴间的倾斜角约为 125°。

如图 3 所示，栅片 2 为长方形的片状结构，其中两个侧边末端分别加工有凹下的限位台阶 9，限位台阶 9 卡在插槽内。栅片 2 顶部紧靠绝缘框 6，底部与引弧片 3 之间有 2 mm 的间隙，且沿引弧片 3 的斜面呈阶梯状排列；栅片 2 的长度范围为灭弧室高度的 2/3。栅片 2 下端的中间位置加工有不对称凹槽，各栅片 2 上凹槽的顶部在同一个高度，凹槽的长度为与引弧片 3 相邻栅片 2

长度的1/3。所述凹槽由两段缺口组成，第一段缺口7为横向对称布置的长方形，在第一段缺口7的顶部设置第二段缺口8，第二段缺口8为纵向不对称布置的梯形，其尾部为半圆形。其中第一段缺口7的长度为凹槽长度的3/5。第二段缺口8与第一段缺口7之间由圆弧光滑过渡，第一段缺口7与栅片2底边之间由圆弧光滑过渡。为了有效拉长电弧，栅片2在灭弧室内一正一反交叉安装，如图3所示。

栅片2顶部与隔弧罩1之间的空隙里从下到上依次装有绝缘框6、灭弧板4和去游离网5。

如图4所示，灭弧板4沿横轴线开孔，为了不影响透气性，孔的大小和排布与栅片2之间的间隔相协调。绝缘框6的结构如图5所示。绝缘框6的作用是防止栅片2之间的短路。绝缘框6上放置灭弧板4，在增加强度的同时能够更好地冷却电弧，灭弧板4为铁板。

去游离网5放置在灭弧板4上，其材料为铁磁网片。为了工艺简单，多层的去游离网通过折叠单张灭弧网片的方式形成。

以上仅为本发明的较佳实施例而已，并非用于限定本发明的保护范围。凡在本发明的精神和原则之内所作的任何修改、等同替换、改进等，均应包含在本发明的保护范围之内。

说明书附图

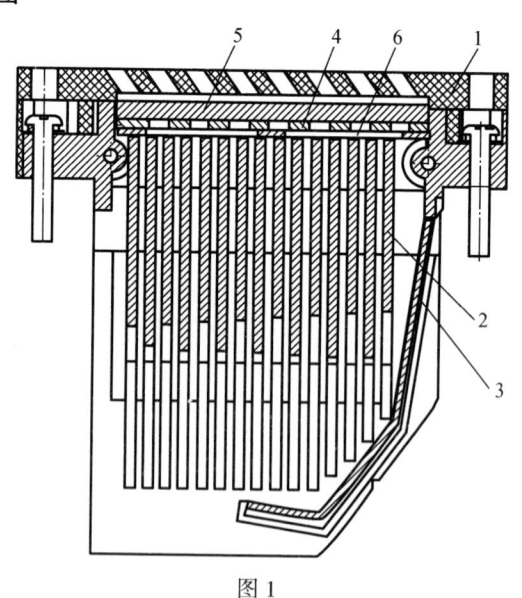

图1

图 2　　　　　　　　　　图 3

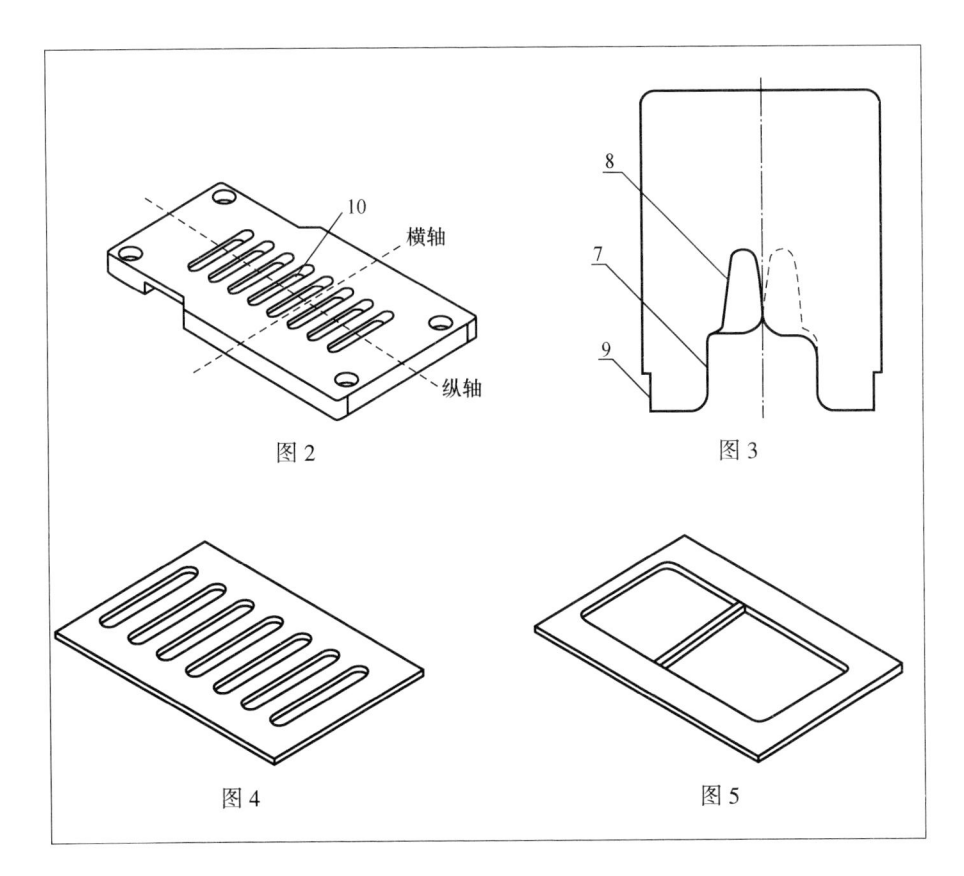

图 4　　　　　　　　　　图 5

3.4.2　审查意见

审查员对该专利申请进行实质审查后，指出权利要求1~10没有创造性，不符合《专利法》第二十二条的规定：创造性，是指与现有技术相比，该发明具有突出的实质性特点和显著的进步，该实用新型具有实质性特点和进步。

审查意见如下：

(1) 权利要求1不符合《专利法》第二十二条创造性的有关规定。

权利要求1请求保护一种零飞弧灭弧装置。对比文件1（CN102129924A，参见说明书第［0018］、［0019］段及说明书附图1）公开了一种断路器灭弧室结构，并具体公开了如下的技术特征：包括灭弧室本体1和消游离装置2，灭弧室本体1包括一对彼此对置的侧板11（隔弧壁）、一组彼此并行且间隔定位于一对侧板11之间的灭弧栅片12（栅片）和设置于灭弧室本体 1 的开口处并且与一对侧板顶端 11 固定的一支架 13（绝缘框），支架 13 上配置有一盖板 132（隔弧罩），支架 13 用螺钉与一对侧板 11 的顶部固定（相当于两个隔弧壁的顶部与隔弧罩可拆卸连接）。盖板 132 上间隔开设有通孔（1321），支架 13 具有一容腔 131，容腔 131 对应于灭弧室本体 1 的开口处的上部，消游离装置 2 设置在容腔 131 内，其特征在于：所述的消游离装置 2 包括金属纤维毡 21（相当于去游离网）和透气绝缘板 22（相当于灭弧板），透气绝缘板 22 位于所述容腔 131 的底部，而金属纤维毡 22 铺叠在透气绝缘板 2 的上部。在盖板 132 上并且在对应于容腔 131 的区域分布有通孔 1321（排气孔），通孔 1321 与容腔 131 相通。由说明书附图 1 可以得到，灭弧室具有引弧片，游离装置 2 安装在灭弧栅片 12 的顶部与盖板 132 之间，通孔 1321 为多个且沿隔弧罩横轴线加工。

该权利要求 1 所要求保护的技术方案与对比文件 1 所公开的内容相比，其区别技术特征是：①引弧片固接在两个隔弧壁的端部，栅片的顶部与绝缘框接触；②在两个隔弧壁的内壁加工有两对或两对以上的纵向插槽；③两个或两个以上栅片一正一反一次插装在插槽内；④为了尽量加长栅片的长度，底部沿引弧片的斜面呈阶梯状排列，以不与引弧片接触为限；⑤栅片的长度范围为灭弧室高度的 1/2~2/3；⑥隔弧罩为长方形板型结构；⑦在满足强度要求的前提下，在其侧面加工一个或一个以上与排气孔相贯通的纵向通孔；⑧所述栅片为长方形片状结构，其下边缘的中间位置加工有不对称的凹槽。基于上述区别技术特征，可以确定本申请实际解决的技术问题是使断路器达到零飞弧的效果，有效实现了小体积、高分断和零飞弧。

对比文件 2（CN101009184A，参见说明书第 1 页第 15~21 行及说明书附图 1~图 5）公开了负荷开关中的灭弧装置，并具体公开了如下的技术特征：壳体是由一个底板、一个顶板（相当于隔弧罩）和两个侧板（相当于隔弧壁）构成的框架结构，壳体的前面和后面敞开，在两个侧板的内侧面上由上至下开有多对插槽（相当于在两个隔弧壁的内壁加工有两对或两对以上的纵向插槽），多层灭弧栅片插接在插槽中，其中部分灭弧栅片两侧边的安装位置与另一部分灭弧栅片两侧边的位置相反，安装位置相反的灭弧栅片交错安置（相当于两个或两个以上栅片一正一反一次插装在插槽内），并且相反安装的灭弧栅片凹槽底部波浪形的凸起部分和凹陷部分相互错开。由说明书附图 1 可以得到，栅片为长方形片状结构,其下边缘的中间位置加工有不对称的凹槽。由此可见,区别技术特征②③⑧被对比文件2公开,且上述特征在对比文件2中的作用与本申请的作用相同,都是为了对灭弧栅片进行固定,使灭弧室内的气体可以能够的流通。对比文件3(CN101556880A,见说明书附图1)公开了一种带双重引弧片的交流接触器栅片灭弧室,并具体公开了如下的技术特征:由说明书附图1可以得到,为了尽量加长栅片的长度,灭弧栅片底部沿引弧片的斜面呈阶梯状排列,以不与引弧片接触为限。由此可见,区别技术特征④被对比文件3公开,且上述特征在对比文件4中的作用与本申请中的作用相同,都是为了增加对电弧的冷却面积。

此外,对于本领域技术人员来说,可根据实际情况将引弧片固定在侧板的端部,且常见的盖板的形状为长方形。栅片的长度范围可根据需要拉长电弧的效果等确定,也可在满足机械强度等要求的情况下,在盖板的侧面打孔,使得体积减小,产生的气体快速排出,增加散热效果等。可见,区别技术特征是①⑤⑥⑦是本领域技术人员的常规设计,属于本领域的公知常识。

由此可知,在对比文件1的基础上结合对比文件2、3和本领域的公知常识得出该权利要求1所要求保护的技术方案对本领域的技术人员来说是显而易见的,因此权利要求1保护的技术方案不具备突出的实质性特点和显著的进步,不符合《专利法》第二十二条有关创造性的规定。

(2)权利要求2不符合《专利法》第二十二条创造性的有关规定。

对于本领域技术人员来说,为了使灭弧室内的气体能够更好地流通,增加散热效果,也为了能够控制排气方向,可以对排气孔的形状、倾斜角的角度范围等进行选择和设计。可见,权利要求2的附加技术特征是本领域技术人员的常规设计,属于本领域的公知常识。因此,当其引用的权利要求不具备创造性时,权利要求2所保护的技术方案也不具备创造性,不符合《专利法》第二十二条有关创造性的规定。

(3)权利要求3不符合《专利法》第二十二条创造性的有关规定。

对比文件4(CN201256018Y,见说明书附图3)公开了一种负荷开关中的灭弧装置,并具体公开了如下的技术特征:由说明书附图3可以得到,栅片下边缘的凹槽由3段缺口组成，第一端缺口和第二端缺口为横向对称布置的长方形（相当于第一段缺口为横向对称布置的长方形），在第二段缺口的顶部设置第三段缺口为纵向不对称布置的梯形（相当于第二端缺口为纵向不对称布置的梯形），其尾部为半圆形，三段缺口之间由圆弧光滑过度（相当于第二端缺口与第一段缺口之间有圆弧光滑过渡），缺口与栅片底边之间由圆弧光滑过渡（相当于第一段缺口与栅片底边之间有圆弧光滑过渡）。可见，"第一段缺口（7）为横向对称布置的长方形，在第一段缺口（7）的顶部设置第二段缺口（8），第二段缺口（8）为纵向不对称布置的梯形，其尾部为半圆形；第二段缺口（8）与第一段缺口（7）之间由圆弧光滑过渡，第一段缺口（7）与栅片（2）底边之间由圆弧光滑过渡"被对比文件4公开，且上述特征在对比文件4中的作用与本申请中的作用相同，都是为了有效拉长电弧。此外，对于本领域技术人员来说，栅片下边缘的凹槽缺口的数量可根据实际应用来确定，可见，具有两段缺口或三段缺口都是本领域技术人员的常规设计，属于本领域的公知常识。

由此可知，在对比文件1的基础上结合对比文件2、3、4和本领域的公知常识得出该权利要求3所要求保护的技术方案对本领域的技术人员来说是显而易见的，因此权利要求3保护的技术方案不具备突出的实质性特点和显著的进步，不符合《专利法》第二十二条有关创造性的规定。

（4）权利要求4不符合《专利法》第二十二条创造性的有关规定。

对比文件2还公开了：由说明书附图5可以得到，各栅片上凹槽的顶部在同一高度。由此可见，"各栅片上凹槽的顶部在同一高度"被对比文件1公开；此外，本领域技术人员可根据栅片的大小、灭弧效果等方面，对凹槽的长度、第一段缺口的长度进行选择性的调整和设计；由此可见，"凹槽的长度为与引弧片相邻栅片长度的1/4~1/2，其中第一段缺口的长度为凹槽长度的1/2~7/10"是本领域技术人员的常规设计，属于本领域的公知常识。因此，当其引用的权利要求不具备创造性时，权利要求4所保护的技术方案也不具备创造性，不符合《专利法》第二十二条有关创造性的规定。

(5) 权利要求5不符合《专利法》第二十二条创造性的有关规定。

对比文件2还公开了：由说明书附图4和图5可以得到，栅片的两个侧边末端分别加工有凹下的限位台阶，限位台阶卡在插槽内。可见，权利要求5的附加技术特征被对比文件1公开。因此，当其引用的权利要求不具备创造性时，权利要求5所保护的技术方案也不具备创造性，不符合《专利法》第二十二条第3款有关创造性的规定。

(6) 权利要求6不符合《专利法》第二十二条创造性的有关规定。

对比文件1还公开了：由说明书附图1可以得到，支架13（绝缘框）位于栅片的顶部；由此可见，"绝缘框位于栅片的顶部"被对比文件1公开；此外，常见的绝缘框都是长方形且具有通孔用于产生的气体；可见，"绝缘框为带孔的长方形框架"是本领域技术人员的常规设计，属于本领域的公知常识。因此，当其引用的权利要求不具备创造性时，权利要求6所保护的技术方案也不具备创造性，不符合《专利法》第二十二条有关创造性的规定。

(7) 权利要求7不符合《专利法》第二十二条创造性的有关规定。

对比文件1还公开了：由说明书附图1可以得到，支架13具有一容腔131，设置在容腔131内，透气绝缘板22位于所述容腔131的底部（相当于灭弧板安装在绝缘框上），由说明书附图1可以得到，灭弧板上加工有气孔，气孔的排布与栅片的间隔相适应；由此可见，"灭弧板安装在绝缘框上，加工有气孔，气孔的排布与栅片的间隔相适应"被对比文件所公开；此外，本领域技术人员会想到根据灭弧室本体的形状来确定灭弧板的形状以及气孔的大小、排列。由此可见，"灭弧板为长方形结构、气孔是沿横轴线加工、气孔的大小"是本领域技术人员的常规设计，属于本领域的公知常识。因此，当其引用的权利要求不具备创造性时，权利要求7所保护的技术方案也不具备创造性，不符合《专利法》第二十二条有关创造性的规定。

(8) 权利要求8不符合《专利法》第二十二条创造性的有关规定。

对比文件1还公开了：所述的消游离装置2包括金属纤维毡21（相当于去游离网）和透气绝缘板22（相当于灭弧板），透气绝缘板22位于所述容腔131的底部，而金属纤维毡22铺叠在透气绝缘板2的上部。由此可见，"去游离网安装在灭弧板上"被对比文件1公开；此外，本领技术人员会想到，常见的金属纤维毡可以用铁磁材料制成，或由若干灭弧网片构成，由此可见，"去游离网由一层或一层以上的灭弧网片组成"是本领域技术人员的常规设计，属于本领域的公知常识。因此，当其引用的权利要求不具备创造性时，权利要求8所保护的技术方案也不具备创造性，不符合《专利法》第二十二条有关创造性的规定。

（9）权利要求9不符合《专利法》第二十二条创造性的有关规定。

对于本领域技术人员来说，灭弧板和绝缘框可一体成型，能够简化工序、提高其性能。由此可见，权利要求9的附加技术特征是本领域技术人员的惯用手段，属于本领域的公知常识。因此，当其引用的权利要求不具备创造性时，权利要求9所保护的技术方案也不具备创造性，不符合《专利法》第二十二条有关创造性的规定。

（10）权利要求10不符合《专利法》第二十二条创造性的有关规定。

对于本领域技术人员来说，常见的金属纤维毡可以用铁磁材料制成，或由若干灭弧网片构成。由此可见，"去游离网由一层或一层以上的灭弧网片组成"是本领域技术人员的常规设计，属于本领域的公知常识。因此，当其引用的权利要求不具备创造性时，权利要求10所保护的技术方案也不具备创造性，不符合《专利法》第二十二条有关创造性的规定。

基于上述理由，本申请的独立权利要求以及从属权利要求都不具备创造性，同时说明书中也没有记载其他任何可以授予专利权的实质性内容。如果申请人不能在本通知书规定的答复期限内提出表明本申请具有创造性的充分理由，本申请将被驳回。

3.4.3　审查意见答复

答复要点：当独立权利要求1所保护的技术方案与对比文件相比不具备创造性时，可以将说明书中记载的技术特征补充至独立权利要求1中，通过缩小专利申请的保护范围，从而使权利要求1符合《专利法》第二十二条的规定。

答复理由如下：

1. 修改说明

申请人根据审查意见通知书中的审查意见，依据《专利法》及实施细则的相关规定，对权利要求书进行了如下修改。

（1）修改了独立权利要求1：将原权利要求3的内容补入权利要求1，并增加区别技术特征："所述灭弧板为铁磁材料，去游离网为铁磁网片"，以使修改后的权利要求1满足《专利法》第二十二条规定的创造性。增加的区别技术特征来源于说明书第2页的倒数第2段及倒数第3段。

（2）删去原权利要求3，对剩余的从属权利要求重新按顺序编号，并对其引用基础进行了适应性的修改。

以上修改均未超出原始说明书和权利要求书记载的范围，符合《专利法》第三十三条的规定，且上述修改也是针对通知书之处的缺陷进行的修改，符合《专利法实施细则》第五十一条的规定。

2. 修改后权利要求的创造性

修改后的独立权利要求1相对审查意见通知书引用的对比文件1、2、3及4具有《专利法》第二十二条规定的创造性，理由如下。

对比文件1、2和3均披露了一种灭弧室，对比文件4披露了一种负荷开关中的灭弧装置，四份对比文件与本申请的技术领域均相同，但由于对比文件1与本申请要解决的技术问题更为相近，所披露的技术特征也更多，因此对比文件1是本发明最接近的现有技术（对比文件1、2、3、4见附件2）。

与对比文件1相比，本申请修改后的独立权利要求1存在以下区别技术特征：①包括一组或一组以上灭弧片，每组灭弧片从下到上依次为绝缘框、灭弧板和去游离网；所述灭弧板为铁磁材料，去游离网为铁磁网片；②所述栅片下边缘的凹槽由两段缺口组成，第一段缺口为横向对称布置的长方形，在第一段缺口的顶部设置第二段缺口，第二段缺口为纵向不对称布置的梯形，其尾部为半圆形；第二段缺口与第一段缺口之间由圆弧光滑过渡，第一段缺口与栅片底边之间由圆弧光滑过渡。

综合考虑上述区别技术特征可知，本申请实际要解决的技术问题是：如何有效地实现断路器的小体积、高分断和零飞弧。

对于上述区别技术特征①，针对审查员的审查意见，首先，本申请中的灭弧片（相对于对比文件1中的消游离装置）包括绝缘框、灭弧板和去游离网3个部分，绝缘框相当于对比文件1中的透气绝缘板，去游离网相当于对比文件1中的金属纤维毡。在审查意见中，审查员提到支架相当于绝缘框，透气绝缘板相当于灭弧板是有误的，本申请的说明书中有提到灭弧板为铁磁材料，其作用是在增加灭弧片强度的同时能够更好地熄灭电弧；而且灭弧板是安装在绝缘框上的。因此，本申请中的灭弧板与对比文件1中的透气绝缘板功能完全不同。而且通过对比文件1的附图1可以得到，支架空心容腔内的消游离装置只包括金属纤维毡和透气绝缘板。本申请中在绝缘框与去游离网之间增加了铁磁材料的灭弧板，且灭弧板和去游离网均为铁磁材料，在电弧出现时能产生很强的感应磁场，将电弧拉出灭弧栅片；同时，感应磁场产生的力能将可能从喷弧口喷出的电弧拉回到灭弧室内，从而防止电弧通过灭弧罩上的喷弧口飞出（见说明书第3页第1段）。由此可知，灭弧板的增加在提高强度的同时能够更好地熄灭电弧，使断路器达到了零飞弧的效果。而对比文件1并没有披露上述区别技术特征，也没有给出解决上述技术问题的启示；对比文件2、3、4同样也没有披露上述区别技术特征，也没有给出解决上述技术问题的启示。并且这样的技术特征也不是本领域技术人员用来解决该技术问题的公知常识。本领域技术人员由对比文件1、2及公知常识都不能得到修改后独立权利要求1的技术方案，因此该权利要求相对上述3项现有技术和公知常识具有突出的实质性特点。

同时申请人将原权利要求3中的技术特征补入了独立权利要求1，即上述区别技术特征②，该技术特征是对栅片结构进行的限定。虽然对比文件4中也公开了一种下边缘具有不对称缺口的栅片，但本申请中该种结构形式的栅片是在配合"两个以上栅片一正一反依次插装、栅片的顶部与绝缘框接触，底部沿引弧片的斜面呈阶梯状排列，以不与引弧片接触为限"的技术特征下，以达到拉长电弧，同时配合上述灭弧片的结构形式，最终实现断路器小体积、高分断和零飞弧的效果。因此，本申请中栅片的结构形式是在综合考虑多种因素的条件下而设计的，并不是本领域技术人员的常规设计。

由于采用修改后独立权利要求1的技术方案能够实现断路器小体积、高分断和零飞弧的效果，因此，该权利要求的技术方案也具有显著的进步。

综上所述，修改后的独立权利要求1相对于上述两项现有技术具备《专利法》第二十二条第3款规定的创造性。

修改后的权利要求2~8为修改后的独立权利要求1的从属权利要求，由于修改后的独立权利要求1具有创造性，所以该从属权利要求相对于上述两项现有技术也具备《专利法》第二十二条规定的创造性。

3.4.4 解析

在该审查意见通知书中,审查员结合 4 篇对比文件和公知常识评判了该发明的创造性。《专利法》第二十二条规定,授予专利权的发明和实用新型,应当具备新型性、创造性和实用性。发明的创造性,是指与现有技术相比,该发明具有突出的实质性特点和显著的进步。《专利法》第二十二条规定,"现有技术指申请日以前在国内外为公众所知的技术。"现有技术包括在申请日以前在国内外出版物上公开发表、在国内外公开使用或者以其他方式为公众所知的技术。

《专利审查指南》第二部分第四章 4.2 节对发明的创造性概念进行了详细的解释:发明有突出的实质性特点,是指对所属技术领域的技术人员来说,发明相对于现有技术是非显而易见的。如果发明是所属技术领域技术人员在现有技术的基础上仅仅通过合乎逻辑的分析、推理或者有限的试验可以得到的,则该发明是显而易见的,也就不具备突出的实质性特点。发明有显著的进步,是指发明与现有技术相比能够产生有益的技术效果。

在针对创造性审查意见进行答复时,一般按照以下 3 个步骤进行,简称"三步法"。

(1) 确定最接近的现有技术,在审查意见通知书所提供的对比文件中,找出与本申请技术领域相同,要解决的技术问题相同或相近,且公开的技术特征与修改后的独立权利要求 1 公开的技术特征最接近的对比文件作为最接近的现有技术。

(2) 与最接近的现有技术相比,找出本申请与最接近的现有技术之间的区别技术特征,以及基于该区别技术特征,本申请实际解决的技术问题。

(3) 具体阐述最接近的现有技术没有给出用该区别技术特征解决上述技术问题的技术启示,以及其他对比文件或者最接近的现有技术与其他对比文件或公知常识的结合也没有给出应用本申请的技术手段解决上述技术问题的任何技术启示。

在本申请的审查意见通知书中,审查员提供了 4 份与本申请为同一技术领域的对比文件,并将对比文件 1 作为最接近的现有技术,然后将权利要求 1 所要求保护的技术方案与对比文件 1 公开的技术方案相比,虽然找出了 8 个区别技术特征,但对于区别技术特征②③⑧,审查员认为被对比文件 2 公开;区别技术特征④被对比文件 1 公开;区别技术特征①⑤⑥⑦,审查员认为是本领域技术人员的常规设计,属于本领域的公知常识。即审查员结合对比文件1、2、3和公知常识评判了权利要求1所要求保护的技术方案的创造性。

在答复此类创造性的审查意见时，只需论述对于对比文件的结合，或者对比文件结合公知常识不会对本申请要求保护的技术方案构成任何技术启示，即可有力说明其相对于最接近的现有技术是非显而易见的。

首先可依据符合《专利法》第三十三条的规定：对权利要求1进行修改，修改时应注意：修改不得超出原说明书和权利要求书记载的范围；修改后的独立权利要求所要求保护的技术方案应当具备新颖性和创造性；修改后的独立权利要求应当记载解决技术问题的必要技术特征，清楚并简要地表述请求专利保护的范围；在保证修改后的独立权利要求具备新颖性和创造性的同时应当避免将非必要技术特征写入独立权利要求导致保护范围过窄。

在本申请中将原权利要求3中对栅片结构限定的内容以及说明书中的技术特征"所述灭弧板为铁磁材料，去游离网为铁磁网片"补充原权利要求1形成新的独立权利要求。在说明书背景技术中记载：现有灭弧室难以实现小体积、高分断和零飞弧等问题；因此，本申请所要解决的技术问题是如何设计灭弧室的结构以到达小体积、高分断和零飞弧的效果。在说明书的有益效果中记载"由于灭弧板和去游离网均为铁磁材料，在电弧出现时能产生很强的感应磁场，将电弧拉出灭弧栅片；同时，感应磁场产生的力能将可能从喷弧口喷出的电弧拉回到灭弧室内，从而防止电弧通过灭弧罩上的喷弧口飞出。灭弧片和栅片的配合使用，使断路器达到了零飞弧的效果，有效实现了断路器的小体积、高分断和零飞弧。"由此可见，灭弧板和去游离网的材料选择、灭弧片和栅片的配合使用是使断路器达到零飞弧效果的关键技术。审查员认为本申请中的灭弧板相当于对比文件1中的透气绝缘板是有误的，本申请中灭弧板为铁磁材料，其作用是在增加灭弧片强度的同时能够更好地熄灭电弧，与对比文件1中的透气绝缘板功能完全不同。而对比文件2、3、4同样也没有披露该技术特征，也没有给出解决上述技术问题的启示，并且这样的技术特征也不是本领域技术人员用来解决该技术问题的公知常识。因此本领域技术人员由对比文件1、2、3、4并结合公知常识都不能得到修改后独立权利要求1的技术方案，因此有理由认为该权利要求相对现有技术和公知常识具有突出的实质性特点。

《专利审查指南》第二部分第四章3.2.2节规定了显著的进步的判断方法：在评价发明是否具有显著的进步时，主要应当考虑发明是否具有有益的技术效果。本申请的技术方案能够实现断路器小体积、高分断和零飞弧的效果，因此，该权利要求的技术方案也具有显著的进步。

在《专利审查指南》第二部分第四章4.1节对创造性的审查原则中规定，如果一项独立权利要求具备创造性，则不再审查独立权利要求的从属权利要求的创造性。因此，在论述了独立权利要求1具有创造性的前提下，可以不再论述其从属权利要求的创造性。

3.5 一种翻炒锅

3.5.1 案例简介

目前，市场上的炒锅锅口边缘高度一致，在同一水平面上，如图1所示。而在炒菜时为了使菜受热均匀，经常需要对菜进行翻炒。当手提锅柄快速翻炒时，炒锅的锅口处于内高外低的倾斜状态，很容易使菜从锅中溅出，不仅造成食物的浪费，而且影响灶台周边的卫生环境，甚至会烫伤使用者。专利 CN 201286610Y 公开了一种易翻炒锅，该翻炒锅锅体的外口缘边高于锅体的内口缘边，并通过控制外口缘边和内口缘边的连线与水平线的倾斜角在2°~10°，从而减少炒菜时的飞溅现象。但是，该翻炒锅锅体的外口缘边向外延伸，且只进行了简单的角度限制，在实际运用中防飞溅的效果并不明显。

1. 一种翻炒锅，包括锅体（1）和锅柄（2），锅柄（2）与锅体（1）连接。其特征在于，所述锅体（1）分为 AB 段、BC 段、CD 段和 DE 段；BC 段为锅底（4）；所述 DE 段向锅体内侧延伸的长度 f 为锅体（1）总长 L 的1/8~1/6；DE 段向上延伸的高度 h 为 AB 段竖直高度 g 的2/3~4/5；DE 段与 CD 段连接处的切线与竖直方向的夹角 $β$ 的范围为5°~20°。

2. 如权利要求1所述的一种翻炒锅，其特征在于，以 BC 段所在直线为 y 轴，以过 D 点与水平线 AD 垂直的直线为 x 轴，CD 段和 DE 段所在曲线的方程为 $y=0.02x^2-2.7x+93$。

3. 如权利要求1所述的一种翻炒锅，其特征在于，所述 AB 段与 CD 段均为光滑弧形。

4. 如权利要求1所述的一种翻炒锅，其特征在于，所述 CD 段与 AB 段沿 BC 段中心线左右对称。

5. 如权利要求4所述的一种翻炒锅，其特征在于，所述 AB 段的长度与 BC 段的长度比例关系范围为1∶2~3∶4，AB 段与 BC 段连接处的切线与水平方向的夹角范围为 10°~20°。

6. 如权利要求 1、2、3 或 4 所述的一种翻炒锅，其特征在于，所述锅体（1）的顶部沿其边缘加工有倒角（5）。

7. 如权利要求 1、2、3 或 4 所述的一种翻炒锅，其特征在于，所述锅底（4）为平底或圆底。

8. 如权利要求 1、2、3 或 4 所述的一种翻炒锅，其特征在于，还包括连接座（3），所述锅柄（2）通过连接座（3）固定在锅体（1）上。

9. 如权利要求 1、2、3 或 4 所述的一种翻炒锅，其特征在于，所述锅底（4）底部覆有不锈钢片。

10. 如权利要求 1、2、3 或 4 所述的一种翻炒锅，其特征在于，所述锅体（1）的锅口直径范围为 15~40 cm。

3.5.2 第一次审查意见

审查员对该专利申请进行实质审查后，指出权利要求 1~10 不具备创造性，不符合《专利法》第二十二条的规定。《专利法》第二十二条规定：创造性，是指与现有技术相比，该发明具有突出的实质性特点和显著的进步，该实用新型具有实质性特点和进步。

审查意见如下。

(1) 权利要求 1 要求保护一种翻炒锅，而对比文件 1（US6497174B1）公开了一种煎锅，并披露了如下技术特征（见说明书第 1 页第 2 栏第 53-67 行、第 2 页第 1 栏第 1-42 行、附图 1-2）：煎锅 10（锅体）有一个底边 12（BC 段），它具有工作表面 14，表面 14 的直径 D_1 大约为 7.5 英寸；煎锅 10 有外边缘 16，外边缘 16 直接与底边 12 相连，锅柄 20（锅柄）的尾端直接紧固在后端外边缘 16 上，后端外边缘 16（AB 段）在煎锅底边的工作表面 14 外围向上延展，其直径 D_2 大约为 12 英寸，外缘稍低的底部内弧边 18（CD 段）与底边工作表面 14 光滑向上衔接，内弧边 18 的作用是当煎锅锅柄突然向如图 2 所示的 B 锅柄的反方向运动时，食料能紧紧贴住内弧边 18，也能沿着内弧边 18 向上移动；而附图 1-2 公开了点 P_1 位于锅柄端的锅体顶端处，P_4 位于正对 P_1 和锅柄的锅体顶端处，P_2 和 P_3 位于与 P_1 和 P_4 形成的连线垂直且大致经过锅体中心的直线方向上的锅体两个顶端处，P_5 与 P_1 处于同一个高度 H 且在竖直方向上低于 P_4 高度 R 的锅体上，上端弧边 24 从 P_5 到 P_4 的外边缘（DE 段）；外边缘 16 在点 P_5 的位置以同样的高度 H 对着锅柄 20 那边的 P_1 点；上段弧边 24 有一个向上并放射状向内延伸（DE 段向锅体内侧延伸）的曲面 26，在顶部

外边缘的顶点 P_4 附近画了一条切线与底边工作区 14 的法线形成角度 A，该角度 A 的范围在 0°~90°；外边缘 16 的从底边工作表面 14 起到靠近锅柄 20 的外边缘 16 顶部顶点 P_1 的高度 H 约为 2 英寸，外边缘从顶点 P_1 向点 P_2 和点 P_3 延伸包围底边工作表面 14 的后半底边 22 时，其高度是一致的，在 P_2 和 P_3 连线的直径与 P_1 相对的外弧边从底边 14 升起更高的高度，达到锅柄 20 对面的 P_4 点，P_4 位于在高度 H 上外加高度 R，约为 1.5 英寸，总共 3.5 英寸，高度 R 是 3/4 倍的高度 H（DE 段上延伸的高度 h 为 AB 段竖直高度 G 的比例位于 2/3~4/5），上段弧边 24 从点 P_2 和 P_3 开始包围底边工作区 14 的前半底边 28；例 1~12 分别公开了，角度 A 为 0°、5°、10°、15°、20°、25°、30°、35°、45°、60°、90° 的煎锅周期向前移动后快速收回后的食料剩余情况的实验。

(2) 权利要求 1 与对比文件 1 之间具有如下区别技术特征：DE 段向锅体内侧延伸的长度 f 为锅体总长 L 的 1/8~1/6，且 DE 段与 CD 段连接处的切线与竖直方向的夹角 β 范围为 5°~20°。该区别技术特征解决的技术问题是设定上端 DE 段向锅体内侧延伸的长度以及 DE 段向锅体内侧延伸的角度，使其能很好地防止来回晃锅时食料不向外溅出。而对比文件 1 以及公开了上段弧边 24 从点 P_5 开始的曲面 26，且点 P_4 附近的曲面切线与底边工作区 14 的法线即竖直方向的夹角 A 为 0°、5°、10°、15°、20°、25°、30°、35°、45°、60°、90° 的实验数据。该角度 A 的范围能够影响食料是否溅出，而本领域技术人员也容易知道改变从 P_5 点处的切线与竖直方向的夹角 β 的范围同样能影响食料是否溅出，且两者都能改变上弧边 24 向锅体内侧延伸的距离，而在可能的、有限的范围内选择具体的尺寸，如角度 β 的范围为 5°~20°、DE 段向锅内侧延伸的长度 f 为锅体总长 L 的 1/8~1/6 等，这些选择可以由本领域技术人员通过有限次试验等常规手段得到且没有产生预料不到的技术效果，因此权利要求 1 所保护的技术方案是显而易见的，不具有突出的实质性特点和显著进步，不符合《专利法》第二十二条规定的创造性。

3.5.3 第一次审查意见答复

1. 针对审查员提出的"权利要求 1 不具有创造性的问题"进行修改
1) 修改说明

申请人根据审查意见通知书中的审查意见，依据《专利法》及其实施细则的相关规定，对权利要求书进行了如下修改：

修改原权利要求1，将原权利要求3、原权利要求4和原权利要求5中进一步限定的内容补入原权利要求1作为新的独立权利要求1，然后对剩余从属权利要求进行重新编号。

以上修改均未超出原始说明书和权利要求书记载的范围，符合《专利法》第三十三条的规定，而且上述修改也是针对通知书指出的缺陷进行的修改，符合《专利法实施细则》第五十一条的规定。

2）修改后权利要求的创造性

修改后的独立权利要求1相对审查意见通知书引用的对比文件1具有《专利法》第二十二条规定的创造性，理由如下：

与对比文件1相比（对比文件1见附件3），本申请修改后的独立权利要求1存在以下区别技术特征：DE段向锅体内侧延伸的长度f为锅体总长L的1/8~1/6；DE段与CD段连接处的切线与竖直方向的夹角β的范围为5°~20°；AB段与CD段均为光滑弧形；所述CD段与AB段沿BC段中心线左右对称；AB段的长度与BC段的长度比例关系范围为1/2~3/4，AB段与BC段连接处的切线与水平方向的夹角范围为10°~20°。

综合考虑上述区别技术特征可知，本申请实际要解决的技术问题是："在使用炒锅进行快速翻炒时如何保证菜不会从锅中溅出"。

说明书中记载了为解决该技术问题而采用的技术手段："在锅体上增加内扣的DE段，并通过控制锅体各部分之间的比例关系来达到当手提锅柄快速翻炒时，菜会完全落入锅中而不会出现飞溅的效果。"而上述区别技术特征即为对锅体各部分之间的比例关系的控制：首先设定了DE段向锅体内侧延伸的长度及角度；然后对AB段与BC段的长度比例关系、AB段与BC段连接处的切线与水平方向的夹角、AB段与CD段的形状（光滑弧形）及位置关系（沿BC段中心线左右对称）均进行了限定。

对比文件1虽然公开了角度A的范围，但角度A的改变并不能影响上弧边向锅体内侧延伸的长度。而DE段向锅体内侧延伸的长度直接影响防飞溅的效果，同时本申请中限定了CD段与AB段为沿BC段中心线对称的光滑弧形，并限定了该弧形与水平方向的夹角及与锅底长度的比例范围，常规设计中锅体两端对称只是为视觉的美观，对锅的功能并没有实质上的作用；而本申请中通过对锅体两端与锅底衔接处的切线与水平方向的夹角及其与锅底间的长度比例的限定，来保证在对锅体内的食物进行翻炒时，食物能够沿着该弧形上升至DE段，进而落入锅体，从而避免食物飞溅。只有通过对上述关系的综合控制才能保证该翻炒锅显著的防飞溅的效果。

由此可知，本申请是通过对锅体各部分之间比例关系的综合控制来达到当手提锅柄快速翻炒时，菜会完全落入锅中而不会出现飞溅的效果，而不仅仅是对 DE 段向锅体内侧延伸的角度（对应于对比文件 1 中的角度 A）的限定。因此，虽然本申请与对比文件 1 想要解决的技术问题相同，但本申请相对于对比文件 1 而言，更全面地考虑了锅体各方面的因素，是对对比文件 1 的进一步优化。对比文件 1 中没有披露该技术特征，也没有给出解决上述技术问题的启示，并且这样的技术特征也不是本领域技术人员用来解决该技术问题的公知常识。本领域技术人员由对比文件 1 及公知常识都不能结合得到修改后独立权利要求 1 的技术方案，因此该权利要求相对现有技术和公知常识具有突出的实质性特点。

通过以上分析可知，修改后的权利要求 1 在技术方案上有着实质性特点和显著进步，具备《专利法》第二十二条规定的创造性。

2. 权利要求 2~权利要求 7 的关系

重新排序后的权利要求 2~权利要求 7 是权利要求 1 的从属书权利要求，是对权利要求 1 的进一步限定，在其引用的权利要求 1 具有创造性的前提下，权利要求 2~权利要求 7 也具备《专利法》第二十二条的规定的创造性。

3.5.4 第二次审查意见

申请人于 2013 年 7 月 19 日提交了意见陈述书和经过修改的申请文件，审查员在阅读了上述文件后，对本案继续进行审查，再次提出如下审查意见。

（1）权利要求 1 要求保护一种翻炒锅，而对比文件 1（US6497174B1）公开了一种煎锅，并披露了如下技术特征（见说明书第 1 页第 2 栏第 53-67 行、第 2 页第 1 栏第 1-42 行、说明书附图 1 和图 2）：煎锅 10（锅体）有一个底边 12（BC 段），它具有工作表面 14，表面 14 的直径 D_1 大约为 7.5 英寸；煎锅 10 有外边缘 16，外边缘 16 直接与底边 12 相连，锅柄 20（锅柄）的尾端直接紧固在后端外边缘 16 上，后端外边缘 16（AB 段）在煎锅底边的工作表面 14 外围向上延展，其直径 D_2 大约为 12 英寸，外缘稍低的底部内弧边 18（CD 段）与底边工作表面 14 光滑向上衔接，内弧边 18 的作用是当煎锅锅柄突然向如图 2 所示的 B 锅柄的反方向运动时，食料能紧紧贴住内弧边 18，也能沿着内弧边 18 向上移动；而说明书附图 1 和图 2 公开了点 P_1 位于锅柄端的锅体顶端处，P_4 位于正对 P_1 和锅柄的锅体顶端处，P_2 和 P_3 位于与 P_1 和 P_4 形成的连线垂直且大致经过锅体中心的直线方向上的锅体两个顶端处，P_5 与 P_1 处于同一高度 H 且在竖直方向上低于 P_4 高度 R 的锅体上，上端弧边 24 从 P_5 到 P_4 的外边缘（DE 段）；外边缘 16 在点 P_5 的位置以同样的高度 H 对着锅柄 20 那边的 P_1 点；上段弧边 24 有一个向上并放射状向内延伸（DE 段向锅体内侧延伸）的曲面 26，在顶部外边缘的顶点 P_4 附近画了一条切线与底边工作区 14 的法线形成角度 A，该角度 A 的范围在 $0°\sim90°$；外边缘 16 的从底边工作表面 14 起到靠近锅柄 20 的外边缘 16 顶部顶点 P_1 的高度 H 约为 2 英寸，外边缘从顶点 P_1 向点 P_2 和点 P_3 延伸包围底边工作表面 14 的后半底边 22 时，其高度是一致的，在 P_2 和 P_3 连线的直径与 P_1 相对的外弧边从底边 14 升起更高的高度，达到锅柄 20 对面的 P_4 点，P_4 位于在高度 H 上外加高度 R，约为 1.5 英寸，总共 3.5 英寸，高度 R 是 3/4 倍的高度 H（DE 段上延伸的高度 h 为 AB 段竖直高度 G 的比例位于 $2/3\sim4/5$），上段弧边 24 从点 P_2 和 P_3 开始包围底边工作区 14 的前半底边 28；例子 1-12 分别公开了角度 $A=0°$、$5°$、$10°$、$15°$、$20°$、$25°$、$30°$、$35°$、$45°$、$60°$、$90°$ 的煎锅周期向前移动后快速收回后的食料剩余情况的试验。

（2）权利要求 1 与对比文件 1 之间具有如下区别技术特征：①DE 段向锅体内侧延伸的长度 f 为锅体总长 L 的 $1/8\sim1/6$，且 DE 段与 CD 段连接处的切线与竖直方向的夹角 β 范围为 $5°\sim20°$；②AB 段与 CD 段均为光滑弧形，CD 段与 AB 段沿 BC 段中心线左右对称；AB 段的长度与 BC 段的长度比例关系范围为 $1:2\sim3:4$，AB 段与 BC 段连接处的切线与水平方向的夹角范围为 $10°\sim20°$。

基于上述区别技术特征，权利要求 1 的相对于对比文件 1 实际解决的技术问题是：①设定上端 DE 段向锅体内侧延伸的长度以及 DE 段向锅内侧延伸的角度，使其能很好地防止来回晃锅时食料外溅；②设定锅体自身的外观结构和尺寸关系。

（3）对于区别技术特征 1，对比文件 1 以及公开了上段弧边 24 从点 P_5 开始的曲面 26，且点 P_4 附近的曲面切线与底边工作区 14 的法线即竖直方向的夹角 A 为 $0°$、$5°$、$10°$、$15°$、$20°$、$25°$、$30°$、$35°$、$45°$、$60°$、$90°$ 的试验数据。该角度 A 的范围能够影响食料是否溅出，而本领域技术人员也容易知道改变从 P_5 点处的切线与竖直方向的夹角 β 的范围同样能影响食料是否溅出，且两者都能改变上弧边 24 向锅体内侧延伸的距离，而在可能的、有限的范围内选择具体的尺寸，如角度 β 的范围为 $5°\sim20°$、DE 段向锅内侧延伸的长度 f 为锅体总长 L 的 $1/8\sim1/6$ 等，这些选择可以由本领域技术人员通过有限次试验等常规手段得到且没有产生预料不到的技术效果。

（4）对于区别技术特征 2，在锅体两端底边如 AB 段与 CD 段采用光滑的弧形设计以适应翻炒的需要以及锅身底部两边如 CD 段与 AB 段采用相对锅体底部中心对称的设计都是本领域的惯用技术手段；另外，依据日常生活中常见的锅具以及对比文件 1 公开的内容，并考虑到在可能的、有限的范围内选择锅体的具体尺寸如 AB 段与 BC 段长度比例关系为 1∶2~3∶4、AB 段与 BC 段连接处切线与水平方向夹角为 10°~20°等，这些选择都可以由本领域技术人员通过有限次试验手段等常规手段得到且并没有产生预料不到的技术效果。

因此，在对比文件 1 的基础上，结合公知常识得出权利要求 1 所保护的技术方案对本领域技术人员来说是显而易见的，所以权利要求 1 的技术方案不具有突出的实质性特点和显著进步，不符合《专利法》第二十二条规定的创造性。

3.5.5　第二次审查意见答复

本意见陈述书是针对审查员发出的第二次审查意见通知书的答复。

1. 修改说明

申请人根据审查意见通知书中的审查意见，依据《专利法》及其实施细则的相关规定，对权利要求书进行了如下修改。

修改原权利要求 1，将原权利要求 2 和 3 中进一步限定的内容补充入原权利要求 1 作为新的独立权利要求 1；然后对剩余的从属权利要求重新按顺序编号。

以上修改均未超出原始说明书和权利要求书记载的范围，符合《专利法》第三十三条的规定，且上述修改也是针对通知书指出的缺陷进行的修改，符合《专利法实施细则》第五十一条的规定。

2. 修改后权利要求的创造性

修改后的独立权利要求 1 相对审查意见通知书引用的对比文件 1 具有《专利法》第二十二条规定的创造性，理由如下。

与对比文件 1 相比，本申请修改后的独立权利 1 存在以下区别技术特征："DE 段向锅体内侧延伸的长度 f 为锅体总长 L 的 1/8~1/6；DE 段与 CD 段连接处的切线与竖直方向的夹角 β 的范围为 5°~20°；AB 段与 CD

段均为光滑弧形；所述 CD 段与 AB 段沿 BC 段中心线左右对称；AB 段的长度与 BC 段的长度比例关系范围为 1/2~3/4，AB 段与 BC 段连接处的切线与水平方向的夹角范围为 10°~20°；以 BC 段所在直线为 y 轴，以过 D 点与水平线 AD 垂直的直线为 x 轴，CD 段和 DE 段所在曲线的方程为 $y=0.02x^2-2.7x+93$；所述锅体的顶部沿其边缘加工有倒角。"

由于存在上述区别技术特征，该权利要求的技术方案实际要解决的技术问题是：如何对锅体各部分之间的比例关系进行控制，及对锅体前侧的外弧边进行限制，从而保证翻炒时防飞溅效果的显著性。

对比文件 1 虽然也是通过增加外弧边来解决锅内食料外溅的问题，但其重点是通过控制角度 A 来达到其预期目的。而本申请是在增加外弧边的基础上，控制锅体各部分尺寸之间的比例关系，并进一步对由锅体的 CD 段及增加的外弧边 DE 段所形成的弧形结构进行了限定，使其达到最佳的防飞溅效果。同时，本申请中限定的 CD 段与 AB 段为沿 BC 段中心线对称的光滑弧形，并限定了该弧形与水平方向的夹角及与锅底长度的比例范围，常规设计中锅体两端对称只是为视觉的美观，对锅的功能并没有实质上的作用；而本申请中通过对锅体两端与锅底衔接处的切线与水平方向的夹角及其与锅底间的长度比例的限定，来保证在对锅体内的食物进行翻炒时，食物能够沿着该弧形上升至 DE 段，进而落入锅体，从而避免食物飞溅。只有通过对上述关系的综合控制才能保证该翻炒锅显著的防飞溅的效果。

本申请相对于对比文件 1 而言，更全面地考虑了锅体各方面的因素，是对对比文件 1 的进一步优化，而对比文件 1 并没有披露上述区别技术特征，也没有给出解决上述技术问题的启示，并且这样的技术特征也不是本领域技术人员用来解决该技术问题的公知常识。本领域技术人员由对比文件 1 及公知常识都不能结合得到修改后独立权利要求 1 的技术方案，因此该权利要求相对上述现有技术和公知常识具有突出的实质性特点。

由于采用修改后的权利要求 1 的方案综合考虑了锅体各方面的因素，通过对锅体各部分之间比例关系的综合控制来达到当手提锅柄快速翻炒时，菜会完全落入锅中而不会出现飞溅的效果，具有显著的进步。

综上所述，修改后的独立权利要求 1 相对于上述现有技术具备《专利法》第二十二条规定的创造性。

修改后的权利要求 2~5 为修改后的独立权利要求 1 的从属权利要求，由于修改后的独立权利要求 1 具有创造性，所以该从属权利要求相对于上述两项现有技术也具备《专利法》第二十二条规定的创造性。

> 说明书附图 3 中附图标记与说明书中记录的不一致，申请人依据说明书中附图说明中的相关记载对其进行主动修改，使其一致。

3.5.6 解析

《专利法》第二十二条规定，授予专利权的发明和实用新型应当具备新颖性、创造性和实用性。因此，申请专利的发明和实用新型具备创造性是授予其专利权的必要条件之一。发明的创造性，是指与现有技术相比，该发明有突出的实质性特点和显著的进步。

《专利审查指南》第二部分第四章 4.2.1 节规定了突出的实质性特点的判断方法：判断发明是否具有突出的实质性特点，就是要判断对本领域技术人员来说，要求保护的发明相对于现有技术是否显而易见。判断要求保护的发明相对于现有技术是否显而易见，通常按照下述 3 个步骤进行：①确定最接近的现有技术；②确定发明的区别技术特征和发明实际解决的技术问题；③判断要求保护的发明对本领域的技术人员来说是否显而易见。在第③步中，要从最接近的现有技术和发明实际解决的技术问题出发，确定现有技术整体上是否存在某种技术启示，这种启示会使本领域的技术人员在面对所解决的技术问题时，有动机改进最接近的现有技术并获得要求保护的发明。一般情况下，当区别技术特征为公知常识、为与最接近的现有技术相关的技术手段或为另一份对比文件中披露的相关技术手段，该技术手段在该对比文件中所起的作用与该区别特征在要求保护的发明中为解决重新确定的技术问题所起的作用相同时，认为现有技术中存在技术启示。

《专利审查指南》第二部分第四章 4.2.2 节规定了显著的进步的判断方法：在评价发明是否具有显著的进步时，主要应当考虑发明是否具有有益的技术效果：①发明与现有技术相比具有更好的技术效果；②发明提供了一种技术构思不同的技术方案；③发明代表某种新技术发展趋势；④尽管发明在某些方面有负面效果，但在其他方面具有积极的技术效果。

具体到本申请中，在第一次审查意见中审查员通过一篇对比文件结合本领域技术人员的常用技术手段评述了权利要求 1~权利要求 10 的创造性。在权利要求 1~权利要求 10 中，权利要求 1 是独立权利要求，从整体上反映了发明的技术方案，记载了解决技术问题的的必要技术特征；独立权利要求所限定的保护范围最宽。从属权利要求包含了其所引用的权利要求的所有技术特征，并用附加的技术特征对所引用的权利要求作了进一步的限定。在进行创作性答复之前，可以先依据《专利法》第三十三条的规定对申请文件进行修改。在本申请中，将原权利要求 3、4 和 5 的内容添加到原权利要求 1 形成新的独立权利要求 1，以缩小其保护范围。然后再依据"三步法"评述修改后的权利要求 1 的创造性。由于本申请与对比文件相比，在技术领域和所要解决的技术问题上均相同，因此需重点突出本申请与对比文件的区别技术特征不是本领域技术人员的常用技术手段，对比文件和公知常识以及其结合也没有给出相应的技术启示，综合考虑这些区别技术特征与现有技术相比具有更好的技术效果。在申请人答复第一次审查意见通知书后，审查员会对申请继续进行审查。申请人在答复审查意见通知书中提交了修改文本的，审查员应当针对修改文本提出审查意见，提出新修改的权利要求书和说明书中存在的问题。

本申请中，在答复第一次审查意见通知书时，对申请文件中的权利要求书进行了修改，因此，第二次审查意见通知书是针对修改后的权利要求书提出的。针对修改后的权利要求书，审查员认为没有克服第一次审查意见通知书中指出的缺陷，即依然不符合《专利法》第二十二条规定的创造性。审查员同时对提交的意见陈述书中的争辩意见进行了评述，认为申请人的争辩理由不成立。

在答复第二次审查意见时，首先还是可以对权利要求书进行修改，在独立权利要求中增加技术特征，对独立权利要求作进一步限定，以克服原独立权利要求没有创造性的缺陷。在本申请中，在答复第二次审查意见时：首先将原权利要求 2 和权利要求 3 中进一步限定的内容补充入原权利要求 1 作为新的独立权利要求 1，即对原独立权利要求增加了进一步限定的内容；然后采用"三步法"对修改后独立权利要求 1 的创造性进行评述。

3.6 一种高低温真空校准装置及方法

3.6.1 案例简介

真空计广泛应用于工业生产的各个领域，真空计的校准技术研究是真空计量领域的一个重要研究方向。文献["李正海. 复合式真空标准校准真空计的方法，真空与低温第 3 卷第 2 期，1997.]"介绍了目前真空计校准时所采用的一种典型校准装置和方法。复合式真空标准装置采用了动态与静态相结合的方法，把动态比对、静态比对、静态膨胀 3 种校准真空计的方法复合在一台真空标准上，该装置的校准范围为 $10^{-4} \sim 10^5$ Pa，不确定度小于 10%。

这种系统的不足之处是装置没有考虑到工作环境温度变化对真空计示值的影响，只能实现真空计在实验室常温下的校准，无法满足 $10^{-4} \sim 10^5$ Pa 范围内真空计在 $-140 \sim +100$ ℃温度范围内不同温度点的准确校准。当被校准过的真空计在不同的工作环境中使用时，会引起较大的测量不确定度。

为解决现有技术中存在的问题，发明人作出发明创造，并递交了发明名称为"一种高低温真空校准装置"的专利申请。权利要求书记载如下：

1. 一种高低温真空校准装置，其特征在于：所述装置包括标准真空计（1）、三通连接件（2）、被校真空计（3）、高低温真空校准室（4）、监测真空计（5）、温度控制板（6）、制冷系统（7）、抽气机组（8）、阀门（9）、供气系统（10）、微调阀（11）。

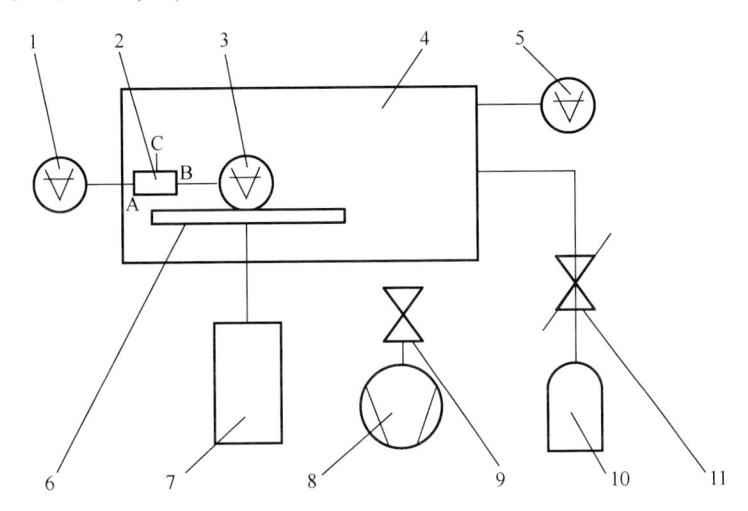

三通连接件（2）包括 A、B、C 3 个开口端，其中，C 端为进气端，C 端位于 A 端和 B 端之间的直管的中间，与直管垂直，且 C 端到 A、B 两端的距离相等。A、B 两端的内径相等，A 端与标准真空计（1）连接，B 端与被校真空计（3）连接。被校真空计（3）固定在温度控制板（6）上，温度控制板（6）与制冷系统（7）连接，三通连接件（2）、被校真空计（3）和温度控制板（6）置于高低温真空校准室（4）内，监测真空计（5）与高低温真空校准室（4）连接，抽气机组（8）通过阀门（9）与高低温真空校准室（4）连接，供气系统（10）通过微调阀（11）与高低温真空校准室（4）连接。

2. 一种采用权利要求 1 所述的高低温真空校准装置的校准方法，其特征在于：所述方法步骤如下。

①打开标准真空计（1）和监测真空计（5），使标准真空计（1）稳定 24 h。

②启动抽气机组（8），打开阀门（9），对高低温真空校准室（4）及管道进行抽气；当监测真空计（5）读数显示高低温真空校准室（4）的真空度小于 10^{-6} Pa 的极限真空度时，保持校准室的状态等待后续操作。

③打开微调阀（11），将供气系统（10）中的校准气体引入到高低温真空校准室（4）中，当高低温真空校准室（4）中的气体压力达到平衡，且标准真空计（1）读数达到所需的校准压力时，关闭微调阀（11）；启动制冷系统（7）和温度控制板（6），当高低温真空校准室（4）内温度平衡且达到所需的校准温度时，关闭制冷系统（7）和温度控制板（6），保持高低温校准室内的温度状态；待校准室中气体压力达到平衡后，分别记录标准真空计（1）的压力读数 p_1 和被校真空计（3）所显示的压力读数 p_2；

根据式 I 计算得到高低温真空校准室（4）的标准压力：

$$p = \sqrt{\frac{T}{T_1}} p_1 \qquad (\text{I})$$

式中：p 为高低温真空校准室（4）的标准压力（Pa）；T_1 为标准真空计（1）所处的外界环境温度（K）；T 为高低温真空校准室（4）内温度（K）。

根据式 II 计算校准因子：

$$c = \frac{p}{p_2} \qquad (\text{II})$$

式中：c 为校准因子（无量纲）。

其中，步骤③中所述校准压力与被校真空计（3）的测量范围有关，校准温度范围为 $-140 \sim 100$ ℃。

说明书中针对该技术方案所达到的效果做了进一步阐述，具体如下。

本发明所述装置利用了性能良好的分子泵和机械泵抽气机组，能够使校准装置的极限真空度达到 10^{-6} Pa；采用由低温泵一级冷头和压缩机组合的制冷系统，能够使校准装置的温度范围控制在 $-140 \sim 100$ ℃；同时，由于使用测量准确度为满量程的 0.05% 的标准真空计提供校准时的标准压力读数，降低了测量不确定度，提高了校准精度。

3.6.2 审查意见

审查员对该专利申请进行实质审查后,指出权利要求1不具备创造性,不符合《专利法》第二十二条的规定:创造性,是指与现有技术相比,该发明具有突出的实质性特点和显著的进步,该实用新型具有实质性特点和进步。

审查意见如下。

权利要求1要求保护一种高低温真空校准装置,对比文件1(冯焱等,现场真空校准装置的设计,真空与低温,第17卷第3期,第166-169页,2011年09月30日)公开了一种现场真空校准装置的设计,该真空校准装置可以适应复杂的现场环境(温度、振动等),并具体公开了如下技术特征(见对比文件1的第166-169页及图1):该真空校准装置包括:磁悬浮转子真空计或副标准电离真空计1、电容薄膜真空计13(根据校准需要的不同,磁悬浮转子真空计或副标准电离真空计1和电容薄膜真空计13分别作为标准真空计)、被校真空计4、校准室8、真空容器烘烤加热带和温度控制部分、由分子泵10、机械泵21和阀门19组成的抽气机组、阀门9、由高压气瓶或气袋23和阀门22组成的供气系统、微调阀11。

被校真空计4和真空容器烘烤加热带和温度控制部分置于校准室8外,抽气机组通过阀门9与校准室连接,供气系统通过微调阀11与校准室连接。

权利要求1与对比文件1相比,其区别技术特征为:①本申请的真空校准装置可以适应高低温;②本申请还包括三通连接件、监测真空计、温度控制板(而不是对比文件1中的真空容器烘烤加热带和温度控制部分)、制冷系统;③三通连接件包括A、B、C 3个开口端,其中,C端为进气端,C端位于A端和B端之间的直管的中间,与直管垂直,且C端到A、B两端的距离相等,A、B两端的内径相等,A端与标准真空计连接,B端与被校真空计连接,被校真空计固定在温度控制板上,温度控制板与制冷系统连接,三通连接件、被校真空计和温度控制板置于高低温真空校准室内,监测真空计与高低温真空校准室连接。

基于上述区别技术特征,权利要求1实际要解决的技术问题是:提供一种可以适应不同温度下的真空校准装置;连接校准装置的各个部件及控制装置的温度。

对于其区别技术特征①,对比文件1公开的真空校准装置可以在工作现场不同温度下工作,因此本领域技术人员很容易想到将其应用到温差较大的环境,比如高低温环境,这对于本领域技术人员是显而易见的。

对于其区别技术特征②和③，对比文件2（CN102749170A，2012.10.24）公开了一种复合型真空规校准系统及方法，并具体公开了如下技术特征（见对比文件2的说明书第29~47段）：真空规校准系统包括三通阀门12（相当于权利要求1中的三通连接件）、监测真空规7（相当于权利要求1中的监测真空计），三通阀门12必然包括3个开口端（为便于叙述，这里根据其在附图上的位置分别记为左端（相当于权利要求1中的A端）、右端（相当于权利要求1中的B端）、上端（相当于权利要求1中的C端）），其中，上端是位进气端，上端位于左端和右端之间的直管的中部，左端与第五真空阀门10连接，右端与电容薄膜规连接，其在对比文件2中的作用与该区别技术特征在本申请中的作用相同，都是用于连接进而监测、校准，也就是说对比文件2给出了将其应用到对比文件1中的技术启示。

对比文件1公开了采用真空容器烘烤加热带和温度控制部分来改变校准室的环境温度，在此基础上，为了改变校准室的环境温度，本领域技术人员还可以采用其他技术手段（如温度控制板、制冷系统等）来调整校准室的温度，以满足校准实验的要求；为了测量进而用于校准（用标准仪器校准被校准仪器）的需要（如确保压力相同等条件），就需要将三通管与不同的管路进行连接（连接标准仪器和校准被校准仪器），如将三通管的C端设置于A端和B端之间的直管的中间并与直管垂直（C端到A、B两端的距离自然就相等），A端与标准真空计连接，B端与被校真空计连接，同时为了校准在不同温度下的被校准对象，就需要设置用来改变被校准对象周围环境的装置，如被校真空计固定在温度控制板上，温度控制板与制冷系统连接，三通连接件、被校真空计和温度控制板置于高低温真空校准室应，监测真空计与高低温真空校准室连接，这些设置方式都是校准仪器（对象）并考虑相关环境因素（如温度）等常规的设置方式，对于本领域技术人员是是很容易想到的，也是很容易做到的。

由此可见，在对比文件1的基础上结合对比文件2和上述公知常识以获得该权利要求所要求保护的技术方案，对所属技术领域的技术人员来说是显而易见的，因此该权利要求所要求保护的技术方案不具备突出的实质性特点和显著的进步，因而不具备创造性。

3.6.3 审查意见答复

答复要点如下：

本申请所要求保护的为一种高低温真空校准装置及方法，通过该主题名称可知，该件专利申请中包括了属于一个总的发明构思的两项发明，分别为"高低温真空校准装置"和"高低温真空校准装置的校准方法"。因此，在权利要求书中有两个独立权利要求，分别对应了上述两项发明。

在审查员发出的第一次审查意见通知书中，只通过两篇对比文件评述了独立权利要求1即产品权利要求的创造性，没有评述独立权利要求3即方法权利要求的创造性。在将权利要求1所限定的技术特征与对比文件1、2比较后，确定权利要求1没有创造性，接受审查员关于独立权利要求1创造性的评述。

但在上述两篇对比文件中都没有记载针对该种形式的高低温真空校准装置的校准方法，即没有披露独立权利要求3中的技术方案。在真空计量领域，尚未建立不同温度条件下对真空计进行校准的方法，只有严格执行上述方法中的相关步骤，才能实现高低温环境下的真空准确校准。由此可知，现有技术中没有给出将该校准方法中的技术特征应用到对比文件1中来解决被校真空计在某一温度点下准确校准这个技术问题的技术启示，故有关方法的独立权利要求相对于现有技术具有突出的实质性特点。此外，该方法利用分子泵和机械泵抽气机组，能够使校准装置的极限真空度达到10^{-6} Pa；采用由低温泵一级冷头和压缩机组合的制冷系统，能够使校准装置的温度范围控制在$-140\sim100$ ℃；使用测量准确度为满量程的0.05%的标准真空计提供校准时的标准压力读数，降低了测量不确定度，提高了校准精度；利用该方法与装置的组合最终实现提高校准精度的技术效果，故相对于现有技术来说具有显著性进步。

基于此，删去原独立权利要求1，将原独立权利要求3作为新的独立权利要求1，而该校准方法是依托了原独立权利要求1所述的校准装置的，为避免修改后的独立权利要求1缺少必要技术特征，可以将原独立权利要求1中描述校准装置的技术方案补入新的独立权利要求1中，即新的独立权利要求1如下：

"1. 一种高低温真空校准方法，所述校准方法采用的装置包括……；采用该装置的校准方法步骤如下：……。"

修改完后，还应采用"三步法"评述修改后的独立权利要求1的创造性，即论述对于对比文件1、2的结合，或者对比文件1、2结合公知常识不会对本申请要求保护的技术方案构成任何技术启示，即有力说明其相对于现有技术，本申请要保护的技术方案是非显而易见的。

最后依据《专利审查指南》第二部分第四章4.2.2节规定的显著性进步的判断方法评述该权利要求的技术方案也具有显著的进步。

在《专利审查指南》第二部分第四章4.1节对创造性的审查原则中规定：如果一项独立权利要求具备创造性，则不再审查独立权利要求的从属权利要求的创造性。因此，在论述了独立权利要求1具有创造性的前提下，可以不再论述其从属权利要求的创造性。

答复理由如下：

本申请人接受审查员关于权利要求1创造性的评述。基于此，本申请人删去原权利要求1的产品权利要求，只保留原权利要求3的方法权利要求，即将原独立权利要求3作为新的独立权利要求1，同时将原权利要求1中的技术方案补充入新的独立权利要求1。然后对剩余从属权利要求进行重新编号。以上技术特征记载在原权利要求书中，因此修改未超出原权利要求书和说明书记载的范围，符合《专利法》第三十三条的规定。

申请人认为修改后的独立权利要求1具有创造性，符合《专利法》第二十二条的规定，理由如下：

权利要求1要求保护一种高低温真空校准方法，对比文件1（冯炎等，现场真空校准装置的设计，真空与低温，第17卷第3期，第166-169页，2011年09月30日）公开了一种现场真空校准装置的设计，其区别技术特征在于：该校准方法实现的步骤为以下3个步骤。

第一步，打开标准真空计（1）和监测真空计（5），使标准真空计（1）稳定24 h。

第二步，启动抽气机组（8），打开阀门（9），对高低温真空校准室（4）及管道进行抽气；当监测真空计（5）读数显示高低温真空校准室（4）的真空度小于10^{-6} Pa的极限真空度时，保持校准室的状态等待后续操作。

第三步，打开微调阀（11），将供气系统（10）中的校准气体引入到高低温真空校准室（4）中，当高低温真空校准室（4）中的气体压力达到平衡，且标准真空计（1）读数达到所需的校准压力时，关闭微调阀（11）；启动制冷系统（7）和温度控制板（6），当高低温真空校准室（4）内温度平衡且达到所需的校准温度时，关闭制冷系统（7）和温度控制板（6），保持高低温校准室内的温度状态；待校准室中气体压力达到平衡后，分别记录标准真空计（1）的压力读数 p_1 和被校真空计（3）所显示的压力读数 p_2。

根据下式计算得到高低温真空校准室（4）的标准压力为

$$p = \sqrt{\frac{T}{T_1}} p_1 \qquad (\text{I})$$

式中：p 为高低温真空校准室（4）的标准压力（Pa）；T_1 为标准真空计（1）所处的外界环境温度（K）；T 为高低温真空校准室（4）内温度（K）。

根据下式计算校准因子：

$$c = \frac{p}{p_2} \qquad (\text{II})$$

式中：c 为校准因子（无量纲）。

其中，第三步中所述校准压力与被校真空计（3）的测量范围有关，校准温度范围为 $-140 \sim 100$ ℃。

而权利要求 1 要解决的技术问题是：实现被校真空计的在某一温度点下的准确校准。

针对区别技术特征，对比文件 1 并未公开上述技术特征，也就是说现有技术中还未出现针对高低温真空校准装置的校准方法，该技术特征也不是本领域技术人员的公知常识，在真空计量领域，尚未建立不同温度条件下对真空计进行校准的方法，只有严格执行上述方法中的相关步骤，才能实现高低温环境下的真空准确校准；由此可知，现有技术中没有给出将改校准方法中的技术特征应用到对比文件 1 中来解决被校真空计在某一温度点下准确校准这个技术问题的技术启示，故权利要求 1 相对于对比文件 1 具有突出的实质性特点。此外，该方法利用分子泵和机械泵抽气机组，能够使校准装置的极限真空度达到 10^{-6} Pa；采用由低温泵一级冷头和压缩机组合的制冷系统，能够使校准装置的温度范围控制在 $-140 \sim 100$ ℃；使用测量准确度为满量程的 0.05% 的标准真空计提供校准时的标准压力读数，降低了测量不确定度，提高了校准精度（见说明书有益效果部分）；利用该方法与装置的组合最终实现提高校准精度的技术效果，故相对于现有技术来说具有显著性进步，新修改的权利要求1相对于对比文件1具有突出的实质性特点和显著的进步，具备创造性。

此外，对比文件2（CN102749170A，2012，10，24）公开了一种复合型真空规校准系统及方法，但是同样没有公开区别技术特征中校准方法的步骤，申请人认为本领域普通技术人员根据对比文件2的内容无法得出解决被校真空计在某一温度点下准确校准这个技术问题的技术启示，同时对比文件2结合对比文件1以及公知常识也无法得出这样的技术启示。

因此，经过上述的修改以及意见陈述，申请人认为权利要求1要求保护的技术方案对于本领域技术人员来说并非显而易见，对比文件1、对比文件2的基础上结合本领域的公知常识也无法得出权利要求1所要求保护的一种高低温真空校准装置及方法的技术启示，权利要求1的技术方案相对于对比文件1和对比文件2的结合有实质性特点和显著进步，具备《专利法》第二十二条的规定的创造性。

3.6.4 解析

《专利法》第二十二条规定，授予专利权的发明和实用新型应当具备新颖性、创造性和实用性。因此，申请专利的发明和实用新型具备创造性是授予其专利权的必要条件之一。发明的创造性，是指与现有技术相比，该发明有突出的实质性特点和显著的进步。

《专利审查指南》第二部分第四章4.2.1节规定了突出的实质性特点的判断方法：判断发明是否具有突出的实质性特点，就是要判断对本领域技术人员来说，要求保护的发明相对于现有技术是否显而易见。判断要求保护的发明相对于现有技术是否显而易见，通常按照下述3个步骤进行：①确定最接近的现有技术；②确定发明的区别技术特征和发明实际解决的技术问题；③判断要求保护的发明对本领域的技术人员来说是否显而易见。在第③步中，要从最接近的现有技术和发明实际解决的技术问题出发，确定现有技术整体上是否存在某种技术启示，这种启示会使本领域的技术人员在面对所解决的技术问题时，有动机改进最接近的现有技术并获得要求保护的发明。一般情况下，当区别技术特征为公知常识、为与最接近的现有技术相关的技术手段或为另一份对比文件中披露的相关技术手段，该技术手段在该对比文件中所起的作用与该区别特征在要求保护的发明中为解决重新确定的技术问题所起的作用相同时，认为现有技术中存在技术启示。

在答复审查意见时，若权利要求中存在没有评述创造性的权利要求，首先确定已被审查员评为不具备创造性的权利要求是否具备创造性，若该权利要求具备创造性，则根据上述 3 个步骤来陈述该权利要求与对比文件存在的区别技术特征和实际解决的技术问题，并陈述该区别技术特征非显而易见的原因，由此说明该权利要求是具备创造性的。若该权利要求不具备创造性，则将没有评述创造性的权利要求作为本申请与对比文件的区别技术特征，保留权利要求 1 和没有评述创造性的权利要求构成新的权利要求，并陈述其实际要解决的技术问题，以及区别技术特征非显而易见的原因，由此说明修改后的权利要求是具备创造性的。

3.7 一体式多媒体多面交互展示柜

3.7.1 案例简介

展柜主要是用于博物馆、科技馆、大型展览会、商场、超市、专卖店等展示文物、产品、商品，储藏商品，每个展柜所展示的物品有限，且不能与观众、用户实现互动，观众、用户体验差。现有技术一般通过多媒体展示设备实现与用户的交互，但受限于显示设备为平面（如电视机屏幕、触摸显示屏等）的结构，故多采用单一平面、多屏平面拼接的方法来实现内容展示，将该平面挂载于墙面，使用环境受到限制，还无法实现展示内容的立体展示，展示内容有限；另外，单一平面、多屏平面拼接的结构单薄、不稳定，安全性差。

为解决现有技术中存在的问题，发明人作出发明创造，并递交了发明名称为"一体式多媒体多面交互展示柜"的专利申请，该展示柜可移动性好，实现内容的立体展示，并能够与参展人员之间进行交互。权利要求 1 记载如下：

1. 一体式多媒体多面交互展示柜，其特征在于，所述展示柜包括展柜、控制系统、计算机及两面以上显示屏。

所述展柜为多面立体结构，两面以上显示屏安装在展柜多面立体表面的安装槽内，所述控制系统与计算机连接，控制单一显示屏或两面以上显示屏进行独立或统一集成交互展示。

说明书对一体式多媒体多面交互展示柜了进一步说明，具体如下。

本实用新型提供了一种一体式多媒体多面交互展示柜，如图 1 所示，展示柜包括两面以上显示屏 1、展柜、控制系统 2 及计算机 3。如图 2 所示，展示柜可以为四面体结构，具有四面显示屏 1，四面显示屏 1 安装在展柜 4 个侧面的安装槽内。如图 3 所示，展示柜也可以为六面体结构，具有六面显示屏 1，六面显示屏 1 安装在展柜四周。如图 4 所示，控制系统 2 与计算机 3 连接，控制单一显示屏 1 或两面以上显示屏 1 进行独立或统一集成交互展示。

采用增值现实（AR）展示时，显示屏 1 上设置捕捉摄像头，通过捕捉摄像头捕捉特定标识物，该特定标识物与控制系统 2 内的设定模型匹配，展现在显示屏 1 上，完成交互展示。

采用 VR 展示时，用户通过佩戴虚拟现实（VR）眼镜观看显示屏，触发控制系统 2 并反馈给用户，用户置身于设定的虚拟环境中，完成交互展示。

3.7.2 审查意见

审查员对该专利申请进行实质审查后，指出权利要求 1 不属于实用新型保护的客体，不符合《专利法》第二条的规定。《专利法》第二条规定：实用新型，是指对产品的形状、构造或者其结合所提出的适于实用的新的技术方案。

审查意见如下：

该专利申请涉及一种一体式多媒体多面交互展示柜，其要解决的技术问题是"需要一种占用空间小、安全、可靠、布展快捷、实现展示内容立体展示的新型交互展示柜"，权利要求 1 中包括"一体式多媒体多面交互展示柜，其特征在于，所述展示柜包括展柜、控制系统、计算机及两面以上显示屏；所述展柜为多面立体结构，两面以上显示屏安装在展柜多面立体表面的安装槽内，所述控制系统与计算机连接，控制单一显示屏或两面以上显示屏进行独立或统一集成交互展示"。根据说明书的记载，该"控制系统"的功能是"控制单一显示屏或两面以上显示屏进行独立或统一集成交互展示""特定标识物与控制系统内的设定模型匹配，展现在显示屏 1 上，完成交互展示"及"采用 VR 展示时用户置身于设定的虚拟环境中，完成交互展示"等，上述功能涉及计算机程序，解决该技术问题需要依赖该计算机程序，并且结合说明书中的记载可知，该技术方案的改进点在于计算机程序，即实质上包含对方法本身的改进，因而不属于《专利法》第二条所规定的实用新型保护客体。

3.7.3 审查意见答复

答复要点如下:

《专利法》第二条规定:实用新型,是指对产品的形状、构造或者其结合所提出的适于实用的新的技术方案。

审查员认为本申请要想解决技术问题,技术方案需要依赖计算机程序,包含对方法的改进,不属于实用新型保护客体。

答复时首先陈述本申请的技术问题为"需要一种占用空间小、安全、可靠、布展快捷、实现展示内容立体展示的新型交互展示柜";然后说明解决该技术问题的技术手段为"……",并说明该技术手段能够达到"立体展示且实现交互"的技术效果,仅通过硬件的改进即可解决技术问题不涉及方法的改进。

而对于审查员指出的由"控制系统"控制展示屏实现交互展示的功能是通过现有技术完成的,并通过申请日以前公开的专利申请:公告号为 CN201805498U、CN103793133A、CN103793133A 公开的技术方案说明"控制系统"的控制部分是现有技术,本申请没有对该方法进行改进。

答复理由如下:

如背景技术所述,常规的展柜所展示的物品有限,且不能与观众、用户实现互动,观众、用户体验差。现有技术一般通过多媒体展示设备实现与用户的交互,但受限于显示设备为平面(如电视机屏幕、触摸显示屏等)的结构,将该平面挂载于墙面,使用环境受到限制,无法实现展示内容的立体展示,也不可移动。

针对上述问题,本申请首先采用多面交互展示柜,展柜可在多面安装显示屏,展示内容能够立体展示,而且通过控制系统与计算机能够实现交互,同时可以与场景融合,给用户带来良好体验;其次,将显示屏集成在展柜上,可移动性好,用户可以在展场按灵活布置,不需要墙面挂载。实现上述效果的技术方案包括将两面以上显示屏安装在展柜多面立体表面的安装槽内,通过控制系统与计算机控制单一显示屏或两面以上显示屏进行独立或统一集成交互展示的方式,这些改进都不涉及新方法,本申请通过设备硬件的改进是可以解决本申请声称的所要解决的技术问题,至于实现交互展示的控制系统属于现有技术,不涉及计算机程序的改进。

(1)针对单一显示屏或两面以上显示屏进行独立展示的方式,可以采用多套背景技术中提到的用于实现多媒体展示设备与用户交互所采用的设备,分别将显示屏集成在展柜的不同立体表面上,每套设备彼此独立,以此实现独立展示,其中的控制系统及计算机均为成熟技术,不涉及方法的改进,仅为硬件上的集成和改进。

(2) 如公告号为 CN201805498U、名称为"全空间无界多屏幕显示系统"的专利,其中公开了该多屏幕显示系统的投影系统包括若干投影单元或 4 个投影单元,分别将投影的多路视频信号投影至房间的顶部、4 个侧壁中的 3 个,相当于本申请安装在展示柜多面立体表面的显示屏;授权专利中还公开了投影系统包括第一投影单元、第二投影单元,第一投影单元显示的视频画面包括某一视频画面的一部分,第二投影单元显示的视频画面包括该视频画面的另一部分;所述第一投影单元、第二投影单元将该视频画面拼接,相当于本申请多个显示屏的独立或集成展示。本申请的权利要求 1 只是限定了这个展示由展示柜上的显示屏完成,控制系统与计算机的控制方法不是保护内容。

(3) 如公告号为 CN103793133A、名称为"应用于智能服务机器人的多屏交互系统",可以在机器人上安装投影设备作为独立显示设备或互动显示设备,相当于本申请的显示屏;已公开的多屏交互系统包括多个第一显示设备、多个第二显示设备,第二显示设备通过通信交互设备与第一显示设备实现交互与同步工作,第一显示设备可以为投影设备或带有输入功能的屏幕,能够实现多屏互动。可见,如何进行多屏交互的方法是现有技术。

至于具体实施方式中所述的"特定标识物与控制系统 2 内的设定模型匹配,展现在显示屏 1 上,完成交互展示"及"采用 VR 展示时,用户通过佩戴 VR 眼镜观看显示屏,触发控制系统 2 并反馈给用户,用户置身于设定的虚拟环境中,完成交互展示",是在本申请保护方案基础上的具体设计方案,增加了配备的硬件设施,但是实现交互展示的方法都是现有技术,并不是本申请的创新点。如公告号为 CN106547557A、名称为"一种基于虚拟现实和裸眼三维的多屏互动交互方法"就公开了实现多屏互动交互的方法,可见此技术已广泛应用。

综上所述,控制系统与计算机的应用对本领域技术人员来说是显而易见的,采用的是现有技术,并未对方法进行改进。本申请的发明点在于将展柜作为载体,把两面以上显示屏集成在可移动展柜的多面立体表面实现多面展示,同时展柜可移动,不在于显示屏所显示的内容。因此,本申请的创新点还是在硬件上,而且硬件上的改进就能解决技术问题,并不依赖计算机程序的改进。所以权 1 不包含方法上的改进,属于实用新型的保护客体。

3.7.4 解析

针对权利要求书所记载的技术方案不属于实用新型保护客体的问题，一般答复思路如下：

（1）陈述本申请所要保护的技术方案具有具体的形状和结构，是对产品（硬件）进一步的改进，更适于实用的新的技术方案，能解决一定的技术问题，并产生相应的有益效果，所以本技术方案符合《专利法》有关实用新型保护客体的规定。可以通过陈述技术问题、技术手段、技术效果来说明，技术手段仅仅通过硬件的改进即可解决技术问题并达到相应的技术效果，不涉及方法的改进。

（2）若该技术方案中涉及计算机程序，则可以举证说明权利要求中的特定功能是由现有技术完成的，例如通过本案申请日以前公开的专利或文献进行说明。陈述了实现特定功能的计算机程序为现有技术的理由和证据后，这样该特定功能就不会被认为是对计算机程序的改进，从而不是对方法本身提出的改进，因此符合《专利法》第二条的规定。

3.8 用于制造固体火箭发动机装药的复合熔芯

3.8.1 案例简介

固体火箭发动机通过药型设计来实现不同的内弹道性能，而装药药型在生产上的实现依赖于芯模的设计。目前，用于固体发动机装药的芯模根据药型主要有一体式芯模和可拆芯模，前者用于装药固化后可以直接脱模的药型，后者用于无法直接脱模的药型。可拆芯模的使用对于发动机结构尺寸有一定要求，大型发动机空间大，可拆芯模可以应用，而小型发动机由于空间有限，目前某些药型只能采用留置可燃填充物方案解决。

图1所示为含环向槽的固体火箭发动机装药药型，由壳体1、绝热层2、衬层3、药柱4组成。壳体1内圆周面上依次设置绝热层2和衬层3，药柱4装填在壳体1中心孔内，药柱4具有中心通孔和沿中心通孔轴向分布的环向槽。该药型结构目前成熟采用的装药方案如图2所示，采用可燃填充物5（如赛璐珞）和芯模6的组合生产，生产过程中装药4固化后，

将芯模 6 脱模形成药柱 4，留置用于形成环向槽的可燃填充物，最终产品如图 2 所示，比图 1 多出可燃填充物 5。该方法虽然实现了图 1 所示的装药，但由于可燃填充物 5 的存在，存在如下弊端。

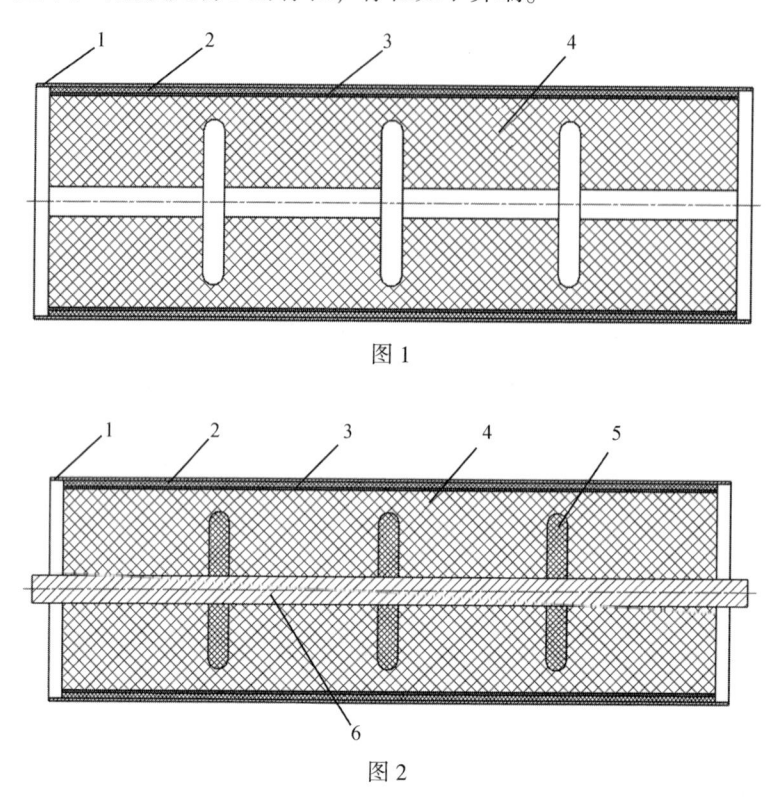

图 1

图 2

（1）可燃填充物阻止了环向槽内部分装药燃面参与点火初期的燃烧，改变了装药燃烧规律，与设计状态产生偏离，影响弹道性能。

（2）可燃填充物本身具有一定质量，在发动机后续服役过程中的一系列温度和机械载荷作用下，填充物与附近局部装药存在复杂的力学行为，导致装药局部疲劳，成为寿命薄弱环节。

（3）由于可燃填充物本身的燃烧特性对发动机性能造成了影响，成为装药设计上必须考虑的一个因素，增加了设计约束。

为解决现有技术中存在的问题，发明人作出发明创造，并递交了发明名称为"用于制造固体火箭发动机装药的复合熔芯"的专利申请，采用该复合熔芯能够解决各类药型的脱膜问题，满足各类复杂药型的制造，解决留置可燃填充物产生的各种弊端。

权利要求 1 如下：

1. 用于固体火箭发动机装药药柱制造的复合熔芯，其特征在于：包括型芯和熔芯；所述型芯与待制造的固体发动机装药药柱的中心通孔尺寸一致，用于形成装药药柱的中心通孔；所述熔芯采用熔点高于推进剂固化温度，低于推进剂安全温度的合金材料；所述熔芯设置在所述型芯上，使得所述复合熔芯的外型面结构与待制造的发动机装药药柱的内型面结构一致。

说明书中针对上述方案进行具体描述如下。

该复合熔芯由型芯 71 和熔芯 72 构成；型芯 71 与药柱 4 中心通孔尺寸一致的柱形结构，其圆周面上沿轴向分布环形凸起，该环形凸起与药柱 4 上沿中心通孔轴向分布的环向槽尺寸和位置一致。型芯 71 为结构材料，本实施中采用 45 号钢；熔芯 72 为低熔点合金，推进剂的固化温度为 50～60 ℃，安全温度为 108 ℃，熔芯 72 的熔点应高于推进剂的固化温度，低于推进剂的安全温度，且尽量接近发动机工作温度的上限值 70 ℃。基于此，本实施示例中采用熔点为 70 ℃ 的低熔点合金，其成分为 50% 铋、25% 铅、12.5% 锡和 12.5% 镉，熔点为 70 ℃。复合熔芯的制备方法为：首先机加工制造型芯 71；然后在其上浇铸 75 ℃ 的低熔点合金液体，合金固化形成熔芯 72，熔芯 72 的外形尺寸由浇铸模具保证。

3.8.2 审查意见

审查员对该专利申请进行实质审查后，指出权利要求 1 不属于实用新型保护的客体，不符合《专利法》第二条的规定：实用新型，是指对产品的形状、构造或者其结合所提出的适于实用的新的技术方案。

审查意见如下：

权利要求 1 所要求保护的是一种"用于制造固体火箭发动机装药药柱的复合熔芯"，其技术方案是"采用熔点高于推进剂固化温度，低于推进剂安全温度的合金材料作为熔芯"且说明书具体实施例中记载有"本施例中采用熔点为 70°C 的低熔点合金，其成分为 50% 铋、25% 铅、12.5% 锡和 12.5% 镉，熔点为 70°C。复合熔芯的制备方法为：首先机加工制造型芯 71；然后在其上浇铸 75°C 的低熔点合金液体，合金固化形成熔芯 72，熔芯 72 的外形尺寸由浇铸模具保证。"该方案是针对材料本身提出的改进，而不是针对产品形状、构造或者其结合提出的技术方案，因此不符合《专利法》第二条的规定。

3.8.3 审查意见答复

> 答复要点如下：
>
> 证明权利要求 1 保护的方案为 "复合熔芯" 的结构组成，而 "所述熔芯采用熔点高于推进剂固化温度，低于推进剂安全温度的合金材料" 为现有技术，不是对材料本身提出的改进。
>
> 答复理由如下：
>
> 本申请权利要求 1 请求保护的为一种 "用于制造固体火箭发动机装药药柱的复合熔芯"，且明确记载了该 "复合熔芯" 的结构组成，包括型芯和熔芯，并分别记载了型芯和熔芯的形状："型芯与待制造的固体发动机装药药柱的中心通孔尺寸一致" "所述熔芯设置在所述型芯上，使得所述复合熔芯的外型面结构与待制造的发动机装药药柱的内型面结构一致"，该 "复合熔芯" 的具体结构如说明书附图 3 所示，且通过说明书背景技术并结合说明书附图 2 和附图 3 的对比可知，该 "复合熔芯" 的结构组成与传统用于形成发动机装药的芯模的结构组成不同。
>
> 至于权利要求 1 中记载的 "所述熔芯采用熔点高于推进剂固化温度，低于推进剂安全温度的合金材料"，是指采用现有材料中 "熔点高于推进剂固化温度，低于推进剂安全温度的合金材料" 即可，并不涉及对材料本身提出的改进。关于实用新型中材料特征的限定，《专利审查指南》第一部分第二章 2.2.2 节中有如下记载："权利要求中可以包含已知材料的名称，即可以将现有技术中的已知材料应用于形状、构造的产品上，……，不属于对材料本身提出的改进"，本申请权利要求 1 中是将现有技术中的一类已知材料，即 "熔点高于推进剂固化温度，低于推进剂安全温度的合金材料" 应用于具有形状、构造的产品上，不属于对材料本身提出的改进。
>
> 说明书中所记载的 "本实施示例中采用熔点为 70 ℃ 的低熔点合金，其成分为 50%铋、25%铅、12.5%锡和 12.5%镉，熔点为 70 ℃"，只是示例说明熔芯的材料，说明书实施例中推进剂固化温度为 50~60 ℃，推进剂安全温度为 108 ℃，因此选用熔点为 70 ℃ 的低熔点合金，且说明书中记载的该合金材料是现有技术中的已知材料——武德合金，百度百科中对 "武德合金" 的解释为："武德合金用 50%铋（Bi）、25%铅（Pb）、12.5%锡（Sn）和 12.5%镉（Cd）制成的，它的熔点是 70 ℃，比所有标准条件下为固态的金属熔点都低"。因此，本申请中并不涉及对材料本身的改进。

而说明书中记载的"复合熔芯的制备方法为：首先机加工制造型芯71；然而后在其上浇铸75 ℃的低熔点合金液体，合金固化形成熔芯72，熔芯72的外形尺寸由浇铸模具保证。"仅是在说明书的具体实施方式中对本申请请求保护的复合熔芯的制备方法进行的举例说明，并不在本申请权利要求1的保护范围中，本申请权利要求1请求保护的仅为"复合熔芯"的形状和结构。

由此可知，权利要求1请求保护的为该"复合熔芯"的形状和结构，是对"熔芯"的形状与结构的结合所提出的适用于新的技术方案，符合《专利法》第二条的规定。

参考文献

[1]《中华人民共和国专利法》. 国家知识产权专利局，2010年版.
[2] 中华人民共和国国家知识产权局. 专利审查指南［M］. 北京：知识产权出版社，2010.
[3] 林刚. 知识产权法教程［M］. 北京：中国法制出版社，1995.
[4] 曲三强. 现代知识产权法概论［M］. 北京：北京大学出版社，2013.
[5] 韩赤风. 知识产权法［M］. 北京：清华大学出版社，2005.
[6] 曲三强. 现代工业产权法［M］. 北京：北京大学出版社，2012.
[7] 曹新明. 知识产权法学［M］. 北京：中国人民大学出版社，2011.